注册会计师考试
基础入门一本通

之了课堂编写组 编著

中国财富出版社有限公司

图书在版编目（CIP）数据

注册会计师考试基础入门一本通 / 之了课堂编写组编著 . —北京：中国财富出版社有限公司，2023.11（2024.9 重印）

ISBN 978-7-5047-8021-8

Ⅰ . ①注…　Ⅱ . ①之…　Ⅲ . ①会计学－资格考试－自学参考资料　Ⅳ . ① F23

中国国家版本馆 CIP 数据核字（2023）第 236147 号

策划编辑	李彩琴	**责任编辑**	张红燕　张　婷	**版权编辑**	李　洋
责任印制	梁　凡	**责任校对**	孙丽丽	**责任发行**	董　倩

出版发行	中国财富出版社有限公司		
社　　址	北京市丰台区南四环西路 188 号 5 区 20 楼	**邮政编码**	100070
电　　话	010-52227588 转 2098（发行部）		010-52227588 转 321（总编室）
	010-52227566（24 小时读者服务）		010-52227588 转 321（质检部）
网　　址	http://www.cfpress.com.cn	**排　　版**	成都环宇知了科技有限公司
经　　销	新华书店	**印　　刷**	四川翔川印务有限公司
书　　号	ISBN 978-7-5047-8021-8/F·3610		
开　　本	787mm×1092mm 1/16	**版　　次**	2024 年 1 月第 1 版
印　　张	18.75	**印　　次**	2024 年 9 月第 2 次印刷
字　　数	421 千字	**定　　价**	88.00 元

编 委 会

（排名不分先后）

序言

给未来注册会计师的第一封信

各位未来的注册会计师：

您好！在以往的会计专业技术资格备考过程中，您用宝贵的时间和辛勤的汗水换来了应有的回报。我在这里恭喜各位成为光荣的中华人民共和国会计师。优秀的人从不会停下前进的脚步，注册会计师证书位于我们国家财经领域证书金字塔的顶端，考取这个证书意味着您将获得提高职位和收入的重要砝码。我建议大家迅速投入注册会计师课程的学习中去，勇攀高峰，再创佳绩！

在正式开始学习注册会计师的考试课程之前，我有一些话想对您说。注册会计师考试与您以往经历的初级会计、中级会计的考试不一样，它的科目多，内容广，难度相对较大。近年注册会计师考试中“原理和实务相结合”的考核趋势越发明显，既要考查对所学理论知识的理解能力，又要考查基本应用能力和综合运用能力，所以我们在学习注册会计师课程时需要高度重视对知识原理的准确理解和灵活运用。另外，“全方面考查”的趋势也日益突出，这要求我们除了学习重难点知识，还需秉持全面学习的理念进行备考，做到“点面结合、全面掌握”。

作为注册会计师考试的初学者，我建议您可以先通过《注册会计师考试基础入门一本通》了解注册会计师考试的基本考情，做好入门知识的铺垫。此外，我还建议您最好在新考试大纲出来前就提前开始学习，夯实基础，“以时间换空间”，为自己赢得学习上的主动权。

注册会计师证书作为最有含金量的财经类证书，值得我们每一位有梦想的人努力。当然，备考过程中肯定会伴随着痛苦、纠结和迷茫。虽然学习很苦，但坚持很酷。我们不是因为看到希望才去努力，而是因为努力才能看到希望。之了课堂将会一直带领并且陪伴着您，在征服注册会计师考试的路途上，和您一起耕耘，一起播种，一起战斗。让我们用勇气、信念战胜一切困难，收获累累硕果，遇见更好的自己。

加油！

马勇

序言

给未来注册会计师的第二封信

各位未来的注册会计师：

您好！很高兴能够在注册会计师考试的起点和大家相逢。我相信，来到之了课堂学习的学员中，有已经参加并通过了其他财会考试的学员，也有从未考过的“小白”；有财会从业者，也有非财会从业者；有相关专业的，也有其他专业的。虽然大家的起点不尽相同，但终点却是同一个——通过注册会计师考试。

作为一名从事注册会计师考试培训数十年的教育工作者，我被问及最多的问题不是课程内容，而是“注册会计师难考吗？”这是很多学员都十分关心的问题。有人说简单，因为他一年就通过了专业阶段的考试；也有人摇头，因为他从“青丝”熬成了“白发”仍没有通过考试。不可否认上述两种情况都存在，但仅是极个别现象。与其他财会考试对比，注册会计师考试确实更加困难。这里，我不想再多费口舌去探讨这个考试的难度，相信大家打开这本书时已经做出了选择。

现在我们需要考虑的是用什么样的心态去面对注册会计师考试。根据我的了解，大部分学员不是缺乏通过考试的硬实力，而是缺少足够的耐力，冲刺式的应考习惯在注册会计师考试面前会彻底失效。这是一场持久的拉力赛，我们需要做好学习计划，更需要一份愚公移山式的坚持。

即使我们做足了长久奋战的思想准备，也无法避免和困难狭路相逢。我们之所以感到困难很可能是因为还没有找到正确的方法。在接下来的学习征程中，我们之了课堂的全体工作人员愿充当大家的领航员，竭尽所能为大家提供最优的学习路线，减轻大家的学习负担。

高效通过考试当然是我们的目标，用努力和汗水换来一张财会行业最有价值的证书确实足够振奋人心，但我希望大家在追求结果的同时，也应当珍视过程中的种种收获——它们可能比结果更加宝贵，日复一日的坚持，雷打不动的自律，一次次的求真，都造就了更好的我们。

路虽远，行则将至；事虽难，做则必成。期待在注册会计师考试的终点和大家重逢！

戚纯生

目　录

注册会计师考试入门导学

一、什么是注册会计师

根据《中华人民共和国注册会计师法》，注册会计师是依法取得注册会计师证书并接受委托从事审计和会计咨询、会计服务业务的执业人员，英文全称为 Certified Public Accountant，简写为 CPA。

二、为什么要考注册会计师

无论做什么事情都要谋定而后动，不妨先问问自己："为什么要备考注册会计师？"这个问题的答案多种多样，有的人可能是为了得到更好的工作机会，有的人可能是为了升职加薪，有的人可能是为了职业技能的提升……归根结底，我们都希望通过当下的努力去换取一个更美好的未来。

从注册会计师会员类型来看，中国注册会计师协会将会员分为执业会员和非执业会员两种，这两种类型的会员一般也会拥有两条职业发展路径。执业会员通常在会计师事务所从事审计工作，而非执业会员通常在各大企业、机构和单位从事会计核算、财务分析、投资咨询等多样化的职业。相比初级会计师和中级会计师，注册会计师的财会知识面更广，在不同业务场景中解决复杂问题时也能更加得心应手，在竞争中也会脱颖而出，从而获得更多的发展机会。下图梳理了注册会计师未来发展的一些职业路线。

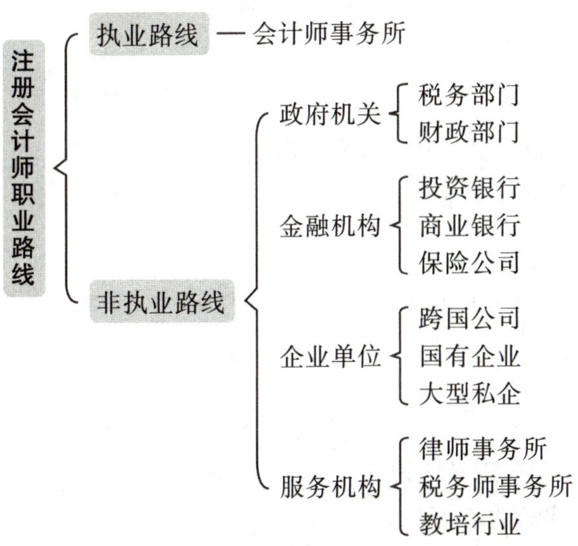

通过注册会计师考试代表的是知识储备的提升和专业能力的突破，在机会来临时相比于其他没有取得注册会计师证书的人更有竞争力，而且这个竞争力无法在短期内获得。

1. 为什么建议职场人士备考注册会计师

（1）提升专业技能，突破职业瓶颈。

多年从事基础核算的财务工作从业者，可能已经进入了职业瓶颈期，这时可通过备考注册会计师考试提升专业技能，打破职业瓶颈，实现从普通的核算型财务到分析管理型财务的转型。例如，通过学习财务成本管理的相关内容有助于运用专业知识对公司融资、投资、分配的相关决策提供专业分析，使从业者不再局限于提供基础财务数据。

（2）报考门槛较低，拓宽就业方向。

注册会计师考试报名条件并未限制专业，这为职场人士转行提供了机会，且其考试包括会计、审计、财务成本管理、税法、经济法、公司战略与风险管理 6 个科目，覆盖会计核算、审计鉴证、财务分析、税务咨询、法律咨询、战略咨询等多种专业知识。取得注册会计师证书后就业、择业方向会更加灵活。成为注册会计师后，常见的职业选择包括从审计岗位转为财务管理相关工作岗位，从非财务领域跨行转入财务领域等。

2. 为什么建议在校大学生备考注册会计师

（1）提升专业能力，获取就业优势。

就业是每个应届毕业生都需要直面的重要问题，中国注册会计师协会规定大学应届毕业生可以报考注册会计师考试，对于大学生而言，毕业当年通过注册会计师专业阶段 2 ～ 3 科后，在就业竞争中将会拥有显而易见的优势，拥有更灵活的就业选择权和更高的薪资议价能力。

（2）学习时间充足，学习氛围浓厚。

在校大学生拥有充裕和灵活的备考时间，同时在校园里面有志同道合的考友和免费的图书馆，学习时间和学习氛围都恰到好处，这些都是得天独厚的备考条件。

三、注册会计师考试报名条件

注册会计师全国统一考试的相关安排由中国注册会计师协会在其官方网站发布的《注册会计师全国统一考试报名简章》（以下简称报名简章）中公告，报名简章一般会在每年的 2 月底公布，每年注册会计师考试的报名条件基本相同。

1. 注册会计师专业阶段报名条件

（1）具有完全民事行为能力；

（2）具有高等专科以上学校毕业学历，或者具有会计或者相关专业中级以上技术职称。

2. 注册会计师综合阶段报名条件

（1）具有完全民事行为能力；

（2）已取得注册会计师全国统一考试专业阶段考试合格证。

更多关于报考的相关信息可以扫描下方二维码并关注“之了课堂注册会计师”微信公

众号，公众号将会持续在每个关键节点进行推文提醒，例如考试大纲发布、新教材开售、报名缴费提醒、准考证打印提醒等与考试相关的资讯和学习干货。

扫码关注【之了课堂注册会计师】公众号
学干货 | 领资料 | 看报考资讯

四、注册会计师考试科目

1. 专业阶段（5 年内通过 6 科）

（1）会计。

会计科目内容一共有三十章，几乎涵盖资产、负债、所有者权益、收入、费用和利润六大要素的全部内容。企业创立时的资金来源不外乎负债和所有者权益两类，负债的确认和计量通常与资产、费用相关联；对所有者权益的确认和计量通常需要注意如何进行分类与列报。资金主要是用于企业经营，而企业经营需要使用资产，对资产的确认和计量通常分为三个阶段，即初始计量、后续计量和终止确认。企业经营过程中会带来收入或损益，同时会产生成本费用，两者的差额则是企业的利润，利润在扣除企业所得税后便是净利润，期末所有信息最终汇总编制财务报表，产出财务报告。此外，如果想要知道整个集团的财务状况、经营成果和现金流量，还需要站在集团的角度编制合并财务报表。会计是注册会计师考试六科中的基础科目，与财务成本管理、审计、税法等有一定的关联，难度也相对较大，但打好会计基础，十分有利于其他科目的学习。

（2）审计。

审计是一门实务性很强的科目。在注会审计学习中，我们先从概念入手，去认识审计，去了解审计的产生，理解审计的定义，然后了解审计的整个的过程。首先能不能接受委托，如何判断？如果能，接受审计业务委托后如何制定审计计划，需要考虑哪些因素？如何识别和评估被审计单位的重大错报风险？针对这些重大错报风险我们应当如何应对？对于企业常见的收入、采购、存货和货币资金有何针对性的审计程序？对于一些特殊项目我们又该如何审计？如果被审计单位存在舞弊怎么办？如何与被审计单位沟通审计过程中的问题？我们是否能利用他人的成果来协助审计工作的开展？集团审计又该注意哪些内容？审计人员需要将哪些内容记录在审计工作底稿中？又如何保持独立性？最后，我们根据收集到的审计证据应该出具什么样的审计报告？我们将在本科目中找到这一系列问题的答案，同时这些答案也将指导我们更好地完成实务工作。

（3）财务成本管理。

财务成本管理科目分为三编。通过第一编（财务管理）可以学习到如何通过财务报表计算出的指标判断一个公司经营状况，在这样的经营状况下是否需要对外融资，应选择债务融资还是股权融资，分别需要付出多少成本，债务与股权应按什么比例进行融资，融资到的钱投资到项目上能赚到钱吗？赚到钱了要给股东分配吗？这个项目的“钱”和存货该如何管理。第二编是成本计算，顾名思义，可以学习到成本该如何归集，如何分配到产品，怎么分配更加科学。第三编是管理会计，与企业的经营决策息息相关，将学习到如何分析成本、业务量、利润之间的相互关系，分析哪些因素对利润影响较大；并对短期内需要生产什么、怎么组织生产、生产出来如何定价进行决策；还会学习到如何进行预算管理，不同中心如何编写业绩报告，并对业绩进行评价。

（4）经济法。

经济法科目主要包括民事法律制度、商事法律制度和经济法律制度。民事法律制度由基本民事法律行为制度、物权法律制度和合同法律制度组成。本编可以学习一些贴近实际生活的法律条文，解决生活中的一些困惑，例如，房屋被抵押后对承租人有什么影响；买房办理预告登记有什么用；定金和订金效力上的区别；在他人的借条上签字要承担什么样的责任；等等。商事法律制度包括商主体法（公司法、合伙企业法）、商行为法（破产法、票据法）和证券法律制度，将学习小到“一人公司”，大到“上市公司”在设立、经营、上市、变更、清算、解散等全生命周期中的相关法律制度。经济法律制度包括企业国有资产法律制度、反垄断法和涉外法律制度，属于“高冷”的章节，与生活场景距离较远，但对经济平稳运行起着重要作用。

（5）税法。

税法科目除总论外包含对我国 18 个实体税种的讲解，贯穿企业经营的始终。例如，从事卷烟贸易的增值税一般纳税人从境外进口卷烟，运输卷烟自境外港口进入境内港口的船舶需要缴纳船舶吨税；该贸易企业在卷烟进口环节需要缴纳关税、消费税和增值税，在境内销售时需要缴纳增值税、城市维护建设税、教育费附加和地方教育附加；运输企业为运送卷烟购进一辆货车，需要缴纳车辆购置税和车船税；企业自有的厂房用于经营需要缴纳房产税；出售该厂房需要缴纳土地增值税；购买厂房的单位或个人需要缴纳契税；在经营过程中需为员工代扣代缴个人所得税；企业盈利了需要缴纳企业所得税，并根据合同种类的不同按税目缴纳印花税等。

（6）公司战略与风险管理。

公司战略与风险管理科目分为战略篇与风险篇两大板块。在战略篇中将学习公司战略管理的过程，首先需要对公司内外部环境进行分析，获取关键信息，然后从总体、业务单位、职能三个层次进行战略选择，再将公司战略与组织结构、企业文化、数字化技术相结合，实现战略实施和战略控制，最后学习如何解决公司治理中发生的问题。在风险篇中将了解风险的相关概念，风险管理的流程、体系和方法，学习如何解决企业经营管理中遇到的风险，实现企业的平稳运行。

2. 综合阶段（不限期）

取得注册会计师全国统一考试专业阶段考试合格证后可参加综合阶段的考试，职业能力综合测试分两套试卷，试卷一以鉴证业务为主，包含会计、审计、税法；试卷二以管理咨询为主，包含经济法、财务成本管理、公司战略与风险管理。职业能力综合测试是对专业阶段 6 个科目的综合考查，用于评价考生是否具备成为注册会计师的专业素养，是否具有解决实务问题的能力。虽然知识点和专业阶段是一样的，但是考查的角度更加综合，也更加贴近实务热点。

五、注册会计师考试跨考建议

职场人士需要投入大量的时间、精力在工作和家庭中。当学习时间成为稀缺资源时，掌握高效的学习方法就非常重要，以下是针对不同基础考生高效跨考注册会计师的建议。

1. 初级会计师如何备考注册会计师考试

首先明确一点，初级会计师是可以直接备考注册会计师考试的。听懂注册会计师考试考点不是一件难事，但难在“持之以恒”。道阻且长，行则将至，之了课堂在注册会计师的每个科目均配置多位老师，其中不乏幽默风趣的、温文儒雅的老师，各位老师将尽显专业度和严谨性，在备考征途中助您一臂之力。

高效学习方法是基于初级会计职称考试和注册会计师考试的区别与联系制定的，下表为注册会计师考试会计科目与初级会计职称考试初级会计实务科目内容重合度的对比。

注册会计师考试 会计科目	初级会计职称考试 初级会计实务科目	内容 重合度
第一章　总论	第一章　概述	60%
第二章　存货	第三章　流动资产	80%
第三章　固定资产	第四章　非流动资产	70%
第四章　无形资产	第四章　非流动资产	60%
第五章　投资性房地产	第四章　非流动资产	40%
第六章　长期股权投资与合营安排	第四章　非流动资产	10%
第七章　资产减值	无独立章节	20%
第八章　负债	第五章　负债	80%
第九章　职工薪酬	第五章　负债	50%
第十章　股份支付	无独立章节	0%
第十一章　借款费用	无独立章节	0%
第十二章　或有事项	无独立章节	0%
第十三章　金融工具	第三章　流动资产	10%
第十四章　租赁	无独立章节	0%

续 表

注册会计师考试 会计科目	初级会计职称考试 初级会计实务科目	内容 重合度
第十五章　持有待售的非流动资产、处置组和终止经营	无独立章节	0%
第十六章　所有者权益	第六章　所有者权益	70%
第十七章　收入、费用和利润	第七章　收入、费用和利润	40%
第十八章　政府补助	无独立章节	0%
第十九章　所得税	第七章　收入、费用和利润	5%
第二十章　非货币性资产交换	无独立章节	0%
第二十一章　债务重组	无独立章节	0%
第二十二章　外币折算	无独立章节	5%
第二十三章　财务报告	第八章　财务报告	80%
第二十四章　会计政策、会计估计及其变更和差错更正	无独立章节	10%
第二十五章　资产负债表日后事项	无独立章节	0%
第二十六章　企业合并	无独立章节	5%
第二十七章　合并财务报表	无独立章节	5%
第二十八章　每股收益	无独立章节	0%
第二十九章　公允价值计量	无独立章节	5%
第三十章　政府及民间非营利组织会计	第十章　政府会计基础	15%

下表为注册会计师考试税法科目与初级会计职称考试经济法基础科目内容重合度对比。

注册会计师考试 税法科目	初级会计职称考试 经济法基础科目	内容 重合度
第一章　税法总论	第四章　税法概述及货物和劳务税法律制度	60%
第二章　增值税法	第四章　税法概述及货物和劳务税法律制度	48%
第三章　消费税法	第四章　税法概述及货物和劳务税法律制度	75%
第四章　企业所得税法	第五章　所得税法律制度	68%
第五章　个人所得税法	第五章　所得税法律制度	55%
第六章　城市维护建设税法和烟叶税法	第四章　税法概述及货物和劳务税法律制度	55%

续 表

<table>
<tr><th>注册会计师考试
税法科目</th><th>初级会计职称考试
经济法基础科目</th><th>内容
重合度</th></tr>
<tr><td>第七章　关税法和船舶吨税法</td><td>第四章　税法概述及货物和劳务税法律制度</td><td>60%</td></tr>
<tr><td>第八章　资源税法和环境保护税法</td><td>第六章　财产和行为税法律制度</td><td>78%</td></tr>
<tr><td>第九章　城镇土地使用税法和耕地占用税法</td><td>第六章　财产和行为税法律制度</td><td>78%</td></tr>
<tr><td>第十章　房产税法、契税法和土地增值税法</td><td>第六章　财产和行为税法律制度</td><td>80%</td></tr>
<tr><td rowspan="2">第十一章　车辆购置税法、车船税法和印花税法</td><td>第四章　税法概述及货物和劳务税法律制度</td><td>30%</td></tr>
<tr><td>第六章　财产和行为税法律制度</td><td>90%</td></tr>
<tr><td>第十二章　国际税收税务管理实务</td><td>第五章　所得税法律制度</td><td>8%</td></tr>
<tr><td>第十三章　税收征收管理法</td><td rowspan="2">第七章　税收征管法律制度</td><td rowspan="2">80%</td></tr>
<tr><td>第十四章　税务行政法制</td></tr>
</table>

从上述对比表中可以看出，初级会计职称考试和注册会计师考试部分科目的学习内容重合度相对较高，初级会计职称所学内容为注册会计师考试对应科目的学习奠定了一定基础。在知识深度上，注册会计师考试会更加深入；在考核方式上，注册会计师考试更倾向于会通过主观题检验理论知识的基本应用能力和综合运用能力。总体而言，初级会计师可以通过本书入门知识的衔接后直接进入注册会计师考试基础阶段的学习。

需要说明的是，如果同时满足中级会计职称报名条件，可以直接备考注册会计师会计、经济法和财务成本管理科目，同时利用注册会计师这三个科目的学习成果，做完中级会计职称考试近五年的真题，便可以直接参加中级会计职称考试，在备考注册会计师的同时也考取了中级会计职称，大大节省了备考时间。

2. 中级会计师如何备考注册会计师考试

中级会计师已经通过中级会计实务、经济法和财务管理三个科目，这三个科目与注册会计师考试中会计、经济法、财务成本管理三个科目的内容重合度较高，知识的深度也相对接近。通过中级会计职称考试后可以趁着知识还没有被完全遗忘，转战注册会计师这三个科目的备考，这种战略相当有优势。

六、注册会计师考试科目搭配建议

由于注册会计师考试专业阶段需要在 5 年内通过 6 个科目，一般情况下考生会规划在 2 ～ 3 年内通过专业阶段，也就是 1 年报考 2 ～ 3 科，而在第 1 年即报考 3 科是大多数人的选择，那么如何搭配这些科目就成了所有初次报考的考生最关心的问题。以下将基于不同情况，给出第 1 年报考的科目搭配建议。

1. 初级会计师报考注册会计师考试

搭配建议：会计 + 税法 + 经济法

推荐理由：初级会计师已经通过了初级会计实务和经济法基础两个科目，这两个科目为注册会计师考试中会计和税法的学习奠定了坚实的基础，有了初级会计基础，去学习注会会计、税法相当于抢跑，在学习乏累的时候可以适度换换科目，搭配难度相对较小的经济法作为调节是非常好的选择。但这三个科目通常被安排在同一天考试，考生需要提前预估是否能接受一天完成三场考试的强度，作出符合自己能力的理性选择。

2. 中级会计师报考注册会计师考试

搭配建议：会计 + 经济法 + 财务成本管理

推荐理由：中级会计师已经通过中级会计实务、财务管理和中级经济法科目，这三个科目的内容和注册会计师考试中会计、财务成本管理、经济法科目重合度较高，注册会计师考试内容基本可以覆盖所有中级会计职称考试对应科目的内容，考完中级会计职称考试后直接备考注册会计师考试，这三个科目无疑是最合理且最省力的搭配。

3. 企业财会工作从业者报考注册会计师考试

搭配建议：会计 + 税法 + 财务成本管理

推荐理由：这三个科目的搭配兼顾证书获取与专业提升。财会从业者在工作时涉及财务核算、税务处理和财务分析等事项，通过这三个科目的搭配学习，考生能解决实际工作的难点问题。这个搭配是财会工作从业者兼顾考取证书和职业技能提升的不二之选。

4. 会计师事务所审计工作从业者报考注册会计师考试

搭配建议：会计 + 审计 + 税法

推荐理由：这三个科目的搭配同样可以兼顾证书获取与专业技能提升。在会计师事务所的审计人员，报考会计、审计和税法科目，考生不仅可以学习考点，而且也能将所学知识直观地运用到实际工作中，从而提升业务能力。

> 如果选择第一年备考两科，原则是在上述三个科目搭配方案的基础上减少一科。但无论如何，推荐将会计科目放在第一年报考，具体科目搭配建议如下：
>
> 1. 初级会计师报考注册会计师考试
>
> 搭配建议：会计 + 税法
>
> 2. 中级会计师报考注册会计师考试
>
> 搭配建议：会计 + 经济法

3. 企业财会工作从业者报考注册会计师考试

搭配建议：会计 + 税法

4. 会计师事务所审计工作从业者报考注册会计师考试

搭配建议：会计 + 审计

七、注册会计师考试学习建议

注册会计师考试的学习一般分为四个阶段，分别是预习阶段、基础阶段、强化阶段、冲刺阶段，通过下表可以了解这四个阶段应分别在什么时候开始、学习什么课程、使用什么图书资料。

阶段	时间	课程	使用资料
预习阶段	基础阶段开始之前	基础衔接班	《奇兵制胜·注册会计师考试基础入门一本通》
基础阶段	2025 年 1 月—2025 年 5 月	精讲班 制胜好题班	《奇兵制胜 1·注册会计师考试考点详解及制胜好题》 《奇兵制胜 2·注册会计师考试学考要点》 基础阶段电子题库
强化阶段	2025 年 6 月—2025 年 7 月	强化班 真题夺分班	《奇兵制胜 2·注册会计师考试学考要点》 强化阶段电子题库
冲刺阶段	2025 年 8 月—考试前	押题班 考前密训营	《奇兵制胜·注册会计师考试 5 年真题与 3 套模拟》 冲刺阶段电子题库

我们基于上表中的学习计划，为各位考生制作了更为详细的科学备考学习计划，扫描下方二维码添加专属学习规划师，领取详细全面的学习计划表。

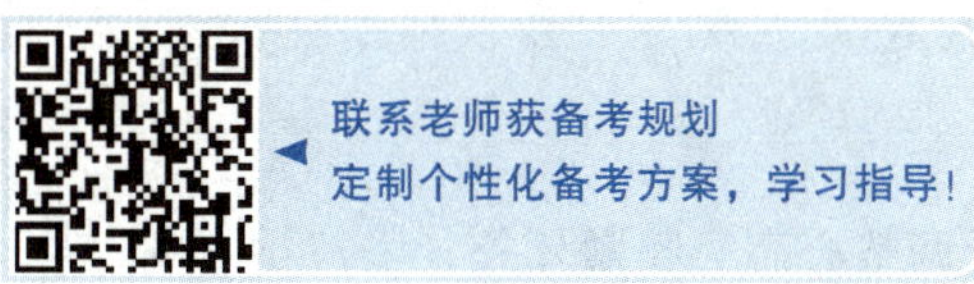

1. 预习阶段

使用本书搭配视频课程学习注册会计师考试各科目入门知识。

（1）初级会计师备考注册会计师在预习阶段的学习目标。通过本书中各科入门专题进行入门知识补充，并且从初级会计职称备考思维过渡到注册会计师备考思维。例如，初级会计实务考试不要求编写会计分录，仅需要判断会计分录的正误，而注册会计师考试需要考生对各种经济业务编制会计分录，这是我们学习会计需要转变的思维之一。

（2）中级会计师备考注册会计师在预习阶段的学习目标。中级会计师如果选择备考税法、审计、公司战略与风险管理三个科目，可以通过本书中各科入门专题进行入门知识补充，对各科目的概况进行了解后有利于基础阶段学习。中级会计师如果选择备考会计、经济法、财务成本管理，可以直接进入基础阶段的学习，无须进行本阶段的学习。

> 《注册会计师考试基础入门一本通》在各科入门知识板块均配有视频讲解，每个科目用 5～9 小时的时间来对科目入门基础知识进行讲解。通过视频课程高效掌握入门知识，可以为基础阶段学习奠定坚实的知识基础和思维基础。

2. 基础阶段

基础阶段是注册会计师考试学习最关键的阶段，首要任务是系统全面地学习。完成了预习阶段的学习任务后，考生应立刻开始基础阶段的学习，即使新考纲没有出来也没关系，提前学习一些恒重点和较难的章节是十分有必要的。例如，会计、审计、财务成本管理这三个科目难度相对较大，内容也相对较多，提前学习对我们通过考试大有裨益。在基础阶段，考生要沉下心来全面系统地跟着课程进行学习，每章的学习都建议按照听课、看书、做题的顺序，听完一章基础精讲课程之后使用《奇兵制胜 1 · 注册会计师考试考点详解及制胜好题》进行课后复习巩固，并通过书上的习题板块加强练习。

3. 强化阶段

强化阶段的主要任务在于对基础阶段所学知识进行查漏补缺和强化练习。考生在强化阶段听完强化课程之后，通过《奇兵制胜 2 · 注册会计师考试学考要点》以思维导图的形式对知识进行查漏补缺，在知识点掌握牢固后通过练习电子题库的习题提升做题准确率和速度，这个阶段一定要限时做套卷。考生在基础阶段通过听课吸收了大量的知识点后，需要在强化阶段通过练习的方式将基础阶段积累的知识转化成解题能力，因此在这个阶段要特别重视主观题解题能力。

4. 冲刺阶段

冲刺阶段的重点在于调整心态、咬紧牙关，坚持学习到最后。这个阶段已临近考试，是各位考生压力最大、最紧张和最焦虑的阶段。我们在考前密训营的课程中会对重难点和易考点进行直播讲解，在直播中可以互动，化焦虑为动力。这个阶段主要是有针对性地再次强化薄弱点、练习真题和回顾错题。

编者备考建议

同学们大家好，我是讲授会计科目的高红瑞老师。我被很多同学称为“会计界的马景涛”，因为我授课时饱含激情，大家听课的时候不容易犯困。

在我们学习的过程中，经常会遇到以下三个问题：

一、听课容易“犯困”

同学们在我的课上基本不会犯困，我会用饱含激情的授课方式带大家进入到一种忘我的学习状态中。很多同学反馈“3个小时的直播课不知不觉就过去了，时间过得真快”。

二、“听不懂”老师讲的内容

在做讲师之前，我从事了多年会计和审计的实操工作，我会用实操中简单、常见的案例进行教学，避免大家出现听不懂的情况。

三、一听课就会，一做题就废

在听课的时候，很多同学虽然听得很明白，但是一做题就无从下笔。我在课上讲解每个重要知识点时会附上足以应对考试的习题，大家在听懂课后再次独立练习课上讲过的原题，并补充练习其他的习题以加强熟练度，就可以很好地解决“一听课就会，一做题就废”的问题。

在解决了上述三个问题之后，剩下的就是坚持。我的一个学员，之前没有养成学习的习惯，在听了我的课程之后，我建议她做好计划，每天坚持看两节视频。后来这名同学逐渐养成了每天听课的习惯，她说“我把听课当成了追剧”，她最终成功取得了注册会计师证书。

在这本书中，我给大家选取了初级会计实务和会计的共通点，比如：总论、存货、固定资产、无形资产等内容，既可以帮助大家唤醒学习初级会计实务时掌握的知识，也可以为大家学习会计打下一个坚实的基础。

坚持并不是痛苦的，我们要享受这个过程，让它成为一种习惯，每天都坚持学习两节课程，习惯的力量会超出我们的想象。终有一天，大家会取得注册会计师证书，实现自己的理想，那一天必然是一个美好的日子！

高红瑞

专题一　总论

知识点1　会计概述

一、会计的定义

会计是以货币为主要计量单位，运用专门的方法，核算和监督一个单位经济活动的一种经济管理工作。

二、企业会计准则体系

中国现行企业会计准则体系主要由基本准则、具体准则、应用指南和解释组成。

知识点2　财务报告目标、会计基本假设和会计基础

一、财务报告目标

（1）决策有用观：向财务报告使用者提供与企业财务状况、经营成果和现金流量等有关的会计信息；有助于财务报告使用者作出经济决策。

（2）受托责任观：反映企业管理层受托责任的履行情况。

二、会计基本假设

会计基本假设是企业会计确认、计量和报告的前提，是对会计核算所处时间、空间环境等所作的合理设定。

（一）会计主体

会计主体，是指企业会计确认、计量和报告的空间范围。会计主体不同于法律主体，一般来说，法律主体必然是会计主体，但会计主体不一定是法律主体。例如，企业的某个车间在独立核算时是会计主体，但不是法律主体。

（二）持续经营

持续经营，是指在可以预见的将来，企业将会按当前的规模和状态继续经营下去，不会停业，也不会大规模削减业务。持续经营是会计分期的前提。如果企业进入破产清算阶段，则适用清算假设。

（三）会计分期

会计分期，是指将一个企业持续经营的生产经营活动划分为一个个连续的、间隔相同的期间。由于会计分期，才产生了当期与以前期间、以后期间的差别，才使不同类型的会计主体有了记账的基准，进而出现了折旧、摊销等会计处理方法。

（四）货币计量

货币计量，是指会计主体在财务会计确认、计量和报告时以货币计量，反映会计主体的生产经营活动。企业可以在财务报告中补充披露有关非财务信息。

三、会计基础

企业会计的确认、计量和报告应当以权责发生制为基础。

权责发生制和收付实现制的对比，如下表所示。

权责发生制	收付实现制
以权利、责任发生的时间为准进行会计确认的制度	以现金的收到或支付为准进行会计确认的制度
适用范围：企业	适用范围：行政事业单位（预算会计）
适用报表：资产负债表、利润表、所有者权益变动表	适用报表：现金流量表

【例 1】（多选 · 2021）下列各项关于企业财务报告目标和会计基本假设的表述中，正确的有（　　）。

A. 企业会计的确认、计量和报告应当以权责发生制为基础

B. 财务报告主要提供与企业财务状况、经营成果和现金流量等相关的会计信息

C. 财务报告所提供的信息应有助于外部投资者作出经济决策，反映企业管理层受托责任的履行情况

D. 法律主体必然是一个会计主体

【解析】以上表述均正确，选项 A、选项 B、选项 C、选项 D 均当选。

例题答案：

【例 1】ABCD

笔记区

知识点3 会计信息质量要求

一、可靠性、相关性、可理解性、可比性

质量要求	具体内容	应用
可靠性	以实际发生的交易或事项为依据进行确认、计量和报告，应真实完整、中立无偏	—
相关性	与投资者等财务报告使用者的经济决策需要相关，符合有用性、有价值性	—
可理解性	清晰明了，便于投资者等财务报告使用者理解	—
可比性	（1）纵向可比：同一企业不同时期可比； （2）横向可比：不同企业同一时期可比	会计政策不得随意变更

【例2】（单选·2018） 2017年1月1日开始，甲公司按照会计准则的规定采用新的财务报表格式进行列报。因部分财务报表列报项目发生变更，甲公司对2017年度财务报表可比期间的数据按照变更后的财务报表列报项目进行了调整。甲公司的上述会计处理体现的会计信息质量要求是（　　）。

A. 可比性　　B. 权责发生制

C. 实质重于形式　　D. 会计主体

【解析】 对财务报表可比期间的数据按照变更后的财务报表列报项目进行调整，使同一企业不同期间会计信息可比，体现了可比性要求，选项A当选。

二、实质重于形式、重要性

质量要求	具体内容	应用
实质重于形式	按照交易或者事项的经济实质进行会计确认、计量和报告，而不仅仅以交易或者事项的法律形式为依据，即经济实质重于法律形式	（1）具有融资性质的售后回购在收到款项时不确认收入； （2）出售附有追索权的商业汇票不终止确认； （3）合并范围的确定、合并抵销分录的编制； （4）反向购买的会计处理； （5）金融负债和权益工具的区分
重要性	从财务报告使用者的角度判断	（1）不重要的前期差错可不进行追溯调整； （2）实际利率和票面利率相差不大时，可用票面利率计算投资收益

例题答案：
【例2】A

【例3】（单选·2017）甲公司在编制2017年度财务报表时，发现2016年某项管理用无形资产未摊销，应摊销金额20万元，甲公司将该20万元补记的摊销额计入了2017年的管理费用。甲公司2016年和2017年实现的净利润分别为20 000万元和18 000万元。不考虑其他因素，甲公司上述会计处理体现的会计信息质量要求是（　　）。

A. 重要性　　B. 相关性

C. 可比性　　D. 及时性

【解析】2016年无形资产未进行摊销，属于会计差错，同时补记金额相对于2016年和2017年实现的净利润而言整体影响不大，应作为不重要的前期差错处理，因此甲公司将该20万元补记的摊销金额计入了2017年的管理费用，体现的是重要性要求，选项A当选。

三、谨慎性、及时性

质量要求	具体内容	应用
谨慎性	保持应有的谨慎，不高估资产或收益，不低估负债或费用	（1）对资产计提减值准备； （2）或有负债满足预计负债的确认条件时应确认预计负债； （3）企业不得设置秘密准备
及时性	对于已经发生的交易或者事项，应当及时进行确认、计量和报告，不得提前或者延后	—

【例4】（单选·2017）甲公司销售乙产品，同时对售后3年内因产品质量问题承担免费保修义务，有关产品更换或修理至达到正常使用状态的支出由甲公司负担。2016年，甲公司共销售乙产品1 000件，根据历史经验估计，因履行售后保修承诺预计将发生的支出为600万元，甲公司确认了销售费用，同时确认为预计负债。甲公司该会计处理体现的会计信息质量要求是（　　）。

A. 可比性　　B. 实质重于形式

C. 谨慎性　　D. 及时性

【解析】甲公司根据预计可能承担的保修义务确认了销售费用，且同时确认为预计负债，不低估负债和费用，体现了谨慎性要求，选项C当选。

【例5】（多选·2020）下列各项关于企业会计信息质量要求的表述中，正确的有（　　）。

A. 企业提供的会计信息应当清晰明了，便于财务报告使用者理解和使用，

例题答案：
【例3】A
【例4】C

体现的是可理解性的要求

B. 同一企业不同时期发生的相同或相似的交易或者事项，应当采用一致的会计政策，不得随意变更，体现的是一致性要求

C. 企业应当按照交易或事项的经济实质进行会计确认、计量和报告，而不仅仅以交易或事项的法律形式为依据，体现的是实质重于形式的要求

D. 企业对于已经发生的交易或事项，应当及时进行确认、计量和报告，不得提前或延后，体现的是及时性要求

【解析】企业提供的会计信息应当清晰明了，便于财务报告使用者理解和使用，体现的是可理解性要求，选项A当选；同一企业不同时期发生的相同或相似的交易或者事项，应当采用一致的会计政策，不得随意变更，体现的是可比性要求，选项B不当选；企业应当按照交易或事项的经济实质进行会计确认、计量和报告，而不仅仅以交易或事项的法律形式为依据，体现的是实质重于形式的要求，选项C当选；企业对于已经发生的交易或事项，应当及时进行确认、计量和报告，不得提前或延后，体现的是及时性要求，选项D当选。

【例6】（单选·2014）下列各项中，体现实质重于形式这一会计信息质量要求的是（　　）。

A. 确认预计负债

B. 对存货计提跌价准备

C. 对外公布财务报表时提供可比信息

D. 将永续债划分为权益工具

【解析】选项A、选项B，体现谨慎性质量要求，不当选；选项C，体现可比性质量要求，不当选。

知识点4　会计要素及其确认和计量

一、会计要素定义

会计要素按照其性质分为资产、负债、所有者权益、收入、费用和利润，其中，资产、负债和所有者权益要素侧重于反映企业的财务状况，收入、费用和利润要素侧重于反映企业的经营成果。会计要素定义及注意事项，如下表所示。

例题答案：
【例5】ACD
【例6】D

会计要素	定义	注意事项
资产	指企业过去的交易或者事项形成的、由企业拥有或者控制的、预期会给企业带来经济利益的资源	将要购买的商品、盘亏的商品、筹建期间发生的开办费用、为广告营销等特定活动采购的商品等不属于资产
负债	指企业过去的交易或者事项形成的、预期会导致经济利益流出企业的现时义务	潜在义务不能确认为负债
所有者权益	指企业资产扣除负债后，由所有者享有的剩余权益	—
收入	指企业在日常活动中形成的、会导致所有者权益增加的、与所有者投入资本无关的经济利益的总流入	收入 VS 利得： 收入（日常）：主营业务收入、其他业务收入等； 利得（非日常）：直接计入当期损益的利得（营业外收入等）和直接计入所有者权益的利得（其他综合收益）
费用	指企业在日常活动中发生的、会导致所有者权益减少的、与向所有者分配利润无关的经济利益的总流出	费用 VS 损失： 费用（日常）：主营业务成本、其他业务成本、管理费用、销售费用、财务费用、税金及附加等； 损失（非日常）：直接计入当期损益的损失（营业外支出等）和直接计入所有者权益的损失（其他综合收益）
利润	指企业在一定会计期间的经营成果，往往是评价企业管理层业绩的一项重要指标；利润包括收入减去费用后的净额、直接计入当期利润的利得和损失等	—

二、会计要素计量属性及其适用情形

会计要素计量属性反映的是会计要素金额的确定基础，主要包括历史成本、重置成本、可变现净值、现值和公允价值等。会计要素计量属性具体内容及适用情形，如下表所示。

计量属性	具体内容	适用情形
历史成本	（1）资产按照其购置时支付的现金或者现金等价物的金额，或者按照购置时所付出的对价的公允价值计量； （2）负债按照其因承担现时义务而实际收到的款项或者资产的金额，或者承担现时义务的合同金额，或者按照日常活动中为偿还负债预期需要支付的现金或者现金等价物的金额计量	适用于大部分情况（如购买设备时支付 10 万元）
重置成本	（1）资产按照现在购买相同或者相似资产所需支付的现金或者现金等价物的金额计量； （2）负债按照现在偿付该项债务所需支付的现金或者现金等价物的金额计量	主要针对盘盈的资产（如现在再购买相同的设备，只需 6 万元）
可变现净值	资产按照其正常对外销售所能收到现金或者现金等价物的金额扣减该资产至完工时估计将要产生的成本、估计的销售费用以及相关税金后的金额计量	主要针对期末存货（估计售价—进一步加工成本—估计销售税费）
现值	（1）资产按照预计从其持续使用和最终处置中所产生的未来净现金流入量的折现金额计量； （2）负债按照预计期限内需要偿还的未来净现金流出量的折现金额计量	主要针对资产减值（未来现金流量折现后的价值）
公允价值	指市场参与者在计量日发生的有序交易中，出售一项资产所能收到或者转移一项负债所需支付的价格	有序交易（脱手价格）

【例 7】（多选）下列各项中，不属于企业资产的有（　　）。

A. 购买的发放给客户的礼品　　B. 持有待售的固定资产

C. 短期租入的固定资产　　D. 购建固定资产领用的原材料

【解析】发放给客户的礼品无法为企业带来经济利益流入，不属于企业资产，应作为销售费用计入当期损益，选项 A 当选；持有待售的固定资产，属于企业的资产，选项 B 不当选；短期租入的固定资产，所有权不属于企业，不为企业所拥有或控制，不属于企业的资产，选项 C 当选；购建固定资产领用的原材料，属于企业的资产，选项 D 不当选。

【例 8】（单选）下列各项中，不属于企业负债的是（　　）。

A. 递延收益　　B. 递延所得税负债

例题答案：
【例 7】AC

C. 合同负债　　　　　　　　D. 预付账款

【解析】递延收益、递延所得税负债、合同负债，属于企业负债，选项A、选项B、选项C不当选；预付账款属于先付款后收货情况下暂时垫付的资金，有未来收货的权利，属于企业资产，选项D当选。

知识点5　财务报告

财务报告是对企业财务状况、经营成果和现金流量的结构性表述。

财务报告至少应当包括下列组成部分：

（1）资产负债表；

（2）利润表；

（3）现金流量表；

（4）所有者权益（或股东权益）变动表；

（5）附注。

知识点6　可持续信息披露

企业ESG是环境（environmental）、社会（social）和治理（governance）三个英文单词的缩写，是近年来兴起的关于企业管理和金融投资的重要理念，其核心是关注企业环境、社会和公司治理等非财务绩效，被视为“可持续发展”理念在企业界和投资界的具象投影。

例题答案：
【例8】D

专题二 存货

知识点1 存货的确认和初始计量

一、存货的概念

存货，是指企业在日常活动中持有以备出售的产成品或商品、处在生产过程中的在产品、在生产过程或提供劳务过程中耗用的材料、物料等。

名师点睛

存货与非存货的具体内容对比，如下表所示。

类别	具体内容	提示
存货	原材料、在产品、半成品、产成品、商品、周转材料	—
	委托加工物资是委托方的存货	受托方登记记录
	委托代销商品是委托方的存货	受托方登记记录
	企业接受外来原材料加工的代制品、为外单位加工修理的代修品，制造和修理完成验收入库后，加工成本和修理成本形成企业存货	外来原材料和待加工修理件是委托方的存货或资产，受托方登记记录
	开发产品、在途物资、发出商品	—
非存货	企业采购用于广告营销活动的特定商品	不能为企业带来经济利益流入，计入销售费用
	受托代销商品	属于委托方存货
	工程物资	持有工程物资的目的是修建固定资产等，并非以出售为目的而持有，不符合存货的定义
	盘亏、损毁的材料等	不能为企业带来经济利益流入，计入管理费用或营业外支出

二、存货的确认条件

存货必须在符合定义的前提下，同时满足下列两个条件，才能予以确认：

（1）与该存货有关的经济利益很可能流入企业；

（2）该存货的成本能够可靠地计量。

【例 1】（单选·2016）2015 年 12 月 31 日，甲公司向乙公司订购印有甲公司标志、为促销宣传准备的卡通毛绒玩具，到货并收到了购货发票，50 万元的货款已经支付，年末开始派发给客户。不考虑其他因素，则甲公司的会计处理是（　　）。

A. 计入库存商品　　B. 确认为销售成本

C. 确认为当期管理费用　　D. 确认为销售费用

【解析】企业采购用于广告营销活动的特定商品，应在取得相关商品时计入当期损益（销售费用），选项 D 当选。

三、存货的初始计量

企业取得存货应当按照成本计量。存货成本包括采购成本、加工成本和使存货达到目前场所和状态所发生的其他成本三个组成部分。取得方式不同，存货成本的构成不同。

（一）外购存货的成本

存货成本 = 购买价款 + 相关税费 + 途中运输费 + 装卸费 + 途中保险费 + 入库前挑选整理费等

名师点睛

不计入存货成本的相关费用举例，如下表所示。

项目	会计处理	注意事项
非合理损耗	管理费用或营业外支出等	合理损耗计入成本
入库后的仓储费用	管理费用	生产环节所必需的仓储费用计入成本
用于广告营销活动的费用	销售费用	—
商品流通企业金额较小的进货费用	销售费用	金额较大的进货费用计入成本

（二）加工取得存货的成本

加工取得存货的成本由采购成本、加工成本、其他成本（如可直接认定的产品设计费用等）构成。

存货成本 = 采购成本 + 加工成本 + 其他成本 = 直接材料 + 直接人工 + 制造费用

制造费用：车间固定资产的修理费用、季节性和修理期间的停工损失等。

例题答案：
【例 1】D

（三）其他方式取得存货的成本

1. 接受投资者投入的存货

存货成本 = 投资合同或协议约定的价值（价值不公允的按公允价值入账）

2. 盘盈的存货

存货成本 = 重置成本

【提示】报经批准后冲减当期管理费用。

（四）通过提供劳务取得存货的成本

存货成本 = 劳务提供人员的直接人工 + 其他直接费用 + 可归属于该存货的间接费用

【例2】（多选·2021）下列关于企业存货计量的说法正确的有（　　）。

A. 季节性停工期间发生的停工损失应计入存货成本

B. 生产设备发生的日常维修费用应计入存货成本

C. 受托加工存货成本中，不应包括委托方提供的材料成本

D. 存货入库后发生的仓储费用应计入存货成本

【解析】企业在存货采购入库后发生的仓储费用，应计入当期损益（除在生产过程中为达到下一个生产阶段所必需的仓储费用外），选项 D 不当选。

知识点2　发出存货的计量

一、发出存货成本的计量方法

（一）发出存货成本的计量方法

计量方法	内容
先进先出法	先购入的存货成本在后购入存货成本之前转出，按此确定发出存货成本和期末存货成本的方法
移动加权平均法	每次进货的成本加上原有库存存货成本，除以每次进货数量与原有库存数量之和，计算出加权平均单位成本，作为下次进货前计算发出存货成本的方法
月末一次加权平均法	当月全部进货成本加上月初存货成本，除以当月全部进货数量加上月初存货数量，计算出加权平均单位成本，并以此为基础计算当月发出存货成本的方法
个别计价法	逐一辨认发出存货购进批次或生产批次，按入库时的单位成本计算各批次发出存货成本的方法

例题答案：
【例2】ABC

（二）发出存货成本计量方法的计算公式

计量方法	公式
先进先出法	∑发出成本 = 单位成本$_{先进批次}$ × 发出数量$_{先进批次}$
移动加权平均法	单位成本 = $\frac{本次进货前剩余存货成本 + 本次进货成本}{本次进货前剩余存货数量 + 本次进货数量}$ ∑发出成本 = 单位成本 × 本次进货后下次进货前发出数量
月末一次加权平均法	单位成本 = $\frac{月初剩余存货成本 + 本月进货成本}{月初剩余存货数量 + 本月进货数量}$ ∑发出成本 = 单位成本 × 本月发出数量
个别计价法	∑发出成本 = 单位成本$_{批次\ n}$ × 发出数量$_{批次\ n}$

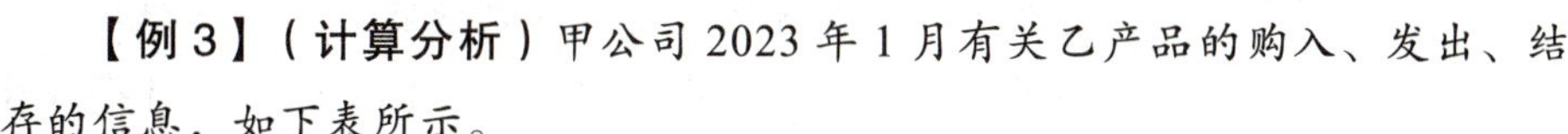

【例 3】（计算分析）甲公司 2023 年 1 月有关乙产品的购入、发出、结存的信息，如下表所示。

日期	购入		发出		结存	
	单价（元 / 件）	数量（件）	单价（元 / 件）	数量（件）	单价（元 / 件）	数量（件）
1 月 1 日	—	—	—	—	5	200
1 月 10 日	4.50	200	—	—	—	—
1 月 15 日	—	—	—	300	—	—
1 月 20 日	4.85	100	—	—	—	—
1 月 28 日	—	—	—	150	—	—
1 月 31 日	5	100	—	—	—	—

要求：分别计算在先进先出法、移动加权平均法和月末一次加权平均法下 1 月发出乙产品的成本。

【答案】

（1）先进先出法：

甲公司 1 月发出的乙产品 450（300+150）件中，首先发出的是 1 月初结存的 200 件，其次是 1 月 10 日购入的 200 件，最后是 1 月 20 日购入的 100 件中的 50 件，因此，1 月发出乙产品的成本 =5×200+4.50×200+4.85×50=2 142.50（元）。

（2）移动加权平均法：

甲公司 1 月 10 日进货后在 1 月 20 日进货之前，1 月 15 日发出乙产品的单价为 4.75［（5×200+4.50×200）÷（200+200）］元 / 件，发出 300 件

笔记区

乙产品的成本为 1 425（300×4.75）元，此次发出乙产品后剩余 100 件成本为 475（4.75×100）元，1 月 20 日进货后在 1 月 31 日进货之前，1 月 28 日发出乙产品的单价为 4.80［（4.75×100+4.85×100）÷（100+100）］元/件，发出 150 件乙产品的成本为 720（150×4.80）元，1 月发出乙产品的成本 =1 425+720=2 145（元）。

（3）月末一次加权平均法：

甲公司 1 月发出乙产品的平均单价 =（5×200+4.50×200+4.85×100+5×100）÷（200+200+100+100）=4.81（元/件），1 月发出乙产品的成本 =4.81×（300+150）=2 164.50（元）。

二、存货成本的结转

企业销售存货时，应按收入准则相关规定确认营业收入，按账面价值结转营业成本。如果已售存货计提了存货跌价准备，还应同时结转已计提的存货跌价准备，冲减营业成本。相关会计分录如下：

借：银行存款等

　　贷：主营业务收入/其他业务收入

　　　　应交税费——应交增值税（销项税额）

借：主营业务成本/其他业务成本

　　存货跌价准备

　　贷：库存商品/原材料

知识点 3　期末存货的计量

一、存货期末计量原则

资产负债表日，存货应当按照成本与可变现净值孰低计量。

【例 4】（单选·2020）甲公司为生产重型设备的企业，拥有库存商品 M 型号设备和 N 型号设备。2019 年年末库存商品 M、N 账面余额分别为 2 000 万元和 1 000 万元，可变现净值分别为 2 400 万元和 800 万元，M、N 均属于单项金额重大的商品，不考虑其他因素，2019 年 12 月 31 日资产负债表列示存货的金额为（　　）万元。

A. 3 000　　B. 2 800

C. 3 200　　D. 3 400

【解析】存货期末计量的原则是成本与可变现净值孰低，存货列示金额 =2 000+800=2 800（万元），选项 B 当选。

例题答案：
【例 4】B

二、存货的可变现净值

可变现净值，是指在日常活动中，存货的估计售价减去至完工时估计将要发生的成本、估计的销售费用以及相关税费后的金额。

这里的销售费用不仅包括销售存货过程中发生的增量成本，还应包括企业将在销售存货过程中必须发生的、除增量成本以外的其他成本，如销售门店发生的水电、摊销等费用。

三、存货期末计量和存货跌价准备的计量

（一）持有以备出售的存货

可变现净值 = 估计售价（合同价或市价）－ 估计销售税费

存货跌价准备期末余额 = 成本 － 可变现净值

当期存货跌价准备发生额 = 存货跌价准备期末余额 － 期初余额

（二）在生产过程或提供劳务过程中耗用的存货

可变现净值 = 产成品估计售价（合同价或市价）－ 至完工时估计将要发生的成本 － 估计销售税费

存货跌价准备期末余额 = 成本 － 可变现净值

当期存货跌价准备发生额 = 存货跌价准备期末余额 － 期初余额

（三）会计处理

当期存货跌价准备发生额计算为正数，计提存货跌价准备：

借：资产减值损失

　　贷：存货跌价准备

【例 5】（单选 · 2019） 甲公司 2018 年年末库存乙原材料 1 000 件，单位成本为 2 万元 / 件，假定甲公司持有乙原材料是为了生产丙产品。甲公司将乙原材料加工成丙产品对外出售，每 2 件乙原材料可加工成 1 件丙产品。2018 年 12 月 31 日，乙原材料的市场价格为 1.80 万元 / 件，用乙原材料加工的丙产品市场价格为 4.70 万元 / 件，将 2 件乙原材料加工成 1 件丙产品的过程中预计发生加工费用 0.60 万元，预计销售每件丙产品发生销售费用及相关税费 0.20 万元。2019 年 3 月，在甲公司 2018 年度财务报表经董事会批准对外报出前，乙原材料市场价格为 2.02 万元 / 件。不考虑其他因素，甲公司 2018 年年末乙原材料应当计提的存货跌价准备是（　　）万元。

A. 0　　　　B. 50

C. 450　　　　D. 200

【解析】 材料存货的期末价值应当以所生产的产成品的可变现净值与成本的比较为基础确定。对于为生产而持有的材料等，如果用其生产的产成品

的可变现净值预计高于成本，则该材料仍然应当按照成本计量；如果材料价格的下降表明产成品的可变现净值低于成本，则该材料应当按可变现净值计量，按其差额计提存货跌价准备。

丙产品单位成本 =2×2+0.60=4.60（万元／件），可变现净值 =4.70−0.20=4.50（万元／件），产品的单位成本大于其可变现净值，发生减值，乙原材料也发生减值。乙原材料单位成本为 2 万元／件，单位可变现净值 =（4.70−0.20−0.60）÷2=1.95（万元／件），应计提的存货跌价准备 =（2−1.95）×1 000=50（万元），选项 B 当选。

【例 6】（单选 · 2016）甲公司 2015 年年末持有乙原材料 100 件，成本为每件 5.30 万元，每件乙原材料可加工为一件丙产品，加工过程中需发生的费用为每件 0.80 万元，销售过程中估计需发生运输费用为每件 0.20 万元。2015 年 12 月 31 日，乙原材料的市场价格为每件 5.10 万元，丙产品的市场价格为每件 6 万元，乙原材料持有期间未计提跌价准备，不考虑其他因素，甲公司 2015 年年末对原材料应计提的存货跌价准备是（　　）万元。

A. 0　　　　B. 30

C. 10　　　　D. 20

【解析】乙原材料属于用于加工的存货。丙产品成本 = 材料成本（100×5.30）+ 加工成本（100×0.80）=610（万元），丙产品可变现净值 = 丙产品估计售价（100×6）− 丙产品估计销售税费（100×0.20）=580（万元），成本大于可变现净值，丙产品发生减值，说明乙原材料也发生减值。乙原材料成本 =100×5.30=530（万元），乙原材料可变现净值 = 丙产品可变现净值（580）− 加工成本（100×0.80）=500（万元），因此甲公司应对乙原材料计提存货跌价准备 = 期末余额（530−500）− 期初余额（0）=30（万元），选项 B 当选。相关会计分录如下：

借：资产减值损失——乙原材料　　30

　　贷：存货跌价准备——乙原材料　　30

四、存货跌价准备的计提、转回和结转

情形	条件	计量	会计处理
计提	成本高于可变现净值	成本高于可变现净值的差额计提存货跌价准备	借：资产减值损失 　贷：存货跌价准备
转回	以前减记存货价值的影响因素已经消失	在原已计提的存货跌价准备金额内转回，以将存货跌价准备冲减至零为限	借：存货跌价准备 　贷：资产减值损失

例题答案：
【例 5】B
【例 6】B

续 表

情形	条件	计量	会计处理
结转	已计提减值准备的存货已对外销售	结转对外销售部分存货对应的原已计提的存货跌价准备	借：存货跌价准备 贷：主营业务成本 / 其他业务成本

知识点 4 存货的清查盘点

一、存货的盘盈

（1）盘盈时：

借：原材料 / 库存商品等（重置成本）

贷：待处理财产损溢

（2）报经批准后：

借：待处理财产损溢

贷：管理费用（全部冲减管理费用）

二、存货的盘亏

（1）盘亏时：

借：待处理财产损溢

贷：原材料 / 库存商品等

（2）报经批准后：

借：其他应收款（应收责任人或保险公司赔偿款）

原材料（残料价值）

管理费用（计量收发差错或管理不善导致的净损失）

营业外支出（自然灾害等非常原因导致的净损失）

贷：待处理财产损溢

名师点睛

因存货盘亏或损毁，按规定不能抵扣的增值税进项税额应当转出。例如：企业因管理不善造成存货被盗、丢失等情形的，相关的进项税额不能抵扣，应当转出，相关会计分录如下：

借：待处理财产损溢

贷：应交税费——应交增值税（进项税额转出）

专题三　固定资产

知识点1　固定资产的确认和初始计量

一、固定资产的定义

固定资产，是指同时具有下列特征的有形资产：

（1）为生产产品、提供劳务、出租或经营管理而持有的；

（2）使用寿命超过一个会计年度。

二、固定资产的初始计量

固定资产的初始计量，是指确定固定资产的取得成本。取得成本包括企业为购建某项固定资产达到预定可使用状态前所发生的一切合理的、必要的支出。

取得方式不同，成本的构成也不同，包括外购、以分期付款方式购买、自营建造、出包方式建造等。

（一）外购的固定资产

固定资产的成本 = 购买价款 + 相关税费 + 包装费 + 运输费 + 途中保险费 + 专业人员服务费 + 安装成本等

【提示】（1）员工培训费、采购人员工资不计入固定资产成本，计入管理费用；（2）以一笔款项购入多项未单独标价的固定资产，应将总成本按各单项资产的公允价值比例进行分配。

【例1】（单选）甲公司以50万元购入没有单独标价的三台机器设备，另支付运杂费共计2.50万元。各设备的公允价值分别为24万元、18万元和21万元。不考虑增值税等相关因素的影响，各项设备的入账成本分别为（　　）万元。

A. 24；18；21　　　　B. 19；14；17

C. 20；15；17.50　　　　D. 23.40；17.55；20.48

【解析】按公允价值比例分摊总成本：

第一台设备成本 =（50+2.50）×24÷（24+18+21）=20（万元），

第二台设备成本 =（50+2.50）×18÷（24+18+21）=15（万元），

第三台设备成本 =（50+2.50）×21÷（24+18+21）=17.50（万元）。

综上所述，选项 C 当选。

（二）以分期付款方式购买固定资产（具有融资性质）

企业采用分期付款方式购买资产，且付款期限超过了正常信用条件的，该方式实质上具有融资性质，购入固定资产的成本不能以各期付款额之和确定，而应以该固定资产的公允价值（即各期付款额的现值之和）确定。

各期实际支付的价款之和与其现值之间的差额，满足资本化条件的应当资本化，通过"在建工程"计入固定资产成本，其余部分应当在信用期内采用实际利率法进行摊销，确认为"财务费用"。

【例 2】（计算分析）分期付款购买固定资产：

2022 年 1 月 1 日，甲公司与乙公司签订一项购货合同，甲公司从乙公司购入一台不需要安装的特大型设备。合同约定，甲公司采用分期付款方式支付价款。该设备价款共计 1 000 万元，2022—2026 年每年 12 月 31 日支付 200 万元。该设备的现销价格为 758 万元。

假定不考虑增值税，折现率为 10%。为了便于计算，假定（P/A，10%，5）=3.79。

【分析】分期付款购买固定资产的时间轴，如下图所示。

（单位：万元）

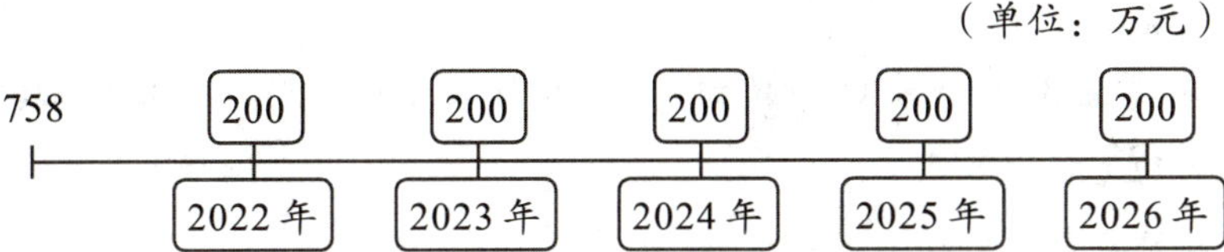

甲公司对上述业务应进行如下会计处理：

（1）2022 年 1 月 1 日购入设备时：

借：固定资产　　758

　　未确认融资费用　　242

　　贷：长期应付款　　1 000

（2）2022 年 12 月 31 日计算利息、支付部分货款：

借：长期应付款　　200

　　贷：银行存款　　200

未确认融资费用本期摊销额 =758×10%=75.80（万元）

借：财务费用　　75.80

　　贷：未确认融资费用　　75.80

2022 年 12 月 31 日，分期付款购买固定资产的时间轴，如下图所示。

例题答案：

【例 1】C

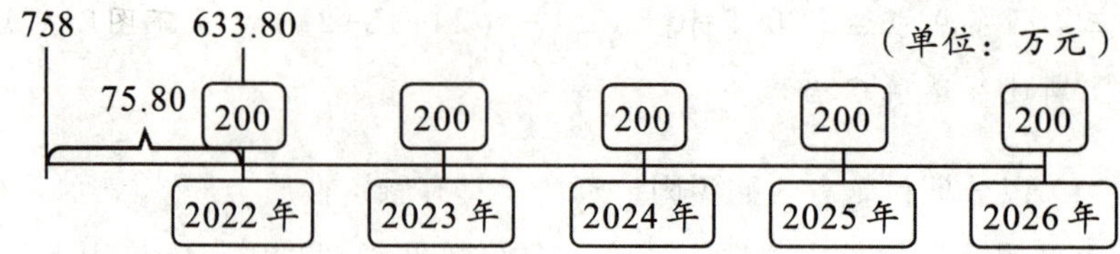

（3）2023年12月31日计算利息、支付部分货款：

借：长期应付款　200

　贷：银行存款　200

未确认融资费用本期摊销额 =（758+75.80−200）×10%=633.80×10%=63.38（万元）

借：财务费用　63.38

　贷：未确认融资费用　63.38

2023年12月31日，分期付款购买固定资产的时间轴，如下图所示。

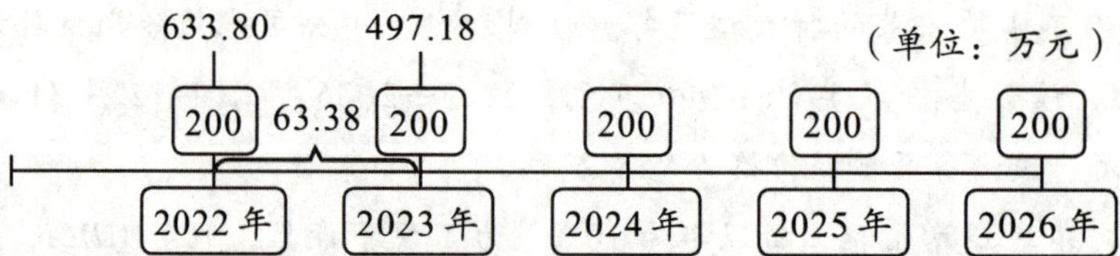

（4）2024年12月31日计算利息、支付部分货款：

借：长期应付款　200

　贷：银行存款　200

未确认融资费用本期摊销额 =（633.80+63.38−200）×10%=497.18×10%=49.72（万元）

借：财务费用　49.72

　贷：未确认融资费用　49.72

2024年12月31日，分期付款购买固定资产的时间轴，如下图所示。

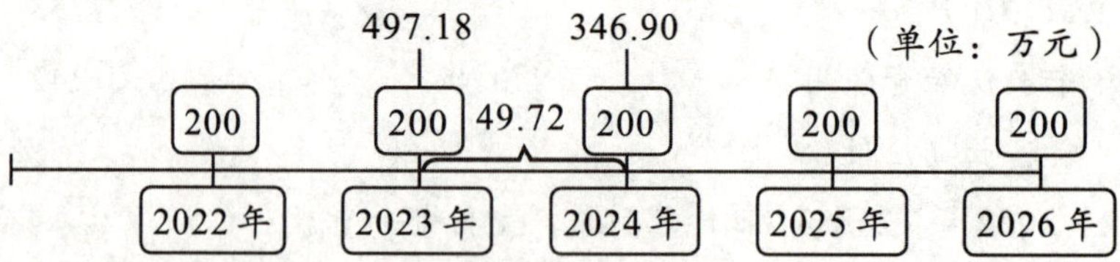

（5）2025年12月31日计算利息、支付部分货款：

借：长期应付款　200

　贷：银行存款　200

未确认融资费用本期摊销额 =（497.18+49.72−200）×10%=346.90×10%=34.69（万元）

借：财务费用　34.69

　贷：未确认融资费用　34.69

2025年12月31日，分期付款购买固定资产的时间轴，如下图所示。

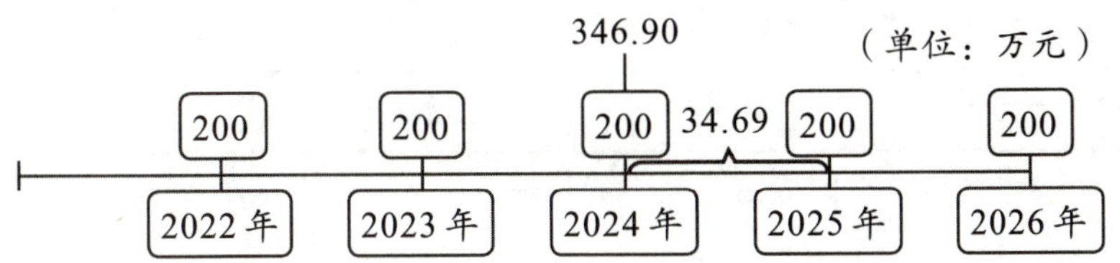

（6）2026年12月31日计算利息、支付部分货款：

借：长期应付款　　200

　　贷：银行存款　　200

未确认融资费用本期摊销额=242−75.80−63.38−49.72−34.69=18.41（万元）

借：财务费用　　18.41

　　贷：未确认融资费用　　18.41

（三）自营建造固定资产

固定资产的成本=建造期间直接材料+直接人工+直接机械费用等

（1）建造期间购买储备的各项工程物资，用于建造动产或不动产，进项税额均可抵扣。相关会计分录如下：

借：工程物资

　　应交税费——应交增值税（进项税额）

　　贷：银行存款

借：在建工程

　　贷：工程物资

（2）建造期间领用外购原材料用于建造动产或不动产，进项税额均无须转出，可继续抵扣；建造期间领用自产产品用于建造动产或不动产，均不视同销售，不确认销项税额。相关会计分录如下：

借：在建工程

　　贷：原材料（材料成本）

　　　　库存商品（产品成本）

（3）工程物资盘盈、盘亏及报废的净损益，建造期间计入或冲减工程成本，工程完工后计入营业外收支；非常原因（如自然灾害等）造成的工程物资的盘亏、报废、毁损，直接计入营业外支出。

（四）出包方式建造固定资产

固定资产的成本=建筑工程支出+安装工程支出+安装设备支出+分摊的待摊支出

待摊支出包括为建造工程发生的管理费、监理费、可行性研究费、临时

笔记区

设施费、符合资本化条件的借款费用、建设期间工程物资的盘亏净损失等。

（五）其他方式取得的固定资产

方式	成本
投资者投入	按投资合同或协议约定的价值确定（不公允的除外）
盘盈	（1）按重置成本计量； （2）作为前期差错处理，通过“以前年度损益调整”科目核算

（六）存在弃置费用的固定资产

对于需要承担环境保护和生态恢复等义务的企业，其固定资产可能存在弃置费用，应将弃置费用折现计入固定资产成本，同时确认预计负债。

弃置费用最终发生金额（终值）与计入固定资产的价值（现值）之间的差额按照实际利率法计算每期摊销额并确认为当期财务费用。

一般会计处理如下：

（1）取得入账时：

借：固定资产

　　贷：在建工程

　　　　预计负债（弃置费用现值）

（2）资产负债表日采用实际利率法对预计负债进行摊销，摊销额计入当期损益（财务费用）：

借：财务费用（预计负债期初摊余成本 × 实际利率）

　　贷：预计负债

（3）使用期满时，按实际支付的弃置费用冲减预计负债：

借：预计负债

　　贷：银行存款（实际支付弃置费用）

【例 3】（计算分析）甲公司经国家批准于 2022 年 12 月 31 日建造完成核电站反应堆并交付使用，建造成本为 2 500 000 万元，预计使用寿命 40 年。该核反应堆将会对当地的生态环境产生一定影响，根据法律规定，企业应在该项设施使用期满后将其拆除，并对造成的污染进行整治，预计发生的弃置费用为 250 000 万元。假定适用的折现率为 10%。

已知：（*P/F*，10%，40）=0.0221。

【分析】核反应堆属于特殊行业的特定固定资产，确定其成本时应考虑弃置费用。会计处理如下：

弃置费用现值 =250 000×（*P/F*，10%，40）=250 000×0.0221=5 525（万元）

固定资产成本 =2 500 000+5 525=2 505 525（万元）

（1）取得固定资产时：

借：固定资产　　2 505 525

　　贷：在建工程　　2 500 000

　　　　预计负债——弃置费用　　5 525

（2）2023 年年末按预计负债的期初摊余成本和实际利率计算利息费用：

借：财务费用　　552.50

　　贷：预计负债——弃置费用　　552.50

知识点 2　固定资产的后续计量

一、固定资产折旧

（一）折旧时间

当月增加的固定资产，当月不计提折旧，从下月开始计提折旧；当月减少的固定资产，当月照提折旧，从下月开始停止计提折旧。

（二）折旧范围

企业应当对所有的固定资产计提折旧，但是，已提足折旧仍继续使用的固定资产和单独计价入账的土地除外。

【提示】（1）已达到预定可使用状态但尚未办理竣工决算的固定资产，应当按照暂估价值确定其成本，并计提折旧，待办理竣工决算后再按实际成本调整原来的暂估价值，但不调整已计提的折旧额；（2）修理期间照提折旧，更新改造期间不提折旧。

（三）折旧方法

折旧方法	折旧额的计算
年限平均法	年折旧额 =（原值 - 预计净残值）÷ 预计使用年限
工作量法	单位工作量折旧额 =（原值 - 预计净残值）÷ 预计总工作量
双倍余额递减法	年折旧额 = 净值（不考虑净残值）×2÷ 预计使用年限 **【提示】**最后两年直线法，折旧额 =（净值 - 预计净残值）÷2
年数总和法	年折旧额 =（原值 - 预计净残值）× $\frac{\text{尚可使用年限}}{\text{预计使用年限的年数总和}}$

（四）会计分录

借：制造费用（生产产品所用固定资产的折旧）

　　管理费用（管理部门所用固定资产的折旧）

销售费用（专设销售部门使用的固定资产的折旧）
其他业务成本（出租固定资产计提的折旧）
在建工程（在建工程中使用固定资产计提的折旧）
应付职工薪酬（无偿提供给职工使用的房屋等资产）
研发支出（研发活动所用固定资产的折旧）
贷：累计折旧

（五）固定资产使用寿命、预计净残值和折旧方法的复核

企业至少应当于每年年度终了，对固定资产的使用寿命、预计净残值和折旧方法进行复核。

二、固定资产后续支出

（一）费用化后续支出（日常修理维护支出）

借：管理费用（行政管理部门发生的修理费）
销售费用（专设销售部门发生的修理费）
制造费用（车间固定资产发生的修理费）
贷：银行存款

（二）资本化后续支出（更新改造和大修理支出符合资本化条件）

新原值 = 改造时整体账面价值 − 改造时被替换部分账面价值 + 替换部分价值 + 其他资本化的后续支出

【提示】固定资产更新改造期间停止计提折旧，待重新达到预定可使用状态时再按新原值计提折旧。

【例 4】（单选 · 2022）2020 年 1 月，甲公司购建一条生产线共计发生成本 5 000 万元。根据历史经验，该生产线使用 5 年后将进行一次改造，改造时间通常为 3 个月。改造期间停止生产，预计将发生改造支出 150 万元，改造支出符合资本化条件。不考虑相关税费等其他因素，下列有关固定资产会计处理的表述中，正确的是（　　）。

A. 固定资产初始确认金额为 5 150 万元

B. 更新改造支出 150 万元在实际发生时计入固定资产成本

C. 5 年内每年计提 30 万元更新改造支出计入固定资产成本

D. 更新改造期间固定资产继续计提折旧

【解析】固定资产初始确认金额为 5 000 万元，选项 A 不当选；更新改造支出在实际发生时计入固定资产成本，选项 B 当选，选项 C 不当选；更新改造期间，固定资产停止计提折旧，选项 D 不当选。

例题答案：
【例 4】B

【例5】（计算分析）某航空公司2014年12月购入一架飞机，总计花费8 000万元（含发动机），发动机当时的购价为500万元。公司未将发动机作为一项单独的固定资产进行核算。2022年年末，公司开辟新航线，航程增加。为延长飞机的空中飞行时间，公司决定更换一部性能更为先进的发动机。新发动机购价700万元，另需支付安装费用5.10万元。假定飞机的年折旧率为3%，不考虑相关税费的影响。

【分析】针对上述业务，航空公司应作如下会计处理：

（1）2022年年末替换新发动机时，将固定资产转为在建工程：

借：在建工程　　6 080

　　累计折旧　　（8 000×3%×8）1 920

　　贷：固定资产　　8 000

（2）安装新发动机时：

借：在建工程　　705.10

　　贷：工程物资　　700

　　　　银行存款　　5.10

（3）终止确认旧发动机的账面价值，假定作报废处理，无残值：

2022年年末旧发动机账面价值 =500−500×3%×8=380（万元）

借：营业外支出　　380

　　贷：在建工程　　380

（4）发动机安装完毕投入使用时：

固定资产新原值 = 替换时整体账面价值（6 080）+ 替换部分价值（705.10）− 被替换部分账面价值（380）=6 405.10（万元）

借：固定资产　　6 405.10

　　贷：在建工程　　6 405.10

知识点3　固定资产的处置

一、固定资产终止确认的条件

固定资产准则规定，固定资产满足下列条件之一的，应当予以终止确认：

（1）该固定资产处于处置状态。

固定资产处置包括固定资产的出售、转让、报废或毁损、对外投资、非货币性资产交换、债务重组等。

（2）该固定资产预期通过使用或处置不能产生经济利益。

二、固定资产处置的会计处理

一般通过“固定资产清理”科目核算。

（1）转入清理时：

借：固定资产清理

　　累计折旧

　　固定资产减值准备

　　贷：固定资产

（2）发生的清理费用：

借：固定资产清理

　　贷：银行存款

（3）发生的保险赔偿、残料收入：

借：其他应收款（保险赔偿）

　　原材料（残料入账）

　　贷：固定资产清理

（4）出售收入：

借：银行存款

　　贷：固定资产清理

　　　　应交税费——应交增值税（销项税额）

（5）清理净损益：

①正常出售转让：

借：资产处置损益

　　贷：固定资产清理

（或编制相反分录）

②丧失使用功能报废或自然灾害等非常原因造成的：

借：固定资产清理

　　贷：营业外支出

（或编制相反分录）

三、固定资产盘亏、盘盈

<table>
<tr><th>情形</th><th colspan="2">具体会计处理</th></tr>
<tr><td rowspan="2">盘亏</td><td>盘亏时</td><td>借：待处理财产损溢——待处理固定资产损溢
　　累计折旧
　　固定资产减值准备
　　贷：固定资产</td></tr>
<tr><td>批准后</td><td>借：其他应收款（保险赔偿或过失人赔偿）
　　营业外支出（盘亏净损失）
　　贷：待处理财产损溢——待处理固定资产损溢</td></tr>
<tr><td>盘盈</td><td colspan="2">作为前期差错处理，计入“以前年度损益调整”科目：
借：固定资产（重置成本）
　　贷：以前年度损益调整
【提示】同步调整对所得税、留存收益的影响</td></tr>
</table>

不同资产盘盈、盘亏净损益的会计处理，如下图所示。

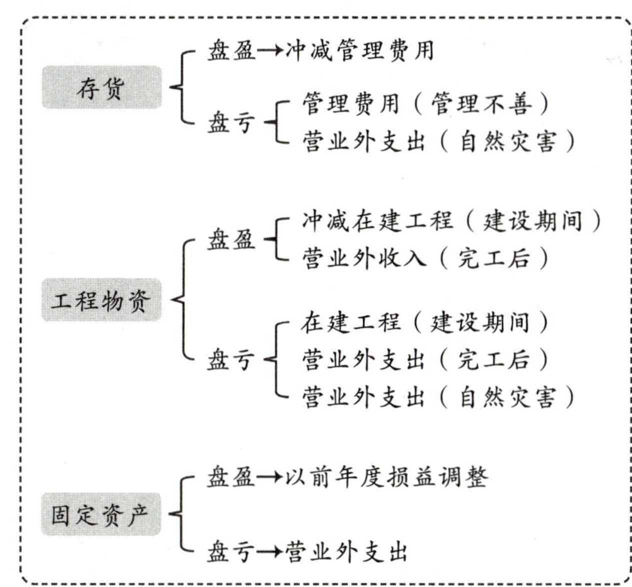

【例6】（多选·2019）下列各项关于固定资产会计处理的表述中，正确的有（　　）。

A. 为提升性能进行更新改造的固定资产停止计提折旧

B. 为保持固定资产使用状态发生的日常修理支出予以资本化计入固定资产成本

C. 已签订不可撤销合同，拟按低于账面价值的价格出售的固定资产，停止计提折旧并按账面价值结转固定资产清理

D. 达到预定可使用状态但尚未办理竣工决算的固定资产以暂估价值为基础计提折旧

【解析】行政管理部门、销售机构等固定资产日常修理支出，分别计入管理费用、销售费用，与存货的生产和加工相关的固定资产修理费用计入制造费用，选项B不当选；签订不可撤销合同，属于划分为持有待售类别的情形，账面价值高于其公允价值减去出售费用后的净额，企业应当将账面价值减记至公允价值减去出售费用后的净额，所以应当按照公允价值减去出售费用后的净额转到持有待售资产，选项C不当选。

例题答案：
【例6】AD

专题四 无形资产

知识点1 无形资产的确认和初始计量

一、无形资产的定义

无形资产，是指企业拥有或控制的没有实物形态的可辨认非货币性资产。

【提示】商誉不是无形资产，因为不具有可辨认性。

二、无形资产的内容

无形资产通常包括专利权、非专利技术、商标权、著作权、特许权、土地使用权等。

三、无形资产的初始计量

无形资产通常是按实际成本计量，即以取得无形资产并使之达到预定用途而发生的全部支出，作为无形资产的成本。

不同来源取得的无形资产，其成本构成也不尽相同。

（一）外购的无形资产

无形资产的成本 = 购买价款 + 相关税费 + 专业服务费、测试费等直接归属于使无形资产达到预定用途的其他支出

【提示】不计入无形资产成本的内容：（1）为宣传新产品而发生的广告费（计入销售费用）、管理费用和其他间接费用；（2）无形资产已达到预定用途以后发生的费用。

【例1】（计算分析）甲公司因生产活动需要向乙公司购买一项专利技术，按照协议约定以现金支付，收到的增值税专用发票上注明的价款为300万元，增值税税额为18万元；另支付专业人员服务费及测试费等共计6万元，款项均以银行存款转账支付。

【分析】甲公司对上述业务应作如下会计处理：

借：无形资产——专利技术　　306
　　应交税费——应交增值税（进项税额）　　18
　　贷：银行存款　　324

笔记区

（二）以分期付款方式购买无形资产（具有融资性质）

以取得无形资产购买价款的现值计量其成本，现值与应付价款之间的差额确认为未确认融资费用，按实际利率法在信用期内摊销，除满足资本化条件应予资本化的以外，其余应计入当期损益（财务费用）。

【例2】（计算分析） 2022年1月8日，甲公司从乙公司购买一项商标权，由于甲公司资金周转比较紧张，经与乙公司协议采用分期付款方式支付款项。合同规定，该项商标权总计1 000万元，每年年初支付200万元，5年付清，签订合同当日已经支付200万元。假定银行同期贷款利率为5%，增值税税率为6%，增值税纳税义务在每次支付货款时发生。

已知：（*P/A*，5%，5）=4.3295；（*P/A*，5%，4）=3.5460。

【分析】

（1）2022年1月8日取得无形资产时：

无形资产入账价值=200+200×（*P/A*，5%，4）=200+200×3.5460=909.20（万元）

未确认融资费用=1 000−909.20=90.80（万元）

借：无形资产　909.20

　　应交税费——应交增值税（进项税额）　12

　　未确认融资费用　90.80

　　贷：长期应付款　800

　　　　银行存款　212

2022年长期应付款期初摊余成本（账面价值）=200×3.5460=709.20（万元）

（2）2022年12月31日：

摊销额=期初摊余成本（709.20）×折现率（5%）=35.46（万元）

借：财务费用　35.46

　　贷：未确认融资费用　35.46

2023年1月1日：

借：长期应付款　200

　　应交税费——应交增值税（进项税额）　12

　　贷：银行存款　212

2023年长期应付款期初摊余成本（账面价值）=709.20×（1+5%）−200=544.66（万元）

（3）2023年12月31日：

摊销额=期初摊余成本（544.66）×折现率（5%）=27.23（万元）

笔记区

借：财务费用 27.23

贷：未确认融资费用 27.23

2024年1月1日：

借：长期应付款 200

应交税费——应交增值税（进项税额） 12

贷：银行存款 212

2024年长期应付款期初摊余成本（账面价值）=544.66×（1+5%）－200=371.89（万元）

思考：该业务对当年营业利润的影响？

主要包括两个方面：一是财务费用；二是无形资产的摊销额（影响损益的情况下）。

（三）投资者投入无形资产

投资者投入无形资产的成本，企业应当按照投资合同或协议约定的价值确定。如果合同或协议约定价值不公允的，应按无形资产的公允价值入账。

（四）土地使用权的处理可能涉及的会计科目

土地使用权的用途	会计科目
建造自用办公楼等	无形资产
开发后出售（房地产企业）	开发成本（属于存货）
出租或资本增值	投资性房地产

【提示】无法合理分配土地使用权与其地上建筑物价值的，企业应将其全部作为固定资产核算。

【例3】（多选·2020）甲公司发生的相关交易或事项如下：

（1）经拍卖取得一块土地，甲公司拟在该土地上建造办公楼；

（2）经与乙公司交换资产取得土地使用权，甲公司拟在该土地上建造商品房；

（3）购入一处厂房，厂房和土地的公允价值均能可靠计量；

（4）将原自用的土地改为出租。

不考虑其他因素，下列各项关于甲公司持有的土地会计处理的表述中，正确的有（　　）。

A. 购入厂房取得的土地确认为固定资产

B. 交换取得用于建造商品房的土地确认为存货

C. 将自用改为出租的土地从租赁期开始日起确认为投资性房地产

笔记区

D. 拍卖取得用于建造办公楼的土地确认为无形资产

【解析】企业购入厂房，厂房和土地使用权的公允价值均能可靠计量，应分别确认为固定资产和无形资产，选项A不当选；取得用于商品房建造的土地使用权，属于企业的存货，选项B当选；自用的土地使用权改为出租，应将无形资产转为投资性房地产，转换日为租赁期开始日，选项C当选；取得用于建造办公楼的土地使用权，应确认为无形资产，选项D当选。

知识点2　内部研究开发支出的确认和计量

内部研究开发支出的会计处理，如下表所示。

费用化支出	资本化支出
研究阶段支出和开发阶段不符合资本化条件的支出	开发阶段符合资本化条件的支出
（1）发生相关支出时： 借：研发支出——费用化支出 　贷：银行存款等 （2）期末结转： 借：管理费用 　贷：研发支出——费用化支出 **【提示】**资产负债表日研发支出（费用化支出）无余额，填列在利润表“研发费用”项目	（1）发生相关支出时： 借：研发支出——资本化支出 　贷：银行存款等 （2）无形资产达到预定用途时： 借：无形资产 　贷：研发支出——资本化支出 **【提示】**资产负债表日研发支出（资本化支出）可以有余额，填列在“开发支出”项目

企业取得的正在进行中的符合资本化条件的研究开发项目，应按确定的金额进行如下会计处理：

借：研发支出——资本化支出

　贷：银行存款等

【提示】（1）确实无法区分研究阶段和开发阶段的支出，应在发生时直接计入当期损益（管理费用）；（2）自行研发尚未达到预定用途的无形资产，由于其价值具有较大的不确定性，应当于每年年末进行减值测试；（3）对于同一项无形资产在开发过程中达到资本化条件之前已经费用化计入当期损益的支出不再进行调整。

【例4】（单选·2014）下列各项中，制造企业应确认为无形资产的是（　　）。

A. 自创的商誉

B. 企业合并产生的商誉

例题答案：
【例3】BCD

C. 内部研究开发项目研究阶段发生的支出

D. 以缴纳土地出让金方式取得的土地使用权

【解析】自创的商誉、企业合并产生的商誉，以及研究开发项目研究阶段发生的支出，不符合无形资产的定义，不确认为无形资产，选项 A、选项 B、选项 C 不当选。

知识点 3 无形资产的后续计量

一、无形资产的摊销

（一）摊销范围

使用寿命有限的无形资产需要进行摊销。

使用寿命不确定的无形资产不摊销，但应当于每年年度终了进行减值测试。

【提示】划分为持有待售的无形资产不再摊销。

（二）摊销时间

当月增加的无形资产，当月开始摊销；当月减少的无形资产，当月停止摊销。

（三）摊销方法

无形资产的摊销方法包括直线法、产量法等。

（四）摊销分录

借：制造费用（生产产品所用无形资产的摊销）

管理费用（管理部门所用无形资产的摊销）

其他业务成本（出租的无形资产的摊销）

研发支出（研发活动所用无形资产的摊销）

贷：累计摊销

（五）复核

企业至少应当于每年年度终了，对无形资产的使用寿命、摊销方法及预计净残值进行复核。

二、无形资产的减值

当无形资产账面价值大于其可收回金额时，应当对无形资产计提减值准备。相关会计分录如下：

借：资产减值损失

贷：无形资产减值准备

【提示】该减值一经计提不得转回，处置时予以结转。

例题答案：

【例 4】D

名师点睛

无形资产的账面余额、账面净值、账面价值的区分，如下表所示。

项目	构成
账面余额	原值
账面净值	原值 − 累计摊销
账面价值	原值 − 累计摊销 − 无形资产减值准备

【例 5】（多选 · 2021）下列关于无形资产的表述中，正确的有（　　）。

A. 企业为引入新产品进行宣传发生的广告费不应计入无形资产

B. 无形资产属于非货币性资产

C. 对于使用寿命不确定的无形资产不应进行摊销，但应在每个会计期末进行减值测试

D. 无形资产的特征之一是具有可辨认性，能够从企业中分离或者划分出来

【解析】上述选项表述均正确，选项 A、选项 B、选项 C、选项 D 均当选。

【例 6】（多选 · 2019）下列选项关于无形资产会计处理的表述中，错误的有（　　）。

A. 外包无形资产开发活动在实际支付价款时确认无形资产

B. 无法区分研究阶段和开发阶段的支出，全部费用化计入当期损益

C. 使用寿命不确定的无形资产只有存在减值迹象时才进行减值测试

D. 在无形资产达到预定用途前为宣传新技术发生的费用，计入无形资产成本

【解析】外包无形资产开发活动应在满足无形资产的确认条件时确认无形资产，选项 A 当选；使用寿命不确定的无形资产每年年末都要进行减值测试，选项 C 当选；在无形资产达到预定用途前为宣传新技术发生的费用，直接计入当期损益，不计入无形资产成本，选项 D 当选。

知识点 4　无形资产的处置

无形资产的处置，主要是指无形资产出售、对外出租、对外捐赠，或者无法为企业带来未来经济利益时，应予终止确认并转销。

例题答案：
【例 5】ABCD
【例 6】ACD

一、无形资产的出售

企业出售无形资产时，应将所取得的价款与该无形资产账面价值的差额作为资产处置利得或损失（资产处置损益），计入当期损益。相关会计分录如下：

借：银行存款

　　累计摊销

　　无形资产减值准备

　　贷：无形资产

　　　　资产处置损益（差额，或记入借方）

　　　　应交税费——应交增值税（销项税额）

名师点睛

无形资产处置和固定资产处置的相同点与不同点：

（1）相同点：处置取得的价款与该资产账面价值的差额作为资产处置利得或损失（资产处置损益）；

（2）不同点：固定资产的处置需要通过“固定资产清理”科目核算，无形资产的处置则不需要。

二、无形资产的报废

如果无形资产预期不能为企业带来未来经济利益，企业应将其账面价值予以转销，转入当期损益（营业外支出）。相关会计分录如下：

借：营业外支出

　　累计摊销

　　无形资产减值准备

　　贷：无形资产

专题五 投资性房地产

知识点 1 投资性房地产的定义与范围

一、投资性房地产的定义

房地产是土地和房屋及其权属的总称。投资性房地产，是指为赚取租金或资本增值，或者两者兼有而持有的房地产。

二、投资性房地产的范围

投资性房地产的范围及注意事项，如下表所示。

范围	注意事项
已出租的土地使用权	（1）企业在一级市场上以交纳土地出让金的方式取得并出租的土地使用权，属于投资性房地产； （2）企业在二级市场上接受其他单位转让取得并出租的土地使用权，属于投资性房地产； （3）企业计划用于出租但尚未出租的土地使用权，不属于投资性房地产，属于无形资产； （4）企业生产经营用的土地使用权，不属于投资性房地产，属于无形资产
持有并准备增值后转让的土地使用权	土地使用权在我国属于稀缺资源，国家严格限制与之相关的投机行为，因此在我国实务中，持有并准备增值后转让的土地使用权的情况较少
已出租的建筑物（经营租赁）	（1）企业拥有产权并出租的建筑物，属于投资性房地产； （2）企业租入再转租的建筑物，不属于投资性房地产； （3）企业持有以备经营出租的空置建筑物或在建建筑物，当董事会或类似机构作出书面决议，明确表明将其用于经营出租且持有意图短期内不再发生变化的，即使尚未签订租赁协议，也应视为投资性房地产； （4）企业将建筑物出租，按租赁协议向承租人提供的相关辅助服务在整个协议中不重大的（如日常维护、安保等日常辅助服务），属于投资性房地产；

续 表

范围	注意事项
已出租的建筑物（经营租赁）	（5）已出租的房屋租赁期届满，收回后继续用于出租但暂时空置的，属于投资性房地产； （6）房地产企业开发的已出租的房屋建筑物，属于投资性房地产； （7）房地产企业持有并准备增值后出售的商品房，不属于投资性房地产，属于存货； （8）企业自用的建筑物（办公楼、厂房、宿舍楼等），不属于投资性房地产，属于固定资产； （9）部分自用，部分出租的商业楼： ①能够单独计量的，分别作为固定资产和投资性房地产核算； ②不能单独计量的，全部作为固定资产核算

【例 1】（多选）下列属于投资性房地产的有（　　）。

A. 出租给本企业职工居住的宿舍

B. 出租给外单位使用的办公楼

C. 租赁期满收回，继续用于出租但暂时空置的建筑物

D. 房地产企业持有并准备增值后出售的商品房

【解析】出租给本企业职工居住的宿舍，属于固定资产，选项 A 不当选；房地产企业持有并准备增值后出售的商品房，属于存货，选项 D 不当选。

知识点 2　投资性房地产的确认和初始计量

一、投资性房地产的确认

投资性房地产只有在符合定义的前提下，同时满足下列两个条件的，才能予以确认：

（1）与该投资性房地产相关的经济利益很可能流入企业；

（2）该投资性房地产的成本能够可靠计量。

二、投资性房地产的初始计量

投资性房地产应当按照成本进行初始计量。投资性房地产不同取得方式下的初始计量，如下表所示。

例题答案：

【例 1】BC

取得方式	初始计量
外购	成本 = 购买价款 + 相关税费 + 可直接归属于该资产的其他支出 **【提示】** （1）取得即出租：作为投资性房地产；取得自用再出租：由固定资产或无形资产转为投资性房地产； （2）购入的房地产部分出租部分自用且能够单独计量的，应将出租部分确认为投资性房地产，按不同部分公允价值比例对总成本进行分配
自建	成本 = 该项房地产达到预定可使用状态前发生的必要支出（造价） **【提示】**达到预定可使用状态即出租：作为投资性房地产

【例2】（单选）甲公司为增值税一般纳税人，适用的增值税税率为9%。2023年1月1日，甲公司与乙公司签订一项租赁合同，将当日购入的一幢写字楼出租给乙公司，租赁期为2023年2月1日至2026年2月1日。购入写字楼时取得对方开具的增值税专用发票，价款5 000万元，增值税税额450万元；甲公司还发生了谈判费、差旅费等共计5万元，契税等相关税费60万元，以上款项均以银行存款支付。甲公司对投资性房地产采用成本模式进行后续计量。不考虑其他因素，该项投资性房地产的入账价值为（　　）万元。

A. 5 000　　B. 5 060

C. 5 065　　D. 5 610

【解析】投资性房地产入账价值 =5 000+60=5 060（万元），谈判费、差旅费计入管理费用，选项B当选。相关会计分录如下：

借：投资性房地产　　5 060

　　应交税费——应交增值税（进项税额）　　450

　　管理费用　　5

　　贷：银行存款　　5 515

三、投资性房地产的后续支出

（一）资本化的后续支出

与投资性房地产有关的后续支出，满足投资性房地产确认条件的，应当计入投资性房地产成本。企业对某项投资性房地产进行改扩建等再开发且将来仍作为投资性房地产的，在再开发期间应继续将其作为投资性房地产，再开发期间不计提折旧或摊销。投资性房地产后续计量模式的会计处理，如下表所示。

例题答案：

【例2】B

后续计量模式	会计处理
成本模式	（1）转入在建： 借：投资性房地产——在建 投资性房地产累计折旧（摊销） 投资性房地产减值准备 贷：投资性房地产 （2）归集资本化后续支出： 借：投资性房地产——在建 贷：银行存款等 （3）改扩建工程完工： 借：投资性房地产 贷：投资性房地产——在建
公允价值模式	（1）转入在建： 借：投资性房地产——在建 贷：投资性房地产——成本 ——公允价值变动（或记入借方） （2）归集资本化后续支出： 借：投资性房地产——在建 贷：银行存款等 （3）改扩建工程完工： 借：投资性房地产——成本 贷：投资性房地产——在建

（二）费用化的后续支出

企业对投资性房地产进行日常维护发生的一些支出（即费用化支出），计入当期损益（其他业务成本）。相关会计分录如下：

借：其他业务成本

　　贷：银行存款等

【例 3】（单选·2020）2018 年 1 月 20 日，甲公司与丙公司签订租赁协议，将原出租给乙公司并即将在 2018 年 3 月 1 日到期的厂房租赁给丙公司。该协议约定，甲公司 2018 年 7 月 1 日起将厂房出租给丙公司，租赁期为 5 年，每月租金为 60 万元，租赁期首 3 个月免租金。为满足丙公司租赁厂房的需求，甲公司 2018 年 3 月 2 日起对厂房进行改扩建，改扩建工程于 2018 年 6 月 29 日完工并达到预定可使用状态。甲公司对出租厂房采用成本模式进行后续计量。不考虑其他因素，下列各项关于甲公司上述交易或事项会计处理的表述中，正确的是（　　）。

A. 2018 年确认租金收入 180 万元

B. 改扩建过程中的厂房确认为投资性房地产

C. 厂房改扩建过程中发生的支出直接计入当期损益

D. 厂房在改扩建期间计提折旧

【解析】出租人提供免租期的，出租人应将租金总额在不扣除免租期的整个租赁期内，按直线法或其他合理方法进行分配，免租期内应当确认租金收入，2018 年确认租金收入 = [60×（5×12−3）] ÷5×6/12=342（万元），选项 A 不当选；投资性房地产改扩建期间仍作为投资性房地产核算，选项 B 当选；投资性房地产改扩建过程中发生的符合资本化条件的支出，计入投资性房地产成本，选项 C 不当选；采用成本模式计量的投资性房地产，改扩建期间停止计提折旧或摊销，选项 D 不当选。

知识点 3　投资性房地产的后续计量

投资性房地产有两种后续计量模式：成本模式和公允价值模式。投资性房地产的后续计量，通常应当采用成本模式，只有满足特定条件的情况下才可以采用公允价值模式。

采用公允价值模式计量投资性房地产，应当同时满足以下两个条件：

（1）投资性房地产所在地有活跃的房地产交易市场；

（2）企业能够从房地产交易市场取得同类或类似房地产的市场价格及其他相关信息，从而对投资性房地产的公允价值作出科学合理的估计。

【提示】同一企业只能采用一种模式对所有投资性房地产进行后续计量，不得同时采用两种计量模式。

一、成本模式后续计量

计量特点：比照固定资产或无形资产，计提折旧或摊销。

（1）计提折旧或摊销：

借：其他业务成本

　　贷：投资性房地产累计折旧（摊销）

名师点睛

投资性房地产的折旧（摊销）与固定资产（无形资产）的相关规定一致。即当期增加的投资性房地产（建筑物），下月开始折旧，当期减少的投资性房地产（建筑物），下月停止折旧；当期增加的投资性房地产（土地使用权），当月开始摊销，当期减少的投资性房地产（土地使用权），当月停止摊销。

例题答案：

【例 3】B

（2）确认租金收入：

借：银行存款

　　贷：其他业务收入

　　　　应交税费——应交增值税（销项税额）

（3）发生维护支出等：

借：其他业务成本

　　贷：银行存款

（4）计提减值准备：

借：资产减值损失

　　贷：投资性房地产减值准备

【提示】该减值一经计提不得转回，处置时予以结转。

【例 4】（计算分析）甲公司为增值税一般纳税人，适用的增值税税率为 9%。甲公司对投资性房地产均采用成本模式进行后续计量。

2023 年 3 月 20 日，甲公司购入一栋写字楼准备对外经营出租，董事会已作出书面决议且该意图短期内不会发生变化。当日甲公司取得对方开具的增值税专用发票上注明的价款为 5 000 万元，增值税进项税额为 450 万元，款项以银行存款支付，假设无其他费用的发生。甲公司预计该写字楼剩余使用年限为 25 年，预计净残值为零，采用直线法计提折旧。

2023 年 4 月 20 日，甲公司与乙公司签订租赁协议，将该写字楼出租给乙公司使用，租赁期开始日为 2023 年 6 月 1 日，租期 3 年，月租金 54.50 万元（含增值税）。2023 年年末，甲公司收到乙公司支付的 2023 年租金，开出的增值税专用发票上注明租金 350 万元，销项税额 31.50 万元。

【分析】

（1）2023 年 3 月 20 日取得投资性房地产时：

借：投资性房地产　　5 000

　　应交税费——应交增值税（进项税额）　　450

　　贷：银行存款　　5 450

（2）确认 2023 年的租金收入：

借：银行存款　　381.50

　　贷：其他业务收入　　350

　　　　应交税费——应交增值税（销项税额）　　31.50

（3）2023 年 4 月开始对投资性房地产计提折旧：

2023 年折旧额 =（5 000−0）÷25×9/12=150（万元）

借：其他业务成本　　150

　　贷：投资性房地产累计折旧　　150

二、公允价值模式后续计量

计量特点：公允价值变动计入“公允价值变动损益”。

（1）资产负债表日确认公允价值变动：

借：投资性房地产——公允价值变动

　　贷：公允价值变动损益

（或编制相反分录）

（2）确认租金收入：

借：银行存款

　　贷：其他业务收入

　　　　应交税费——应交增值税（销项税额）

（3）发生维护支出等：

借：其他业务成本

　　贷：银行存款

名师点睛

采用公允价值模式计量的投资性房地产遵循“3不”原则：不折旧、不摊销、不减值。

【例5】（计算分析）甲公司为增值税一般纳税人，适用的增值税税率为9%。甲公司对投资性房地产均采用公允价值模式进行后续计量。

2023年3月20日，甲公司购入一栋写字楼准备对外经营出租，董事会已作出书面决议且该意图短期内不会发生变化。当日甲公司取得对方开具的增值税专用发票上注明的价款为5 000万元，增值税进项税额为450万元，款项以银行存款支付，假设无其他费用的发生。

2023年4月20日，甲公司与乙公司签订租赁协议，将该写字楼出租给乙公司使用，租赁期开始日为2023年6月1日，租期3年，月租金54.50万元（含增值税）。2023年年末，甲公司收到乙公司支付的2023年租金，开出的增值税专用发票上注明租金350万元，销项税额31.50万元。

2023年12月31日，该投资性房地产的公允价值为5 400万元。

【分析】

（1）2023年3月20日取得投资性房地产时：

借：投资性房地产——成本　　5 000

　　应交税费——应交增值税（进项税额）　　450

贷：银行存款　5 450

（2）确认 2023 年的租金收入：

借：银行存款　381.50

贷：其他业务收入　350

应交税费——应交增值税（销项税额）　31.50

（3）2023 年 12 月 31 日确认公允价值变动：

借：投资性房地产——公允价值变动　400

贷：公允价值变动损益　400

三、投资性房地产后续计量模式的变更

投资性房地产的计量模式一经确定，不得随意变更。只有在房地产市场比较成熟、满足公允价值计量模式条件时，才允许企业对投资性房地产的计量模式由成本模式变更为公允价值模式，且将该变更作为会计政策变更处理，变更时公允价值与账面价值的差额调整期初留存收益。相关会计分录如下：

借：投资性房地产——成本（变更日的公允价值）

投资性房地产累计折旧（摊销）

投资性房地产减值准备

贷：投资性房地产

盈余公积

利润分配——未分配利润

【**提示**】已采用公允价值模式计量的投资性房地产，不得从公允价值模式转为成本模式。

知识点 4　投资性房地产的转换和处置

一、投资性房地产的转换

房地产的转换，是因房地产用途发生改变而对房地产进行的重新分类。房地产的转换形式及转换日的确定，如下表所示。

转换形式	转换日的确定
投资性房地产转为自用	房地产达到自用状态，开始用于生产产品、提供劳务或经营管理的日期
投资性房地产转为存货	租赁期满企业董事会或类似机构作出书面决议明确表明将其重新开发用于对外销售的日期

续　表

转换形式	转换日的确定
自用转为出租	通常为租赁期开始日
作为存货的房地产转为出租	

（一）成本模式下的转换

非投资性房地产→投资性房地产	投资性房地产→非投资性房地产
自用转为出租（对转）： 借：投资性房地产 　　累计折旧 　　固定资产减值准备 　　贷：固定资产 　　　　投资性房地产累计折旧 　　　　投资性房地产减值准备 **【提示】**无形资产比照固定资产处理	租赁到期转为自用（对转）： 借：固定资产 　　投资性房地产累计折旧 　　投资性房地产减值准备 　　贷：投资性房地产 　　　　累计折旧 　　　　固定资产减值准备 **【提示】**无形资产比照固定资产处理
存货转为出租： 借：投资性房地产 　　存货跌价准备 　　贷：开发产品	租赁到期重新用于对外销售： 借：开发成本 　　投资性房地产累计折旧（摊销） 　　投资性房地产减值准备 　　贷：投资性房地产

【例6】（计算分析）2023年6月1日，甲房地产开发商将其拥有的一栋商品房转为出租，并与乙公司签订租赁合同，约定从2023年7月1日起出租给乙公司作为办公使用，租期5年，月租金12万元（每月月末收取）。该房地产总造价为1 000万元，甲公司已于2022年年末对其计提了存货跌价准备100万元。甲公司对投资性房地产采用成本模式进行后续计量，预计该房地产还可使用8年，预计净残值为零，采用直线法计提折旧。假定甲公司按月计提折旧和确认租金收入，不考虑增值税等相关因素的影响。

【分析】甲公司应对上述业务作如下会计处理：

（1）7月1日将作为存货的商品房转为投资性房地产时：

借：投资性房地产　　900
　　存货跌价准备　　100
　　贷：开发产品　　1 000

（2）每月确认租金时：

借：银行存款　　12
　　贷：其他业务收入　　12

笔记区

（3）每月计提折旧时：

借：其他业务成本 （900 ÷ 8 ÷ 12）9.38

　　贷：投资性房地产累计折旧 9.38

（二）公允价值模式下的转换

非投资性房地产→投资性房地产	投资性房地产→非投资性房地产
自用转为出租： 借：投资性房地产——成本（公允价值） 　　累计折旧 　　固定资产减值准备 　　公允价值变动损益（公允 < 账面） 　　贷：固定资产 　　　　其他综合收益（公允 > 账面） 【提示】无形资产比照固定资产处理	租赁到期转为自用： 借：固定资产（公允价值） 　　公允价值变动损益（公允 < 账面） 　　贷：投资性房地产——成本 　　　　——公允价值变动 　　　　公允价值变动损益（公允 > 账面） 【提示】无形资产比照固定资产处理
存货转为出租： 借：投资性房地产——成本（公允价值） 　　存货跌价准备 　　公允价值变动损益（公允 < 账面） 　　贷：开发产品 　　　　其他综合收益（公允 > 账面）	租赁到期重新用于对外销售： 借：开发成本等（公允价值） 　　公允价值变动损益（公允 < 账面） 　　贷：投资性房地产——成本 　　　　——公允价值变动 　　　　公允价值变动损益（公允 > 账面）

【例 7】（单选 · 2019） 甲公司将原自用的办公楼用于出租，以赚取租金收入。租赁期开始日，该办公楼账面原价为 14 000 万元，已计提折旧 5 600 万元，公允价值为 12 000 万元。甲公司对投资性房地产采用公允价值模式进行后续计量。甲公司上述自用办公楼转换为投资性房地产时公允价值大于原账面价值的差额在财务报表中列示的项目是（　　）。

A. 营业收入　　B. 其他综合收益

C. 资本公积　　D. 公允价值变动收益

【解析】 自用房地产转换为以公允价值模式进行后续计量的投资性房地产，转换日公允价值大于原账面价值的差额计入其他综合收益，公允价值小于原账面价值的差额计入公允价值变动损益，选项 B 当选。

二、投资性房地产的处置

当投资性房地产被处置，或者永久退出使用且预计不能从其处置中取得经济利益时，应当终止确认该项投资性房地产。企业出售、转让、报废投资

例题答案：

【例 7】B

性房地产或者发生投资性房地产毁损，应当将处置收入扣除其账面价值和相关税费后的金额计入当期损益。投资性房地产处置的会计处理，如下表所示。

后续计量模式	会计处理
成本模式	（1）按实际收到的款项确认其他业务收入： 借：银行存款 　　贷：其他业务收入 　　　　应交税费——应交增值税（销项税额） （2）按账面价值结转其他业务成本： 借：其他业务成本 　　投资性房地产累计折旧（摊销） 　　投资性房地产减值准备 　　贷：投资性房地产
公允价值模式	（1）按实际收到的金额确认其他业务收入： 借：银行存款 　　贷：其他业务收入 　　　　应交税费——应交增值税（销项税额） （2）按账面价值结转其他业务成本： 借：其他业务成本 　　贷：投资性房地产——成本 　　　　　　　　　　——公允价值变动（或记入借方） （3）同时结转投资性房地产累计公允价值变动，若存在原转换日计入其他综合收益的金额，也一并结转： 借：其他综合收益 　　贷：其他业务成本 借：公允价值变动损益 　　贷：其他业务成本 （或编制相反分录）

【例8】（单选·2012）2006年6月30日，甲公司与乙公司签订租赁合同，合同规定甲公司将一栋自用办公楼出租给乙公司，租赁期为1年，年租金为200万元（假定租金分别于2006年12月31日和2007年6月30日收取）。当日，出租办公楼的公允价值为8 000万元，账面价值为2 500万元（其中原值4 000万元，已计提折旧1 500万元，未计提相应的减值准备）。

2006年12月31日，该办公楼的公允价值为9 000万元。

2007年6月30日（收半年房租），甲公司收回租赁期届满的办公楼并对外出售，取得价款9 500万元。甲公司采用公允价值模式对投资性房地产进行后续计量，不考虑其他因素。上述交易或事项对甲公司2007年度损益的影响金额是（　　）万元。

A. 500　　　　B. 6 000

C. 6 100　　　　　　　　D. 7 000

【解析】

（1）2006 年 6 月 30 日，自用办公楼转为出租：

借：投资性房地产——成本　　8 000
　　累计折旧　　1 500
　　贷：固定资产　　4 000
　　　　其他综合收益　　5 500

（2）2006 年 12 月 31 日，收取租金和确认公允价值变动：

借：银行存款　　（200×6/12）100
　　贷：其他业务收入　　100
借：投资性房地产——公允价值变动　　1 000
　　贷：公允价值变动损益　　1 000

（3）2007 年 6 月 30 日，收取租金和出售办公楼：

借：银行存款　　（200×6/12）100
　　贷：其他业务收入　　100
借：银行存款　　9 500
　　贷：其他业务收入　　9 500
借：其他业务成本　　9 000
　　贷：投资性房地产——成本　　8 000
　　　　　　　　　　——公允价值变动　　1 000
借：其他综合收益　　5 500
　　贷：其他业务成本　　5 500
借：公允价值变动损益　　1 000
　　贷：其他业务成本　　1 000

上述交易或事项对甲公司 2007 年度损益的影响金额 =100+9 500−9 000+5 500=6 100（万元），选项 C 当选。

笔记区

例题答案：
【例 8】C

专题六　金融资产

知识点1　金融资产的分类

金融资产的分类是确认和计量的基础。企业应当根据其管理金融资产的业务模式和金融资产的合同现金流量特征，对金融资产进行合理分类。金融资产一般划分为以下三类：

（1）以摊余成本计量的金融资产；

（2）以公允价值计量且其变动计入其他综合收益的金融资产；

（3）以公允价值计量且其变动计入当期损益的金融资产。

一、业务模式

企业管理金融资产的业务模式，是指企业如何管理其金融资产以产生现金流量。业务模式决定企业所管理的金融资产现金流量的来源是收取合同现金流量、出售金融资产，还是两者兼有。

企业应当以企业关键管理人员决定的对金融资产进行管理的特定业务目标为基础，在金融资产组合层次上确定其管理金融资产的业务模式；同一个企业可能采用多个业务模式管理其金融资产。集团及各子公司应当根据实际情况确定其管理金融资产的业务模式，但对于同一个金融资产组合，集团和子公司对其业务模式的判断通常一致。

管理金融资产的业务模式分为以下三种：

（1）以收取合同现金流量为目标的业务模式；

（2）以收取合同现金流量和出售金融资产为目标的业务模式；

（3）其他业务模式。

二、合同现金流量特征

金融资产的合同现金流量特征，是指金融工具合同约定的、反映相关金融资产经济特征的现金流量属性。

企业分类为以摊余成本计量的金融资产和以公允价值计量且其变动计入其他综合收益的金融资产，其合同现金流量特征应当与基本借贷安排一致，即相关金融资产在特定日期产生的合同现金流量仅为对本金和以未偿付本金金额为基础的利息的支付（以下简称本金加利息的合同现金流量特征）。

笔记区

三、金融资产的具体分类

<table>
<tr><th colspan="2">条件</th><th rowspan="2">类别</th></tr>
<tr><th>业务模式</th><th>合同现金流量特征</th></tr>
<tr><td rowspan="2">以收取合同现金流量为目标</td><td>本金加利息（√）</td><td>以摊余成本计量的金融资产</td></tr>
<tr><td>本金加利息（×）</td><td>以公允价值计量且其变动计入当期损益的金融资产</td></tr>
<tr><td rowspan="2">以收取合同现金流量和出售金融资产为目标</td><td>本金加利息（√）</td><td>以公允价值计量且其变动计入其他综合收益的金融资产</td></tr>
<tr><td>本金加利息（×）</td><td>以公允价值计量且其变动计入当期损益的金融资产</td></tr>
<tr><td>其他模式</td><td>—</td><td>以公允价值计量且其变动计入当期损益的金融资产</td></tr>
</table>

四、金融资产分类的特殊规定

在初始确认时，企业可以将非交易性权益工具投资指定为以公允价值计量且其变动计入其他综合收益的金融资产，并按照规定确认股利收入。该指定一经作出，不得撤销。

金融资产或金融负债满足下列条件之一的，表明企业持有该金融资产或承担该金融负债的目的是交易性的：

（1）取得相关金融资产或承担相关金融负债的目的主要是近期出售或回购；

（2）相关金融资产或金融负债在初始确认时属于集中管理的可辨认金融工具组合的一部分，且有客观证据表明近期实际存在短期获利模式；

（3）相关金融资产或金融负债属于衍生工具，但符合财务担保合同定义的衍生工具以及被指定为有效套期工具的衍生工具除外。例如，未作为套期工具的利率互换或外汇期权。

只有不符合上述条件的非交易性权益工具投资才可以进行该指定。

【例 1】（单选 · 2021）下列金融资产中，不能以摊余成本计量的是（　　）。

A. 可随意支取的银行定期存款　　B. 现金

C. 与黄金挂钩的结构性存款　　D. 保本固定收益的银行理财产品

【解析】以摊余成本计量的金融资产应同时符合下列条件：（1）企业管理金融资产的业务模式是以收取合同现金流量为目标；（2）该金融资产的合

同条款规定，在特定日期产生的现金流量，仅为对本金和以未偿付本金金额为基础的利息的支付。选项C不能通过合同现金流量测试，不能以摊余成本计量，当选。

知识点2 以公允价值计量且其变动计入当期损益的金融资产

一、初始计量

以公允价值计量且其变动计入当期损益的金融资产，其初始计量应当按照其公允价值计量，相关交易费用应当直接计入当期损益。核算科目为“交易性金融资产”。

交易费用，是可直接归属于购买、处置金融资产的增量费用。

企业取得交易性金融资产所支付的金额中包含的已宣告但尚未发放的债券利息或现金股利应当作为应收项目进行处理，不计入交易性金融资产的初始成本。相关会计分录如下：

借：交易性金融资产——成本
　　应收股利 / 应收利息
　　投资收益（交易费用）
　　贷：银行存款等

【例2】（单选）甲企业为增值税一般纳税人，购入乙上市公司股票并通过“交易性金融资产”科目核算，该股票价款为200万元（其中包含已宣告但尚未发放的现金股利6万元），另支付交易费用0.50万元，取得的增值税专用发票注明的增值税税额为0.03万元。不考虑其他因素，甲公司购入股票的初始入账金额为（　　）万元。

A. 200　　B. 194
C. 200.50　　D. 194.53

【解析】已宣告但尚未发放的现金股利计入应收股利，支付的交易费用借记“投资收益”科目，手续费相关的增值税计入“应交税费——应交增值税（进项税额）”，所以交易性金融资产的初始入账金额=200-6=194（万元），选项B当选。相关会计分录如下：

借：交易性金融资产——成本　194
　　应收股利　6
　　投资收益　0.50
　　应交税费——应交增值税（进项税额）　0.03
　　贷：银行存款　200.53

例题答案：
【例1】C
【例2】B

二、后续计量

笔记区

以公允价值计量且其变动计入当期损益的金融资产，其公允价值变动形成的利得或损失，应当计入当期损益。持有期间收取的利息和现金股利，应当计入当期损益。相关会计分录如下：

（1）确认公允价值变动：

借：交易性金融资产——公允价值变动

　　贷：公允价值变动损益

（若下降则编制相反分录）

（2）确认应收股利或应收利息：

借：应收股利 / 应收利息

　　贷：投资收益

（3）实际收到股利或利息时：

借：银行存款

　　贷：应收股利 / 应收利息

【例 3】（单选）下列各项中，企业应在资产负债表日将持有的交易性金融资产公允价值高于账面价值的差额记入（　　）科目。

A. 其他业务收入　　B. 投资收益

C. 公允价值变动损益　　D. 资产处置损益

【解析】企业应当在资产负债表日按照交易性金融资产公允价值高于其账面价值的差额，借记“交易性金融资产——公允价值变动”科目，贷记“公允价值变动损益”科目，选项 C 当选。

【例 4】（单选）2023 年 12 月 1 日，某企业“交易性金融资产——甲上市公司股票”科目借方余额为 1 000 万元；12 月 31 日，甲上市公司股票的公允价值为 1 050 万元。不考虑其他因素，下列各项中，该企业关于持有甲上市公司股票相关会计科目处理正确的是（　　）。

A. 贷记“营业外收入”科目 50 万元

B. 贷记“资本公积”科目 50 万元

C. 贷记“公允价值变动损益”科目 50 万元

D. 贷记“投资收益”科目 50 万元

【解析】交易性金融资产公允价值变动形成的利得或损失，应当计入当期损益，相关会计分录如下：

借：交易性金融资产——公允价值变动　　50

　　贷：公允价值变动损益　　50

综上所述，选项 C 当选。

例题答案：

【例 3】C

【例 4】C

笔记区

【例5】（计算分析）2022年2月20日，甲公司以银行存款1 085万元（含交易费用5万元，已宣告但尚未发放的现金股利80万元）购入100万股乙公司股票，甲公司将其作为以公允价值计量且其变动计入当期损益的金融资产核算。2022年3月1日，甲公司收到现金股利80万元。2022年12月31日，该股票每股市价为11元。2023年1月15日，乙公司宣告分派现金股利，每股1.10元。2023年2月25日，甲公司收到乙公司分派的现金股利。2023年12月31日，该股票每股市价为11.90元。假设不考虑其他因素。

要求：编制甲公司购入股票、与现金股利及公允价值变动相关的会计分录。

【答案】

（1）2022年2月20日，购入股票：

借：交易性金融资产——成本　　1 000
　　应收股利　　80
　　投资收益　　5
　　贷：银行存款　　1 085

（2）2022年3月1日，收到现金股利：

借：银行存款　　80
　　贷：应收股利　　80

（3）2022年12月31日，确认公允价值变动：

借：交易性金融资产——公允价值变动　（11×100－1 000）100
　　贷：公允价值变动损益　　100

（4）2023年1月15日，确认现金股利：

借：应收股利　（1.10×100）110
　　贷：投资收益　　110

（5）2023年2月25日，收到现金股利：

借：银行存款　　110
　　贷：应收股利　　110

（6）2023年12月31日，确认公允价值变动：

借：交易性金融资产——公允价值变动
　　（11.90×100−11×100）90
　　贷：公允价值变动损益　　90

三、处置

以公允价值计量且其变动计入当期损益的金融资产处置（满足终止确认）

时，处置部分收到的对价与处置部分的账面价值的差额计入当期损益。相关会计分录如下：

借：银行存款等

　　贷：交易性金融资产——成本

　　　　　　　　　　——公允价值变动（或记入借方）

　　　　投资收益（差额，或记入借方）

【例6】（计算分析） 承接【例5】有关资料，2024年1月5日，甲公司将持有的乙公司股票全部出售，取得银行存款1 240万元。假设不考虑其他因素。

要求：编制甲公司出售乙公司股票的相关会计分录。

【答案】 2024年1月5日，出售股票：

借：银行存款	1 240
贷：交易性金融资产——成本	1 000
——公允价值变动	190
投资收益	50

知识点3　指定为以公允价值计量且其变动计入其他综合收益的金融资产

一、初始计量

指定为以公允价值计量且其变动计入其他综合收益的金融资产，其初始计量应当按照其公允价值计量，相关交易费用应当直接计入初始成本。核算科目为“其他权益工具投资”。

企业取得其他权益工具投资所支付的金额中包含的已宣告但尚未发放的现金股利应当确认为应收项目进行处理，不计入其他权益工具投资的初始成本。相关会计分录如下：

借：其他权益工具投资——成本（公允价值 + 交易费用）

　　应收股利

　　贷：银行存款等

【例7】（单选） 甲企业为增值税一般纳税人，购入乙上市公司股票并通过“其他权益工具投资”科目核算，该股票价款为200万元（其中包含已宣告但尚未发放的现金股利6万元），另支付交易费用0.50万元，取得的增值税专用发票注明的增值税税额为0.03万元。不考虑其他因素，甲公司购入股票的初始入账金额为（　　）万元。

笔记区

A. 200　　B. 194.50

C. 200.50　　D. 194.53

【解析】已宣告但尚未发放的现金股利计入应收股利，支付的交易费用计入初始成本，手续费相关的增值税计入“应交税费——应交增值税（进项税额）”，所以其他权益工具投资的初始入账金额 =200+0.50−6=194.50（万元），选项 B 当选。相关会计分录如下：

借：其他权益工具投资——成本　194.50

　应收股利　6

　应交税费——应交增值税（进项税额）　0.03

　贷：银行存款　200.53

二、后续计量

指定为以公允价值计量且其变动计入其他综合收益的金融资产，其公允价值变动形成的利得或损失，应当计入其他综合收益，且后续期间不得转入当期损益。持有期间收取的现金股利，应当计入当期损益。

相关会计分录如下：

（1）确认公允价值变动：

借：其他权益工具投资——公允价值变动

　贷：其他综合收益——其他权益工具投资公允价值变动

（若下降则编制相反分录）

（2）确认应收股利：

借：应收股利

　贷：投资收益

（3）实际收到股利时：

借：银行存款

　贷：应收股利

【例 8】（单选）下列各项中，企业应在资产负债表日将持有的其他权益工具投资公允价值高于账面价值的差额记入（　　）科目。

A. 其他综合收益　　B. 投资收益

C. 公允价值变动损益　　D. 资产处置损益

【解析】企业应当在资产负债表日按照其他权益工具投资公允价值高于其账面价值的差额，借记“其他权益工具投资——公允价值变动”科目，贷记“其他综合收益——其他权益工具投资公允价值变动”科目，选项 A 当选。

例题答案：
【例 7】B
【例 8】A

【例 9】（单选）2023 年 12 月 1 日，某企业“其他权益工具投资——甲上市公司股票”科目账面价值为 1 000 万元；12 月 31 日，持有的甲上市公司股票的公允价值为 1 050 万元。不考虑其他因素，下列各项中，该企业关于持有甲上市公司股票相关会计科目处理正确的是（　　）。

A. 贷记“营业外收入”科目 50 万元

B. 贷记“其他综合收益”科目 50 万元

C. 贷记“公允价值变动损益”科目 50 万元

D. 贷记“投资收益”科目 50 万元

【解析】其他权益工具投资公允价值变动形成的利得或损失，应当计入其他综合收益，选项 B 当选。相关会计分录如下：

借：其他权益工具投资——公允价值变动　50

　　贷：其他综合收益——其他权益工具投资公允价值变动　50

【例 10】（计算分析）2022 年 2 月 20 日，甲公司以银行存款 1 085 万元（含交易费用 5 万元，已宣告但尚未发放的现金股利 80 万元）购入 100 万股乙公司股票，甲公司将其指定为以公允价值计量且其变动计入其他综合收益的金融资产。2022 年 3 月 1 日，甲公司收到现金股利 80 万元。2022 年 12 月 31 日，该股票每股市价为 11 元。2023 年 1 月 15 日，乙公司宣告分派现金股利，每股 1.10 元。2023 年 2 月 25 日，甲公司收到乙公司分派的现金股利。2023 年 12 月 31 日，该股票每股市价为 11.90 元。假设不考虑其他因素，甲公司按净利润的 10% 提取法定盈余公积。

要求：编制甲公司购入股票、与现金股利及公允价值变动相关的会计分录。

【答案】

（1）2022 年 2 月 20 日，购入股票：

借：其他权益工具投资——成本　1 005

　　应收股利　80

　　贷：银行存款　1 085

（2）2022 年 3 月 1 日，收到现金股利：

借：银行存款　80

　　贷：应收股利　80

（3）2022 年 12 月 31 日，确认公允价值变动：

借：其他权益工具投资——公允价值变动　（11 × 100 − 1 005）95

　　贷：其他综合收益——其他权益工具投资公允价值变动　95

（4）2023 年 1 月 15 日，确认现金股利：

例题答案：

【例 9】B

笔记区

借：应收股利　（1.10×100）110

　　贷：投资收益　110

（5）2023年2月25日，收到现金股利：

借：银行存款　110

　　贷：应收股利　110

（6）2023年12月31日，确认公允价值变动：

借：其他权益工具投资——公允价值变动

（11.90×100−11×100）90

　　贷：其他综合收益——其他权益工具投资公允价值变动　90

三、处置

指定为以公允价值计量且其变动计入其他综合收益的金融资产处置（满足终止确认）时，处置部分收到的对价与处置部分的账面价值的差额计入留存收益，同时之前计入其他综合收益的累计利得或损失（与处置部分对应）应当从其他综合收益中转出，计入留存收益。相关会计分录如下：

借：银行存款等

　　贷：其他权益工具投资——成本

　　　　　　　　　　　——公允价值变动（或记入借方）

　　　　盈余公积（或记入借方）

　　　　利润分配——未分配利润（或记入借方）

借：其他综合收益——其他权益工具投资公允价值变动

　　贷：盈余公积

　　　　利润分配——未分配利润

（或编制相反分录）

【例11】（计算分析） 承接【例10】有关资料，2024年1月5日，甲公司将持有的乙公司股票的50%出售，取得银行存款620万元。假设不考虑其他因素，甲公司按净利润的10%提取法定盈余公积。

要求：编制甲公司出售乙公司股票的相关会计分录。

【答案】 2024年1月5日，出售股票：

借：银行存款　620

　　贷：其他权益工具投资——成本　（1 005×50%）502.50

　　　　　　　　　　　——公允价值变动　（185×50%）92.50

　　　　盈余公积　2.50

　　　　利润分配——未分配利润　22.50

借：其他综合收益——其他权益工具投资公允价值变动
（185×50%）92.50

贷：盈余公积 9.25

利润分配——未分配利润 83.25

名师点睛

股权类金融资产会计处理不同点的对比，如下表所示。

项目	交易性金融资产	其他权益工具投资
购入时的交易费用	计入投资收益	计入初始成本
持有期间公允价值的变动	计入公允价值变动损益	计入其他综合收益
处置收到的价款与账面价值的差额	计入投资收益	计入留存收益
其他综合收益结转	—	计入留存收益

专题七 长期股权投资

知识点1 长期股权投资的基本概念

一、股权投资的定义

股权投资，又称权益性投资，是指通过付出现金或非现金资产等取得被投资单位的股份或股权，享有一定比例的权益份额代表的资产。股权投资交易，如下图所示。

投资方 ⇄ 被投资单位

（投资方→被投资单位：支付现金、非现金资产等；被投资单位→投资方：股份或股权）

二、长期股权投资的定义

长期股权投资，是指投资方对被投资单位实施控制、施加重大影响的权益性投资，以及对其合营企业的股权投资。权益性投资分类，如下图所示。

投资方对被投资单位的权益性投资 { 长期股权投资；金融资产

长期股权投资按持股比例区间的一般分类，如下图所示。

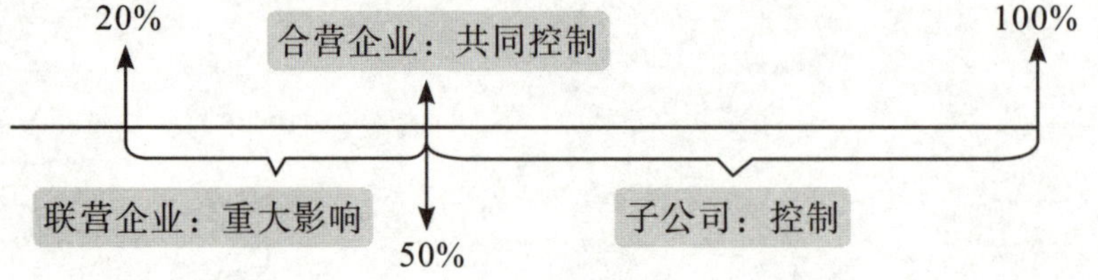

三、长期股权投资的范围

会计意义上的长期股权投资包括投资方持有的对联营企业、合营企业以及子公司的投资。长期股权投资的范围，如下表所示。

范围	投资方对被投资单位的影响
联营企业	具有重大影响
合营企业	与其他合营方一同实施共同控制
子公司	实施控制

【提示】投资企业持有的对被投资企业不具有控制、共同控制或重大影响，并且在活跃市场中没有报价、公允价值不能可靠计量的股权投资，按照金融工具准则的要求进行核算。

知识点2 长期股权投资的成本法

一、基本概念

对子公司投资，是指投资方持有的能够对被投资单位施加控制的股权投资。对子公司投资一般是通过企业合并方式进行的。

二、投资确认

长期股权投资的确认，是指投资方能够在自身账簿和报表中确认对被投资单位股权投资的时点。

企业会计准则体系中仅就对子公司投资的确认时点进行了明确规定，即购买方（或合并方）应于购买日（或合并日）确认对子公司的长期股权投资。

购买方：非同一控制下企业合并中取得对另一方或多方控制权的一方。

购买日：购买方实际获得对被购买方控制权的日期。

合并方：同一控制下企业合并中取得对另一方或多方控制权的一方。

合并日：合并方实际取得对被合并方控制权的日期。

【提示】多次交易分步实现企业合并的，应在合并前的每一交易日确认单项投资，最终取得控制权的日期为购买日（或合并日），以后再次购买少数股东股权的日期称为交易日。

对于合并日（或购买日）的判断，同时满足以下有关条件的，通常可认为实现了控制权的转移：

（1）企业合并合同或协议已获股东大会通过；

（2）企业合并事项需要经过国家有关主管部门审批的，已获得批准；

（3）参与合并各方已办理了必要的财产权转移手续；

（4）合并方或购买方已支付了合并价款的大部分（一般应超过50%），并且有能力、有计划支付剩余款项；

（5）合并方或购买方实际上已经控制了被合并方或被购买方的财务和经营政策，并享有相应的利益、承担相应的风险。

实务操作中，应结合具体交易情况进行综合判断，关键在于确定控制权的转移时点。

【例1】（计算分析）甲上市公司（以下简称甲公司）2023年7月20日对外公告，拟以定向发行本公司普通股的方式自独立的非关联方收购乙公司、丙公司持有的丁公司100%股权。签订的并购合同中约定对标的资产丁公司的评估基准日为2023年6月30日，以评估确定的该时点标的资产价值为基础，甲公司拟以6元/股（公告日前60天甲公司普通股的平均市场价格）的价格购买丁公司原股东所持其全部股份。

合同约定，在评估基准日至甲公司取得丁公司股权之日期间，丁公司实现的净损益归甲公司所有。该并购重组事项的具体执行情况如下：

（1）2023年7月16日经甲公司、乙公司、丙公司各自决策机构批准。

（2）2023年7月20日对外公告。

（3）2023年10月22日向有关监管机构提交并购重组申请材料。

（4）2023年12月20日，该重组事项获监管部门批准。

（5）2023年12月31日，甲公司取得监管部门批文。当日，甲公司对丁公司董事会进行改组，在丁公司7名董事会成员中，派出5名。同时，买卖双方当日办理了丁公司有关财产的交接手续。

丁公司章程规定：公司的生产经营活动由董事会决策，重大生产经营决策需经参加董事会成员半数以上通过后实施；涉及公司合并、分立、解散、清算等事项需经董事会全体成员一致通过。

（6）2024年1月6日，注册会计师完成对丁公司注册资本验资程序。丁公司于当日向工商部门申请变更股东并获批准。

（7）2024年1月28日，甲公司在有关股权登记部门完成股东登记手续。

【分析】确定甲公司对丁公司长期股权投资的确认时点，实际上需要根据交易进行过程中的相关情况，判断该项非同一控制下企业合并的购买日。

该项交易中，甲公司并购重组交易取得内、外部机构批准的时点为2023年12月20日。至12月31日，甲公司已经通过派出丁公司董事会成员，对其生产经营决策进行控制。

虽然至2023年12月31日，该项交易并未完全完成，但后续在2024年1月完成的工商登记及甲公司股东登记程序原则上在前期条件均已具备的情况下，有关程序应为程序性的，对交易本身不构成实质性障碍，亦不会因2024年有关程序未完成而发生交易逆转的情况，因此可以认为2023年12月31日为该项交易的购买日。

三、成本法的初始计量

对于形成控股合并的长期股权投资，应区分同一控制下的控股合并与非同一控制下的控股合并两种情况确定长期股权投资的初始投资成本。此处重点阐述非同一控制下的控股合并。

（一）初始投资成本的确定

购买方确认对被购买方长期股权投资的初始投资成本 = 合并成本 = 付出对价的公允价值之和（含税价）

商誉 = 合并成本 - 购买日享有的被购买方可辨认净资产公允价值份额

（二）合并过程中发生的相关费用的处理

项目	会计处理
直接相关税费（如审计、法律服务、评估咨询等费用）	借：管理费用（计入当期损益） 　　贷：银行存款
以发行权益性证券为合并对价的，发行过程中产生的佣金、手续费等发行费用	借：资本公积——股本溢价（冲减溢价收入） 　　贷：银行存款 【提示】不足冲减的，依次冲减盈余公积和未分配利润

（三）会计处理

（1）以银行存款作为合并对价：

借：长期股权投资

　　应收股利（已宣告但尚未发放的现金股利或利润）

　　贷：银行存款

（2）以存货、投资性房地产作为合并对价：

借：长期股权投资

　　应收股利（已宣告但尚未发放的现金股利或利润）

　　贷：主营业务收入 / 其他业务收入（公允价值）

　　　　应交税费——应交增值税（销项税额）

借：主营业务成本 / 其他业务成本（账面价值）

　　贷：库存商品 / 原材料 / 投资性房地产等

（3）以固定资产作为合并对价：

借：固定资产清理（账面价值）

　　累计折旧

　　固定资产减值准备

　　贷：固定资产

借：长期股权投资

应收股利（已宣告但尚未发放的现金股利或利润）

贷：固定资产清理

应交税费——应交增值税（销项税额）

资产处置损益（公允价值－账面价值，或记入借方）

（4）以无形资产作为合并对价：

借：长期股权投资

应收股利（已宣告但尚未发放的现金股利或利润）

累计摊销

无形资产减值准备

贷：无形资产

应交税费——应交增值税（销项税额）

资产处置损益（公允价值－账面价值，或记入借方）

（5）以交易性金融资产作为合并对价：

借：长期股权投资

应收股利（已宣告但尚未发放的现金股利或利润）

贷：交易性金融资产

投资收益（公允价值－账面价值，或记入借方）

（6）以发行权益证券作为合并对价：

借：长期股权投资

应收股利（已宣告但尚未发放的现金股利或利润）

贷：股本（股票面值总额）

资本公积——股本溢价（差额）

【例2】（单选）甲公司于2023年6月30日自丙公司取得乙公司70%的股权，从而能够控制乙公司。当日，乙公司可辨认净资产的公允价值为40 000万元。甲公司支付丙公司的对价为一栋办公楼，该办公楼的账面原值为32 000万元，已累计计提折旧5 000万元，未计提减值准备，取得投资当日该办公楼的公允价值为30 000万元。甲公司另支付审计、评估费用200万元。本次交易前，甲公司与丙公司、乙公司不存在关联方关系，不考虑其他因素，甲公司应确认对乙公司股权投资的合并成本为（　　）万元。

A. 28 000　　B. 30 000

C. 30 200　　D. 27 200

【解析】本次交易前，甲公司与丙公司、乙公司不存在关联方关系，故属于非同一控制下的企业合并，合并成本为支付对价的公允价值30 000万

元，形成合并商誉的金额 =30 000−40 000×70%=2 000（万元），但是合并商誉仅在合并财务报表中才确认。此外，支付的审计、评估费用 200 万元应当计入管理费用，不影响合并成本，选项 B 当选。

【例 3】（计算分析）非同一控制下控股合并的初始计量：

甲公司为增值税一般纳税人。2023 年 7 月 1 日，甲公司取得乙公司 70% 的股权，当日办妥相关手续，并能够对乙公司生产经营决策实施控制。甲、乙公司之前不存在任何关联关系。为核实乙公司的资产价值，甲公司聘请专业资产评估机构对乙公司的资产进行评估，支付评估费用 300 万元。

存货、设备动产适用的增值税税率均为 13%，无形资产适用的增值税税率为 6%，不考虑其他因素。合并中，甲公司支付的有关资产在购买日的账面价值与公允价值，如下表所示（单位：万元）。

项目	账面原价	累计折旧 / 摊销	公允价值（不含税）
存货	500	—	600
设备动产	7 000	1 000	7 600
无形资产	3 000	600	3 000
合计	10 500	1 600	11 200

要求：

（1）计算购买日长期股权投资的初始投资成本。

（2）编制购买日甲公司的会计分录。

【答案】

（1）长期股权投资的初始投资成本 = 存货含税公允价值［600×（1+13%）］+ 设备动产含税公允价值［7 600×（1+13%）］+ 无形资产含税公允价值［3 000×（1+6%）］=12 446（万元）

（2）购买日（2023 年 7 月 1 日）甲公司会计分录如下：

借：固定资产清理　　6 000
　　累计折旧　　1 000
　　贷：固定资产　　7 000

借：长期股权投资　　12 446
　　累计摊销　　600
　　贷：主营业务收入　　600
　　　　固定资产清理　　6 000
　　　　无形资产　　3 000

例题答案：
【例 2】B

笔记区

应交税费——应交增值税（销项税额）

（600×13%+7 600×13%+3 000×6%）1 246

资产处置损益 2 200

借：主营业务成本 500

贷：库存商品 500

借：管理费用 300

贷：银行存款 300

四、成本法的后续计量

成本法，是指按投资成本计价的方法。长期股权投资成本法适用于企业持有的、能够对被投资单位实施控制的长期股权投资。

（一）持有期间被投资单位宣告发放现金股利或利润

借：应收股利（子公司宣告发放的现金股利或利润 × 母公司持股比例）

贷：投资收益

【提示】子公司将未分配利润或盈余公积转增股本（或实收资本），且未向投资方提供等值现金股利或利润的选择权时，投资方并没有获得收取现金或者利润的权利，该项交易通常属于子公司自身权益结构的重分类，投资方不应确认相关的投资收益。

（二）计提减值准备

减值损失 = 账面价值 - 可收回金额

可收回金额为公允价值减去处置费用后的净额与预计未来现金流量现值的较高者。相关会计分录如下：

借：资产减值损失

贷：长期股权投资减值准备

【提示】该减值一经计提不得转回，处置时予以结转。

五、成本法的处置

借：银行存款

长期股权投资减值准备

贷：长期股权投资

投资收益（差额，或记入借方）

处置时投资收益 = 公允价值 - 账面价值

【例 4】（计算分析）2021 年 5 月 1 日，甲公司以 1 500 万元取得集团外乙公司 80% 的股权，取得股权后有权力主导乙公司的相关活动并获得可变

回报。取得投资时，乙公司可辨认净资产公允价值为 1 800 万元，可辨认净资产账面价值为 1 500 万元。2022 年 10 月 20 日，乙公司宣告分派现金股利总共 80 万元。2023 年 9 月 1 日，甲公司将其持有的乙公司股权全部转让给丁公司，扣除相关手续费后收到款项 2 000 万元。假设在持有期间该项投资未发生减值迹象，甲公司未对其计提减值准备，不考虑其他因素。

【分析】

（1）2021 年 5 月 1 日，取得长期股权投资：

	借方	贷方
借：长期股权投资	1 500	
贷：银行存款		1 500

商誉 = 合并成本（1 500）- 享有的被投资单位可辨认净资产公允价值份额（1 800 × 80%）=60（万元）

（2）2022 年 10 月 20 日，乙公司宣告分配现金股利：

	借方	贷方
借：应收股利	64	
贷：投资收益		64

（3）2023 年 9 月 1 日，出售全部长期股权投资：

	借方	贷方
借：银行存款	2 000	
贷：长期股权投资		1 500
投资收益		500

知识点 3　长期股权投资的权益法

一、基本概念

（一）联营企业投资

1. 定义

联营企业投资，是指投资方能够对被投资单位施加重大影响的股权投资。重大影响，是指投资方对被投资单位的财务和生产经营决策有参与决策的权力，但并不能控制或与其他方一起共同控制这些政策的制定。

2. 重大影响的判断

（1）投资方直接或通过子公司间接拥有被投资单位 20% 以上但低于 50% 的表决权股份时，一般认为对被投资单位具有重大影响，除非有明确证据表明此情况下不能参与被投资单位的生产经营决策，不形成重大影响。

【提示】在以持有股权来判断投资方对被投资单位的影响程度时，应综合考虑投资方自身持有的股权、通过子公司间接持有的股权以及投资方或其他方持有的潜在表决权等。

（2）企业通常可以通过以下一种或几种情形来判断是否对被投资单位具有重大影响：

①在被投资单位的董事会或类似机构中派有代表；

②参与被投资单位财务和经营政策的制定过程，包括股利分配政策等的制定；

③与被投资单位之间发生重要交易；

④向被投资单位派出管理人员；

⑤向被投资单位提供关键技术资料。

【提示】存在上述一种或多种情形并不意味着投资方一定对被投资单位具有重大影响，企业需要综合考虑。重大影响的判断关键是分析投资方是否有实质性的参与权而不是决定权。另外，值得注意的是，重大影响为对被投资单位的财务和经营政策有“参与决策的权力”而非“正在行使的权力”。

（二）合营企业投资

合营企业投资，是指投资方持有的对构成合营企业的合营安排的投资。

合营安排下，投资方与其他方一起对被投资单位实施共同控制。

投资方判断持有的对合营企业的投资，应当首先看是否构成合营安排，其次再看有关合营安排是否构成合营企业。

二、投资确认

对于联营企业、合营企业等投资的持有一般会参照对子公司长期股权投资的确认条件进行处理。

三、权益法的初始计量

（一）初始投资成本的确定（通常情况）

初始投资成本 = 付出对价的公允价值之和（含税价）+ 直接相关税费

（二）交易过程中相关费用的会计处理

项目	会计处理
直接相关税费（如审计、法律服务、评估咨询等费用）	计入长期股权投资的初始投资成本
股票发行费用	借：资本公积——股本溢价（冲减溢价收入） 　　贷：银行存款 **【提示】**不足冲减的，依次冲减盈余公积和未分配利润

（三）会计处理

1. 以支付现金的方式取得

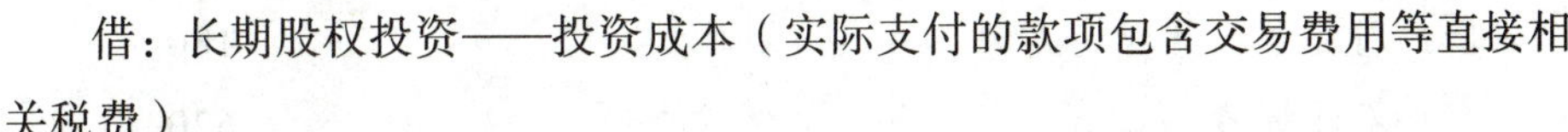

借：长期股权投资——投资成本（实际支付的款项包含交易费用等直接相关税费）

　　应收股利（已宣告但尚未发放的现金股利或利润）

　　贷：银行存款

2. 以发行权益性证券的方式取得

借：长期股权投资——投资成本（股票公允价值 + 为取得股权而发生的直接相关税费）

　　应收股利（已宣告但尚未发放的现金股利或利润）

　　贷：股本

　　　　银行存款（为取得股权而发生的直接相关税费）

　　　　资本公积——股本溢价（差额）

借：资本公积——股本溢价（为发行权益性证券而发生的手续费、佣金等相关费用）

　　贷：银行存款

【例 5】（计算分析） 甲公司为增值税一般纳税人，适用的增值税税率为 13%。2023 年 4 月 1 日，甲公司取得乙公司 30% 的股权并能够对乙公司生产经营政策施加重大影响。

甲公司支付对价资料如下：

（1）固定资产，账面原值为 800 万元，持有期间未计提减值，累计折旧金额为 620 万元，投资日公允价值为 200 万元（不含税）。

（2）其他权益工具投资，投资日账面价值为 700 万元（其中成本 620 万元，公允价值变动上升 80 万元），公允价值为 720 万元。

（3）定向增发普通股 1 000 万股，每股面值 1 元，每股市价 4 元。

甲公司为进行该项投资，向证券承销商支付佣金、手续费 22 万元，发生审计、资产评估等相关费用 16 万元，款项均以银行存款支付。

投资日乙公司可辨认净资产的账面价值为 14 000 万元，可辨认净资产的公允价值为 16 000 万元。

甲公司按照净利润的 10% 计提法定盈余公积，不计提任意盈余公积，不考虑除固定资产增值税以外的其他相关因素。

【分析】 交易日甲公司应作如下会计处理：

初始投资成本 = 固定资产含税公允价值［200 ×（1+13%）］+ 其他权

益工具投资公允价值（720）+股票公允价值（1 000×4）+直接相关税费（16）=4 962（万元）

借：固定资产清理　180
　　累计折旧　620
　　贷：固定资产　800

借：长期股权投资　4 962
　　贷：固定资产清理　180
　　　　资产处置损益　20
　　　　应交税费——应交增值税（销项税额）　26
　　　　其他权益工具投资　700
　　　　盈余公积　2
　　　　利润分配——未分配利润　18
　　　　股本　1 000
　　　　资本公积——股本溢价　（1 000×4−1 000）3 000
　　　　银行存款　16

借：其他综合收益　80
　　贷：盈余公积　8
　　　　利润分配——未分配利润　72

借：资本公积——股本溢价　22
　　贷：银行存款　22

四、权益法的后续计量

会计准则规定，投资企业持有的对合营企业及联营企业的投资，应当采用权益法核算，划分为持有待售资产的部分除外。

权益法，是指投资以初始投资成本计量后，在投资持有期间内，根据被投资单位所有者权益的变动，投资企业按应享有（或应分担）被投资企业所有者权益的份额调整其投资账面价值的方法。

权益法的长期股权投资涉及的二级明细科目如下：

长期股权投资——投资成本
　　　　　　——损益调整
　　　　　　——其他综合收益
　　　　　　——其他权益变动

（一）初始投资成本的调整

投资企业取得投资后，对于取得投资时初始投资成本与应享有被投资单位可辨认净资产公允价值份额之间的差额，应区别：

（1）初始投资成本 > 应享有被投资单位可辨认净资产公允价值份额，差额作为商誉体现在长期股权投资价值中，不作额外处理。

（2）初始投资成本 < 应享有被投资单位可辨认净资产公允价值份额，差额作为利得计入营业外收入，同时调增长期股权投资的投资成本。相关会计分录如下：

借：长期股权投资——投资成本（公允价值份额 - 初始投资成本）

　　贷：营业外收入

【例 6】（计算分析）甲企业于 2023 年 1 月取得乙公司 30% 的股权，支付价款 9 000 万元。取得投资时被投资单位可辨认净资产账面价值为 22 500 万元（假定被投资单位各项可辨认资产、负债的公允价值与其账面价值相同）。

在乙公司的生产经营决策过程中，所有股东均按持股比例行使表决权。甲企业在取得乙公司的股权后，派人参与了乙公司的生产经营决策。

【分析】甲企业由于派人参与了乙公司的生产经营决策，因此能够对乙公司施加重大影响，甲企业对该投资应当采用权益法核算。取得投资时，甲企业应进行如下会计处理：

借：长期股权投资——投资成本	9 000	
贷：银行存款		9 000

长期股权投资的初始投资成本 9 000 万元大于取得投资时应享有被投资单位可辨认净资产公允价值的份额 6 750（22 500 × 30%）万元，两者之间的差额不调整长期股权投资的初始投资成本。

如果本例中取得投资时被投资单位可辨认净资产的公允价值为 36 000 万元，甲企业按持股比例 30% 计算确定应享有 10 800（36 000 × 30%）万元，则初始投资成本与应享有被投资单位可辨认净资产公允价值份额之间的差额 1 800 万元应计入取得投资当期的营业外收入。

借：长期股权投资——投资成本	9 000	
贷：银行存款		9 000
借：长期股权投资——投资成本	1 800	
贷：营业外收入		1 800

（二）投资损益的确认

1. 被投资单位净损益变动的会计处理

投资企业取得长期股权投资后，应当按照应享有或应分担被投资单位实现净利润或发生净亏损的份额，调整长期股权投资的账面价值，并确认为当期投资损益。

（1）被投资单位实现净利润：

借：长期股权投资——损益调整（调整后净利润 × 持股比例）

　　贷：投资收益

（2）被投资单位发生净亏损：

借：投资收益

　　贷：长期股权投资——损益调整（调整后净亏损 × 持股比例）

在确认应享有或应分担被投资单位的净利润或净亏损时，应将被投资单位个别利润表上的账面净利润调整为公允净利润，调整过程中应当考虑：

①基于会计政策及会计期间的调整。双方会计政策及会计期间不一致时，应按照投资企业的会计政策及会计期间对被投资单位财务报表进行调整。

②基于公允价值的调整。投资企业在计算应享有的净利润或应承担的净亏损时，应以被投资单位有关资产在投资时点的公允价值为基础计算确定，从而产生了需要对被投资单位账面净利润进行调整的情况。

【例7】（计算分析）甲公司于2023年1月10日购入乙公司30%的股份，购买价款为3 300万元，并自取得投资之日起派人参与乙公司的财务和生产经营决策。

取得投资当日，乙公司可辨认净资产公允价值为9 000万元，除下表所列项目外，乙公司其他资产、负债的公允价值与账面价值相同。各项资产的基本信息，如下表所示。

项目	账面原价（万元）	已提折旧或摊销（万元）	公允价值（万元）	乙公司预计使用年限（年）	甲公司取得投资后剩余使用年限（年）
存货	750	—	1 050	—	—
固定资产	1 800	360	2 400	20	16
无形资产	1 050	210	1 200	10	8
合计	3 600	570	4 650	—	—

假定乙公司于2023年实现净利润900万元，其中在甲公司取得投资时的账面存货有80%对外出售。甲公司与乙公司的会计年度及采用的会计政策相同。固定资产、无形资产均为管理部门使用，均按年限平均法提取折旧或摊销，预计净残值均为0。假定甲、乙公司之间未发生任何内部交易，不考虑所得税等因素的影响。

【分析】甲公司在确定其应享有的投资收益时，应在乙公司实现净利润的基础上，根据取得投资时乙公司有关资产的账面价值与其公允价值差额的

影响进行调整。

各项资产评估增值调整净利润的分析，如下图所示。

存货

借：主营业务成本 —— 乙：750×80%=600
　　贷：库存商品 —— 甲：1 050×80%=840

评估增值部分的销售继续调减净利润：（1 050−750）×80%=240

固定资产

借：管理费用 —— 乙：1 800÷20=90
　　贷：累计折旧 —— 甲：2 400÷16=150

评估增值部分的折旧继续调减净利润：2 400÷16−1 800÷20=60

无形资产

借：管理费用 —— 乙：1 050÷10=105
　　贷：累计摊销 —— 甲：1 200÷8=150

评估增值部分的摊销继续调减净利润：1 200÷8−1 050÷10=45

调整后的净利润＝调整前的净利润（900）−存货评估增值已销售（240）−固定资产评估增值当期折旧（60）−无形资产评估增值当期摊销（45）=555（万元）

甲公司应享有份额 =555×30%=166.50（万元）

借：长期股权投资——损益调整　　166.50
　　贷：投资收益　　166.50

名师点睛

权益法下投资企业应当以调整后的被投资单位净损益为基础计算其应享有或应分担的净损益份额，投资时被投资单位有关资产评估增值调整净利润的总结，如下表所示。

资产	调整后的净利润
存货	净利润−（公允价值−账面价值）×已出售比例
固定资产	净利润−（公允价值÷尚可使用年限×当期折旧月份/12−账面价值÷尚可使用年限×当期折旧月份/12） 【提示】假设企业对固定资产采用直线法计提折旧
无形资产	净利润−（公允价值÷尚可使用年限×当期摊销月份/12−账面价值÷尚可使用年限×当期摊销月份/12） 【提示】假设企业对无形资产采用直线法进行摊销

2. 被投资单位宣告发放现金股利或利润的会计处理

借：应收股利（按持股比例确认应享有被投资单位宣告发放的现金股利或利润）

贷：长期股权投资——损益调整

【提示】被投资单位宣告发放股票股利，投资企业不作会计处理，但应于除权日注明所增加的股数，以反映股份的变化情况。

（三）被投资单位其他综合收益变动的会计处理

被投资单位其他综合收益发生变化的，投资企业应按照归属于本企业的部分，相应调整长期股权投资的账面价值，同时增加或减少其他综合收益。相关会计分录如下：

借：长期股权投资——其他综合收益

贷：其他综合收益

（或编制相反分录）

（四）被投资单位所有者权益其他变动的会计处理

被投资单位除净损益、其他综合收益以及利润分配以外的所有者权益的其他变动，投资企业应当按照持股比例确认归属于本企业的部分，调整长期股权投资的账面价值，同时增加或减少资本公积（其他资本公积）。

所有者权益其他变动主要包括：被投资单位接受其他股东的资本性投入、被投资单位发行可转换公司债券中包含的权益成分、以权益结算的股份支付等。相关会计分录如下：

借：长期股权投资——其他权益变动

贷：资本公积——其他资本公积

（或编制相反分录）

【例 8】（计算分析）甲公司持有乙企业 25% 的股份并能对乙企业施加重大影响。当期，乙企业持有的一项其他权益工具投资公允价值上升了 500 万元，乙企业将其计入其他综合收益。当期乙企业的母公司给予乙企业捐赠 1 000 万元，该捐赠实质上属于资本性投入，乙企业将其计入资本公积（股本溢价）。不考虑其他因素。

【分析】

借：长期股权投资——其他综合收益　　125

贷：其他综合收益　　125

借：长期股权投资——其他权益变动　　250

贷：资本公积——其他资本公积　　250

（五）长期股权投资的减值

对子公司、联营企业及合营企业的投资，当账面价值大于其可收回金额时，投资企业应对其长期股权投资计提减值准备。相关会计分录如下：

借：资产减值损失

　　贷：长期股权投资减值准备

【提示】该减值一经计提不得转回，处置时予以结转。

五、权益法的处置

（一）全部处置

借：银行存款（处置净收入）

　　贷：长期股权投资——投资成本

　　　　　　　　　　——损益调整（或记入借方）

　　　　　　　　　　——其他综合收益（或记入借方）

　　　　　　　　　　——其他权益变动（或记入借方）

　　　　投资收益（差额，或记入借方）

借：其他综合收益

　　贷：投资收益（可转损益部分）

　　　　盈余公积（不可转损益部分 ×10%）

　　　　利润分配——未分配利润（不可转损益部分 ×90%）

（或编制相反分录）

借：资本公积——其他资本公积

　　贷：投资收益

（或编制相反分录）

处置时投资收益 = 公允价值 - 账面价值 ± 其他综合收益（可转损益部分）的结转 ± 资本公积（其他资本公积）的结转

（二）部分处置

（1）处置部分确认处置损益（投资收益）：

借：银行存款（处置净收入）

　　贷：长期股权投资（处置部分账面价值）

　　　　投资收益（差额，或记入借方）

（2）原股权产生的其他综合收益和资本公积（其他资本公积）：

①剩余股权仍采用权益法核算的（权益法→权益法）：

其他综合收益、资本公积（其他资本公积）按比例结转：

借：其他综合收益（可转损益部分处置比例）

　　资本公积——其他资本公积（处置比例）

　　贷：投资收益

（或编制相反分录）

借：其他综合收益（不可转损益部分处置比例）

贷：盈余公积

利润分配——未分配利润

（或编制相反分录）

②剩余股权改按公允价值计量（权益法→公允价值计量）：

其他综合收益、资本公积（其他资本公积）应全部结转：

借：其他综合收益（可转损益部分100%）

资本公积——其他资本公积（100%）

贷：投资收益

（或编制相反分录）

借：其他综合收益（不可转损益部分100%）

贷：盈余公积

利润分配——未分配利润

（或编制相反分录）

【**提示**】剩余股权部分改按金融工具准则进行核算。

附录 会计科目表

一、资产类

编号	会计科目名称	编号	会计科目名称
1001	库存现金	1504	其他权益工具投资
1002	银行存款	1518	继续涉入资产
1012	其他货币资金	1521	债权投资
1101	交易性金融资产	1522	债权投资减值准备
1121	应收票据	1523	其他债权投资
1122	应收账款	1524	长期股权投资
1123	预付账款	1525	长期股权投资减值准备
1131	应收股利	1526	投资性房地产
1132	应收利息	1527	投资性房地产累计折旧
1231	其他应收款	1528	投资性房地产累计摊销
1241	坏账准备	1529	投资性房地产减值准备
1321	受托代销商品	1531	长期应收款
1401	材料采购	1541	未实现融资收益
1402	在途物资	1601	固定资产
1403	原材料	1602	累计折旧
1404	材料成本差异	1603	固定资产减值准备
1405	库存商品	1604	在建工程
1406	发出商品	1605	工程物资
1407	商品进销差价	1606	固定资产清理
1408	委托加工物资	1611	融资租赁资产
1431	周转材料	1612	未担保余值
1461	存货跌价准备	1641	使用权资产
1471	合同资产	1642	使用权资产累计折旧
1472	合同资产减值准备	1643	使用权资产减值准备
1473	合同履约成本	1701	无形资产
1474	合同履约成本减值准备	1702	累计摊销
1475	合同取得成本	1703	无形资产减值准备
1476	合同取得成本减值准备	1712	商誉减值准备
1481	持有待售资产	1801	长期待摊费用
1482	持有待售资产减值准备	1811	递延所得税资产
1485	应收退货成本	1901	待处理财产损溢

续 表

二、负债类			
编号	会计科目名称	编号	会计科目名称
2001	短期借款	2245	持有待售负债
2101	交易性金融负债	2314	受托代销商品款
2201	应付票据	2401	递延收益
2202	应付账款	2411	预计负债
2203	预收账款	2504	继续涉入负债
2205	合同负债	2601	长期借款
2211	应付职工薪酬	2602	应付债券
2221	应交税费	2701	租赁负债
2231	应付股利	2801	长期应付款
2232	应付利息	2802	未确认融资费用
2241	其他应付款	2901	递延所得税负债
三、共同类			
编号	会计科目名称	编号	会计科目名称
3101	衍生工具	3202	被套期项目
3201	套期工具		
四、所有者权益类			
编号	会计科目名称	编号	会计科目名称
4001	实收资本（或股本）	4104	利润分配
4002	资本公积	4201	库存股
4003	其他综合收益	4301	专项储备
4101	盈余公积	4401	其他权益工具
4103	本年利润		
五、成本类			
编号	会计科目名称	编号	会计科目名称
5001	生产成本	5301	研发支出
5101	制造费用		
六、损益类			
编号	会计科目名称	编号	会计科目名称
6001	主营业务收入	6403	税金及附加
6051	其他业务收入	6601	销售费用
6101	公允价值变动损益	6602	管理费用
6111	投资收益	6603	财务费用
6115	资产处置损益	6701	资产减值损失
6117	其他收益	6702	信用减值损失
6301	营业外收入	6711	营业外支出
6401	主营业务成本	6801	所得税费用
6402	其他业务成本	6901	以前年度损益调整

编者备考建议

各位同学大家好，我是讲授税法科目的梅洁老师。梅花的梅、洁白的洁，正如“不经一番寒彻骨，怎得梅花扑鼻香”，我的名字就和同学们备考一样，先苦后甜，苦尽甘来。

税法又被大家戏称“碎法”，特点就是“多、碎、难”。

“多”主要体现在篇幅长、字数多。税法教材共600多页、90多万字，《红楼梦》也不过70多万字，内容之多大家可想而知。针对这个问题，我研究了近10年真题，总结出167个重要考点，涵盖了约95%的知识点，本书收录了其中24个考点，帮同学们节约时间、提高效率、科学备考。

“碎”主要体现在细节多。记得有位男学员跟我说：“我觉得税法不适合男生学，我太粗心了。”我就跟他说：“大家都一样，刚开始都会张冠李戴、错漏百出。”针对这个问题，我的授课思路是重原理、讲方法，课上及时归纳总结，通过思维导图将琐碎的知识点一层一层地进行分析，厘清事物之间的关系，既能帮助理解又能加深知识记忆。听了我的课后，这位学员现在已经是一名优秀的注册会计师和税务师了。

“难”主要体现在一听课就懂，一做题就错。这是“税法”科目最明显的特点。面对学员最棘手的这个问题，我总结出增值税“七步解题法”和企业所得税“T型账户法”等方法，能有效地帮助学员突破主观题无从下手的困境。有了这些方法的加持，税法通关将不再是难题。

当同学们拿到这本书时就意味着注册会计师学习之旅即将开启，注册会计师税法科目和初级会计职称经济法基础科目虽然内容相似度高，但考查广度、深度以及题型存在较大差异。因此在本书中我给大家选取3个重要实体税法，分别是个人所得税法、土地增值税法、资源税法，通过这部分的学习，同学们不仅能感受到注册会计师考试与其他考试的差异和难度，更重要的是能找到应对注册会计师考试的思路和方法，为顺利通关打下基础！

最后送大家一句话：驾驭命运的舵是奋斗。不抱有幻想，不放弃一点机会，不停止一日努力，我们终将顶峰相见！

梅洁

专题一　个人所得税法

知识点1　纳税义务人

个人所得税的纳税义务人，包括中国公民、个体工商业户、个人独资企业、合伙企业投资者、在中国有所得的外籍人员（包括无国籍人员）和香港、澳门、台湾同胞。

依据住所和居住时间两个标准，区分为居民个人和非居民个人。

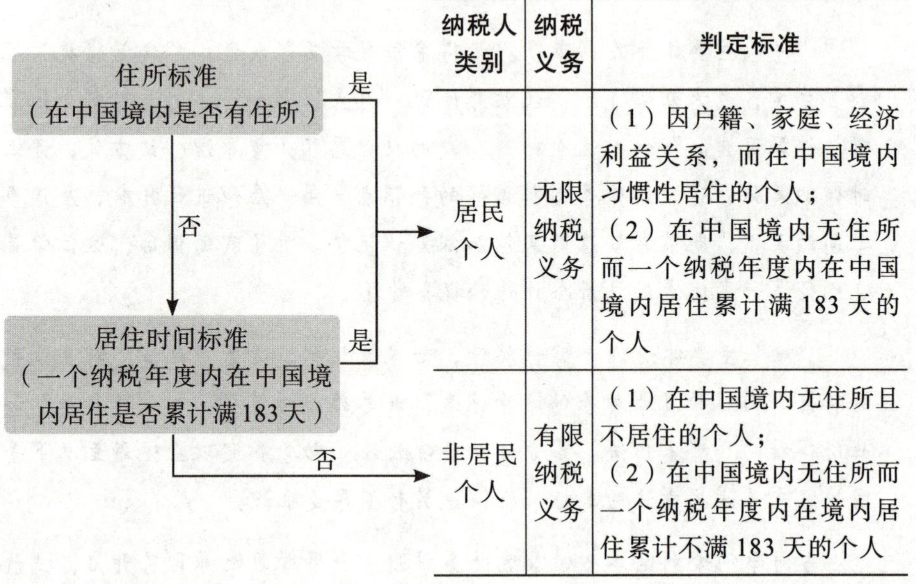

纳税人类别	纳税义务	判定标准
居民个人	无限纳税义务	（1）因户籍、家庭、经济利益关系，而在中国境内习惯性居住的个人； （2）在中国境内无住所而一个纳税年度内在中国境内居住累计满183天的个人
非居民个人	有限纳税义务	（1）在中国境内无住所且不居住的个人； （2）在中国境内无住所而一个纳税年度内在境内居住累计不满183天的个人

名师点睛

（1）习惯性居住地，是指个人因学习、工作、探亲等原因消除后，没有理由在其他地方继续居留时，所要回到的地方，而不是指实际居住地或在某一个特定时期内的居住地。

（2）在中国境内无住所的个人实际停留天数的计算：

项目	作用	离境、入境当日的处理
居住天数	判定纳税义务	在中国境内停留的当天满24小时的，计入中国境内居住天数，在中国境内停留的当天不足24小时的，不计入中国境内居住天数

续 表

项目	作用	离境、入境当日的处理
工作天数	计算应纳税额	入境、离境、往返或多次往返境内外的当日，均按半天计算为在华实际工作天数

【例 1】（判断）在中国境内无住所的约翰 2017 年 3 月 1 日来中国工作，2017 年 12 月 31 日离境，约翰为 2017 年度中国个人所得税的非居民个人（　　）。

【解析】约翰在中国境内无住所，2017 年在中国境内居住时间为 2017 年 3 月 1 日至 2017 年 12 月 31 日，居住时间累计满 183 天，因此约翰属于 2017 年度中国个人所得税居民个人。

【例 2】（单选·2016）韩国人金先生在中国境内无住所，同时在中国境内、境外机构担任职务，2019 年 7 月 7 日来华，11 月 11 日离开。其间因工作原因，曾于 9 月 20 日离境，10 月 4 日返回。在计算个人所得税时，2019 年金先生在中国境内居住天数为（　　）天。

A. 109　　B. 115

C. 111　　D. 113

【解析】无住所个人一个纳税年度内在中国境内累计居住天数，按照个人在中国境内累计停留的天数计算。在中国境内停留的当天满 24 小时的，计入中国境内居住天数，在中国境内停留的当天不足 24 小时的，不计入中国境内居住天数。2019 年金先生在中国境内居住天数 =24+31+19+27+10=111（天）。

知识点 2　所得来源地的确定

下列所得，不论支付地点是否在中国境内，均为来源于中国境内的所得（另有规定的除外）：

（1）因任职、受雇、履约等而在中国境内提供劳务取得的所得；

（2）将财产出租给承租人在中国境内使用而取得的所得；

（3）许可各种特许权在中国境内使用而取得的所得；

（4）转让中国境内的不动产等财产或者在中国境内转让其他财产取得的所得；

（5）从中国境内企业、事业单位、其他组织以及居民个人取得的利息、股息、红利所得。

例题答案：
【例 1】×
【例 2】C

【例3】（多选）根据个人所得税法律制度的规定，下列所得中，不论支付地点是否在中国境内，均为来源于中国境内的所得的有（　　）。

A. 转让中国境内的不动产取得的所得

B. 因任职在中国境内提供劳务取得的所得

C. 许可各种特许权在中国境内使用而取得的所得

D. 将财产出租给承租人在中国境内使用而取得的所得

【解析】选项A、选项B、选项C、选项D均为来源于中国境内的所得。

【例4】（单选·2018）个人取得的下列所得中，应确定为来源于中国境内所得的是（　　）。

A. 从境外上市公司取得的股息所得

B. 在境外开办教育培训取得的所得

C. 将境内房产转让给外国人取得的所得

D. 拥有的专利在境外使用而取得的所得

【解析】转让中国境内的建筑物、土地使用权等财产，或者在中国境内转让其他财产取得的所得，不论支付地点是否在中国境内均为来源于中国境内的所得，选项C当选。

知识点3　征税范围

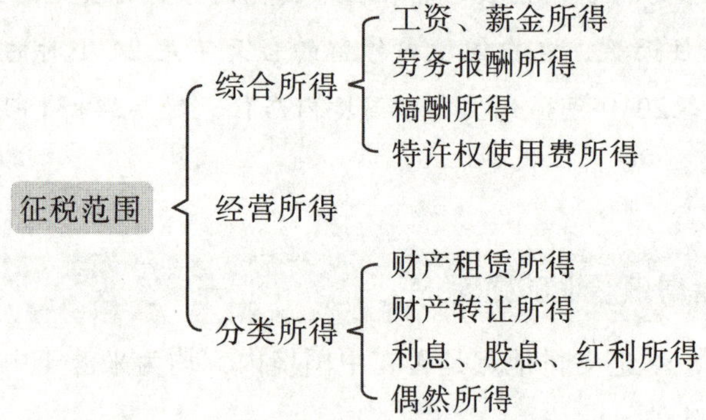

一、工资、薪金所得

个人因任职或者受雇而取得的工资、薪金、奖金、年终加薪、劳动分红、津贴、补贴以及任职或者受雇有关的其他所得。

【提示1】公司职工取得的用于购买企业国有股权的劳动分红属于“工资、薪金所得”。

【提示2】出租汽车经营单位对出租车驾驶员采取单车承包或承租方式运营，出租车驾驶员从事客货营运取得的收入，属于“工资、薪金所得”。

例题答案：
【例3】ABCD
【例4】C

不属于“工资、薪金所得”项目的津贴、补贴：

（1）独生子女补贴；

（2）执行公务员工资制度未纳入基本工资总额的补贴、津贴差额和家属成员的副食品补贴；

（3）托儿补助费；

（4）差旅费津贴、误餐补助；

（5）外国来华留学生，领取的生活津贴费、奖学金。

二、劳务报酬所得

劳务报酬所得，是指个人独立从事各种非雇用的各种劳务所取得的所得。

名师点睛

1.“劳务报酬所得”项目列举

（1）对非雇员以免收差旅费、旅游费实行的营销业绩奖励；

（2）个人兼职取得的收入；

（3）个人担任公司董事、监事，且不在公司任职、受雇所取得的董事费、监事费收入；

（4）保险营销员、证券经纪人取得的佣金收入。

2.“工资、薪金所得”与“劳务报酬所得”的辨析

项目	税目
因任职或受雇而取得的所得	工资、薪金所得
非任职或受雇而取得的所得	劳务报酬所得

项目		税目
营销业绩的奖励	雇员	工资、薪金所得
	非雇员	劳务报酬所得
董事费、监事费	雇员	工资、薪金所得
	非雇员	劳务报酬所得

【例5】（多选）根据个人所得税法律制度的规定，个人取得的下列收入中，应按照“劳务报酬所得”税目缴纳个人所得税的有（　　）。

A. 某职员取得的本单位优秀员工奖金

B. 某高校教师从任职学校领取的工资

C. 某工程师从非雇佣企业取得的咨询收入

D. 某经济学家从非雇佣企业取得的讲学收入

笔记区

【解析】因任职或受雇而取得的所得，属于“工资、薪金所得”，选项A、选项B不当选；个人独立从事各种非雇用的各种劳务所取得的所得，属于“劳务报酬所得”，选项C、选项D当选。

【例6】（多选·2019）居民个人取得的下列收入中，按照“劳务报酬所得”项目预扣预缴个人所得税的有（　　）。

A. 证券经纪人取得的佣金收入

B. 企业对非雇员以免费旅游形式给予的营销业绩奖励

C. 公司职工取得的用于购买企业国有股权的劳动分红

D. 在本公司任职且同时担任董事的个人取得的董事费

【解析】证券经纪人取得的佣金收入按照“劳务报酬所得”缴纳个人所得税，选项A当选；企业对非雇员以免费旅游形式给予的营销业绩奖励，按照“劳务报酬所得”缴纳个人所得税，选项B当选；公司职工取得的用于购买企业国有股权的劳动分红，按照“工资、薪金所得”缴纳个人所得税，选项C不当选；在本公司任职且同时担任董事的个人取得的董事费，按照“工资、薪金所得”缴纳个人所得税，选项D不当选。

三、稿酬所得

个人因其作品以图书、报刊形式出版、发表而取得的所得。

【提示】作者去世后，对取得其遗作稿酬的个人，按“稿酬所得”征收个人所得税。

四、特许权使用费所得

个人提供专利权、商标权、著作权、非专利技术以及其他特许权的使用权取得的所得。

【提示】作者将自己的文字作品手稿原件或复印件拍卖取得的所得，属于“特许权使用费所得”。

【例7】（单选）根据个人所得税法律制度的规定，下列各项中，属于“稿酬所得”的是（　　）。

A. 画家将书画作品以图书的形式出版取得的所得

B. 科研工作者取得的专利赔偿所得

C. 剧本作者从电视剧制作单位取得的剧本使用费

D. 作者将自己的文字作品手稿原件拍卖取得的所得

【解析】个人作品以图书、报刊形式出版、发表取得的所得属于“稿酬所得”，选项A当选；科研工作者取得的专利赔偿所得、剧本作者从电视剧

例题答案：
【例5】CD
【例6】AB

制作单位取得的剧本使用费、作者将自己的文字作品手稿原件拍卖取得的所得，应按“特许权使用费所得”项目计征个人所得税，选项B、选项C、选项D不当选。

五、经营所得

经营所得具体指：

（1）个体工商户从事生产、经营活动取得的所得，个人独资企业投资人、合伙企业的个人合伙人来源于境内注册的个人独资企业、合伙企业生产、经营的所得；

（2）个人依法从事办学、医疗、咨询以及其他有偿服务活动取得的所得；

（3）个人对企业、事业单位承包经营、承租经营以及转包、转租取得的所得；

（4）个人从事其他生产、经营活动取得的所得。

【提示】个体工商户和从事生产、经营的个人，取得与生产、经营活动无关的其他各项应税所得，应分别按照其他应税项目的有关规定，计算征收个人所得税。

名师点睛

1.其他生产、经营活动所得

（1）个人因从事彩票代销业务而取得的所得；

（2）从事个体出租车运营的出租车驾驶员取得的收入。

【提示】包括：出租车属个人所有，但挂靠出租汽车经营单位或企事业单位，驾驶员向挂靠单位缴纳管理费的，或出租汽车经营单位将出租车所有权转移给驾驶员的。

2.承包、承租经营所得项目辨析

由于目前实行承包（租）经营的形式较多，分配方式也不相同，因此，承包、承租人按照承包、承租经营合同（协议）规定取得的所得适用的税目、税率也不一致：

对经营成果是否拥有所有权	适用税目	税率
是	经营所得	5级超额累进税率（见P97附表二）
否	工资、薪金所得（纳入年度综合所得）	7级超额累进税率（见P97附表一）

例题答案：

【例7】A

笔记区

【例 8】（多选·2020）从事生产经营的个人取得的下列所得中，应按照“经营所得”项目计征个人所得税的有（　　）。

A. 提供有偿咨询服务的所得　　B. 从事彩票代销业务的所得

C. 资金存入银行的利息所得　　D. 从事个体出租车运营的所得

【解析】资金存入银行的利息所得属于“利息、股息、红利所得”，选项 C 不当选。

六、利息、股息、红利所得

个人拥有债权、股权而取得的利息、股息、红利所得。

名师点睛

以企业资金为员工、投资者及其相关人员支付与企业生产经营活动无关的消费性支出及购买汽车、住房等财产性支出，适用税目的辨析：

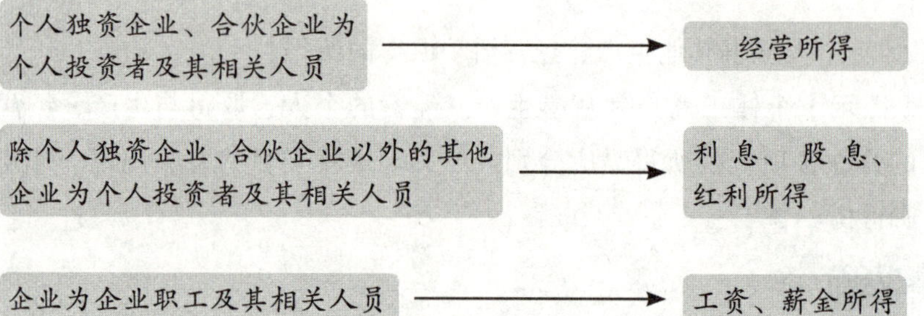

1. 个人独资企业、合伙企业→个人投资者及其相关人员

个人独资企业、合伙企业以企业资金为个人投资者及其家庭成员等相关人员支付与企业生产经营无关的消费性支出及购买汽车、住房等财产性支出，依照“经营所得”项目计征个人所得税。

2. 除个人独资企业、合伙企业以外的其他企业→个人投资者及其相关人员

除个人独资企业、合伙企业以外的其他企业以企业资金为个人投资者及其家庭成员等相关人员支付与企业生产经营无关的消费性支出及购买汽车、住房等财产性支出，依照“利息、股息、红利所得”项目计征个人所得税。

3. 企业→企业职工及其相关人员

企业以企业资金为企业职工及其家庭成员等相关人员支付与企业生产经营无关的消费性支出及购买汽车、住房等财产性支出，依照“工资、薪金所得”项目计征个人所得税。

【提示 1】纳税年度内个人投资者从其投资企业（个人独资企业、合伙企业除外）借款，在该纳税年度终了后既不归还，又未用于企业生产经营的，其未归还的借款视为企业对个人投资者的红利分配，依照“利息、股息、红

例题答案：
【例 8】ABD

利所得”项目计征个人所得税。

【提示2】企业为股东购买车辆并将车辆所有权办到股东个人名下，其实质为企业对股东进行了红利性质的实物分配，依照“利息、股息、红利所得”项目计征个人所得税。考虑到该股东个人名下的车辆同时也为企业经营使用的实际情况，允许合理减除部分所得。

七、财产租赁所得

个人出租不动产、机器设备、车船以及其他财产取得的所得。

八、财产转让所得

个人转让有价证券、股权、合伙企业中的财产份额、不动产、机器设备、车船以及其他财产取得的所得。

【提示1】个人通过招标、竞拍或其他方式购置债权以后，通过相关司法或行政程序主张债权而取得的所得，应按照“财产转让所得”项目缴纳个人所得税。

【提示2】个人转让上市公司的股票取得的所得暂免征收个人所得税。

名师点睛

企业改组改制过程中个人取得量化资产易错易混辨析

阶段	征税情况 / 所得项目
取得	（1）职工个人以股份形式取得的量化资产仅作为分红依据，不拥有所有权：不征税； （2）职工个人以股份形式取得拥有所有权的企业量化资产：暂缓征税
持有	职工个人以股份形式取得的企业量化资产参与企业分配而获得的股息、红利所得：依照“利息、股息、红利所得”项目计征个人所得税
处置	职工个人将以股份形式取得的拥有所有权的企业量化资产转让时，就其转让收入额，减除个人取得该股权时实际支付的费用支出和合理转让费用后的余额，依照“财产转让所得”项目计征个人所得税

九、偶然所得

个人得奖、中奖、中彩以及其他偶然性质的所得。

名师点睛

“偶然所得”项目易错易混情形辨析

（1）需适用“偶然所得”项目计征个人所得税的情形：

①企业向个人支付不竞争款项所得；

笔记区

②企业对累积消费达到一定额度的顾客，给予额外抽奖机会，个人的获奖所得；

③企业在业务宣传、广告等活动中，随机向本单位以外的个人赠送礼品（包括网络红包，下同），以及企业在年会、座谈会、庆典以及其他活动中向本单位以外的个人赠送礼品，个人取得的礼品所得；

④个人为单位或他人提供担保获得收入。

（2）企业在销售商品和提供服务过程中向个人赠送礼品，属于下列情形之一的，不征收个人所得税：

①企业通过价格折扣、折让方式向个人销售商品和提供服务；

②企业在向个人销售商品和提供服务的同时给予赠品，如通信企业对个人购买手机赠话费、入网费，或者购话费赠手机等；

③企业对累积消费达到一定额度的个人按消费积分反馈礼品。

【例 9】（多选 · 2021）下列所得应按照“偶然所得”项目计算缴纳个人所得税的有（　　）。

A. 退休人员取得的再任职收入

B. 个人从资产购买方企业取得的不竞争款项

C. 个人从非任职受雇的商家取得随机发放的网络红包

D. 个人在非任职受雇的企业开办的年会中奖获得的奖品

【解析】退休人员再任职取得的收入，在减除按个人所得税法规定的费用扣除标准后，按“工资、薪金所得”应税项目缴纳个人所得税，选项 A 不当选；资产购买方企业向个人支付的不竞争款项，属于个人因偶然因素取得的一次性所得，为此，资产出售方企业自然人股东取得的所得，应按照“偶然所得”项目计算缴纳个人所得税，选项 B 当选；企业在业务宣传、广告等活动中，随机向本单位以外的个人赠送礼品（包括网络红包，下同），以及企业在年会、座谈会、庆典以及其他活动中向本单位以外的个人赠送礼品，对个人取得的礼品所得，按照“偶然所得”项目缴纳个人所得税，选项 C、选项 D 当选。

例题答案：
【例 9】BCD

知识点 4　税率

一、附表一

7 级超额累进税率表（年表）

级数	全年应纳税所得额	税率（%）	速算扣除数（元）
1	不超过 36 000 元的	3	0
2	超过 36 000 元至 144 000 元的部分	10	2 520
3	超过 144 000 元至 300 000 元的部分	20	16 920
4	超过 300 000 元至 420 000 元的部分	25	31 920
5	超过 420 000 元至 660 000 元的部分	30	52 920
6	超过 660 000 元至 960 000 元的部分	35	85 920
7	超过 960 000 元的部分	45	181 920

二、附表二

5 级超额累进税率表

级数	全年应纳税所得额	税率（%）	速算扣除数（元）
1	不超过 30 000 元的	5	0
2	超过 30 000 元至 90 000 元的部分	10	1 500
3	超过 90 000 元至 300 000 元的部分	20	10 500
4	超过 300 000 元至 500 000 元的部分	30	40 500
5	超过 500 000 元的部分	35	65 500

三、附表三

3 级超额累进预扣率表

级数	预扣预缴应纳税所得额	预扣率（%）	速算扣除数（元）
1	不超过 20 000 元的部分	20	0
2	超过 20 000 元至 50 000 元的部分	30	2 000
3	超过 50 000 元的部分	40	7 000

四、附表四

7级超额累进税率表（月表）

级数	应纳税所得额	税率（%）	速算扣除数（元）
1	不超过3 000元的	3	0
2	超过3 000元至12 000元的部分	10	210
3	超过12 000元至25 000元的部分	20	1 410
4	超过25 000元至35 000元的部分	25	2 660
5	超过35 000元至55 000元的部分	30	4 410
6	超过55 000元至80 000元的部分	35	7 160
7	超过80 000元的部分	45	15 160

名师点睛

<table>
<tr><th>项目</th><th>税率适用规则</th></tr>
<tr><td>工资、薪金所得</td><td rowspan="4">（1）居民个人取得该四项所得合并为综合所得。
①预扣预缴：
a.工资、薪金所得：适用“7级超额累进税率表（年表）”（附表一）；
b.劳务报酬所得：适用“3级超额累进预扣率表”（附表三）；
c.特许权使用费、稿酬所得：适用预扣率20%。
②汇算清缴：适用“7级超额累进税率表（年表）”（附表一）。
（2）非居民个人取得“工、劳、特、稿”：适用“7级超额累进税率表（月表）”（附表四）</td></tr>
<tr><td>劳务报酬所得</td></tr>
<tr><td>特许权使用费所得</td></tr>
<tr><td>稿酬所得</td></tr>
<tr><td>经营所得</td><td>适用“5级超额累进税率表”（附表二）</td></tr>
<tr><td>利息、股息、红利所得</td><td rowspan="4">适用税率20%。
【提示】个人出租住房税率为10%</td></tr>
<tr><td>财产租赁所得</td></tr>
<tr><td>财产转让所得</td></tr>
<tr><td>偶然所得</td></tr>
</table>

知识点 5　居民个人综合所得应纳税额的计算

预扣预缴 ⟶ 汇算清缴 ⟶ 多退少补

一、预扣预缴

（一）工资、薪金所得预扣预缴

扣缴义务人向居民个人支付工资、薪金所得时，应当按照累计预扣法计算预扣税款，并按月办理扣缴申报。具体公式如下：

本期应预扣预缴税额 =（累计预扣预缴应纳税所得额 × 预扣率 – 速算扣除数）– 累计减免税额 – 累计已预扣预缴税额

累计预扣预缴应纳税所得额 = 累计收入 – 累计免税收入 – 累计减除费用 – 累计专项扣除 – 累计专项附加扣除 – 累计依法确定的其他扣除

1. 公式解释

项目	解释
累计收入	纳税人当年截至本月在本单位任职取得的工资、薪金所得全额
累计减除费用	以 5 000 元 / 月乘以纳税人当年截至本月在本单位的任职受雇月份数计算
累计专项扣除	包括按照规定缴纳的基本养老保险、基本医疗保险、失业保险等社会保险费和住房公积金（三险一金）
累计专项附加扣除	包含赡养老人、3 岁以下婴幼儿照护、子女教育、继续教育、住房贷款利息、住房租金、大病医疗 7 项
累计依法确定的其他扣除	包括个人缴付符合国家规定的企业年金、职业年金，个人购买符合国家规定的商业健康保险，以及国务院规定的其他项目

2. 减除费用

（1）自 2020 年 7 月 1 日起，对一个纳税年度内首次取得工资、薪金所得的居民个人，扣缴义务人预扣预缴个人所得税时，可按照 5 000 元 / 月乘以纳税人当年截至本月月份数计算累计减除费用。

（2）自 2021 年 1 月 1 日起，对同时符合下列条件的居民个人，扣缴义务人在预扣预缴本年度工资、薪金所得个人所得税时，累计减除费用自 1 月份起直接按照全年 6 万元计算扣除。即在纳税人累计收入不超过 6 万元的月份，暂不预扣预缴个人所得税；在其累计收入超过 6 万元的当月及年内后续月份，再预扣预缴个人所得税：

①上一纳税年度 1—12 月均在同一单位任职且预扣预缴申报了工资、薪金所得个人所得税；

笔记区

②上一纳税年度1—12月的累计工资、薪金收入（包括全年一次性奖金等各类工资、薪金所得，且不扣减任何费用及免税收入）不超过6万元；

③本纳税年度自1月起，仍在该单位任职受雇并取得工资、薪金所得。

扣缴义务人应当按规定办理全员全额扣缴申报，并在“个人所得税扣缴申报表”相应纳税人的备注栏注明“上年各月均有申报且全年收入不超过60 000元”字样。

3. 专项附加扣除

（1）赡养老人。

扣除范围	纳税人赡养一位及以上被赡养人的赡养支出
扣除时限	被赡养人年满60周岁的当月至赡养义务终止的年末
扣除方式	①独生子女：本人扣除； ②非独生子女：赡养人均摊、约定分摊、被赡养人指定分摊
扣除标准	①独生子女：3 000元/月； ②非独生子女：每位子女最高不得超过1 500元/月

【提示】“被赡养人”是指年满60周岁的父母，以及子女均已去世的年满60周岁的祖父母、外祖父母。

（2）3岁以下婴幼儿照护。

扣除范围	纳税人照护3岁以下婴幼儿子女的相关支出
扣除时限	婴幼儿出生的当月至年满3周岁的前一个月
扣除方式	①方式一：父母其中一方100%扣除； ②方式二：父母双方分别扣除50%
扣除标准	2 000元/月/人

（3）子女教育。

扣除范围、时限	①学前教育：子女年满3周岁当月至小学入学前一月。 ②学历教育：子女接受全日制学历教育入学当月至全日制学历教育结束当月
扣除方式	①方式一：父母其中一方100%扣除。 ②方式二：父母双方分别扣除50%
扣除标准	2 000元/月/人

【提示】纳税人子女在中国境外接受教育的，纳税人应当留存境外学校录取通知书、留学签证等相关教育的证明资料备查。

（4）继续教育。

扣除范围、时限	①学历（学位）继续教育：入学的当月至教育结束的当月。 【提示】同一学历（学位）继续教育的扣除期限不能超过 48 个月（4 年）。 ②技能人员、专业技术人员职业资格继续教育：取得相关证书的当年
扣除方式	①学历（学位）继续教育： a. 本科（不含）以上学历（学位）继续教育由本人扣除； b. 本科（含）及以下学历（学位）继续教育符合税法规定扣除条件的可以选择由其父母扣除，也可以选择由本人扣除。 ②技能人员、专业技术人员职业资格继续教育：本人扣除
扣除标准	①学历（学位）继续教育：400 元 / 月。 ②技能人员、专业技术人员职业资格继续教育：定额 3 600 元

（5）住房贷款利息。

扣除范围	本人或其配偶购买中国境内住房，发生的首套住房贷款利息支出
扣除时限	贷款合同约定开始还款的当月至贷款全部归还或贷款合同终止的当月。 【提示】扣除期限最长不超过 240 个月（20 年）
扣除方式	①婚后购房：经夫妻双方约定，可选由其中一方扣除； ②婚前分别购买住房，婚后可以选择其中一套由购买方 100% 扣除或夫妻双方对各自购买的住房分别按 50% 扣除
扣除标准	1 000 元 / 月

（6）住房租金。

扣除范围	在主要工作城市没有自有住房而发生的住房租金支出
扣除时限	租赁合同约定的房屋租赁期开始的当月至租赁期结束的当月。 【提示】提前终止协议的，以实际租赁期限为准
扣除方式	①未婚：本人扣除； ②已婚：夫妻双方主要工作城市相同由一方（承租人）扣除；主要工作城市不同分别扣除
扣除标准	①直辖市、省会（首府）城市、计划单列市以及国务院确定的其他城市：1 500 元 / 月； ②除①以外市辖区户籍人口超过 100 万的城市：1 100 元 / 月； ③除①以外市辖区户籍人口不超过 100 万的城市：800 元 / 月

（7）大病医疗。

扣除范围	在一个纳税年度内，发生的与基本医保相关的医药费用支出，扣除医保报销后个人负担（指医保目录范围内的自付部分）累计超过15 000元的部分
扣除方式	①纳税人本人发生的医药费用支出可以选择由本人或者其配偶扣除。 ②未成年子女发生的医药费用支出可以选择由其父母一方扣除
扣除标准	在80 000元限额内，由纳税人在办理当年度汇算清缴时，据实扣除

【例10】（单选） 根据个人所得税法律制度的规定，下列各项中，属于专项扣除的是（　　）。

A. 按照规定缴纳的住房公积金　　B. 子女教育支出

C. 住房贷款利息支出　　D. 大病医疗支出

【解析】 专项扣除包括按照规定缴纳的基本养老保险、基本医疗保险、失业保险和住房公积金（三险一金），选项A当选。子女教育支出、住房贷款利息支出、大病医疗支出为专项附加扣除项目，选项B、选项C、选项D不当选。

【例11】（单选·2019） 下列关于个人所得税专项附加扣除时限的表述中，符合税法规定的是（　　）。

A. 住房贷款利息，扣除时限最长不得超过180个月

B. 子女教育，扣除时间为子女年满3周岁当月至全日制学历教育结束的次月

C. 同一学历继续教育，扣除时限最长不得超过48个月

D. 专业技术人员职业资格继续教育，扣除时间为取得相关证书的次年

【解析】 住房贷款利息支出，扣除期限最长不得超过240个月，选项A不当选；子女教育扣除期间为子女年满3周岁当月至全日制学历教育结束的当月，选项B不当选；技能人员职业资格继续教育、专业技术人员职业资格继续教育，扣除时间为取得相关证书的当年，选项D不当选。

4. 依法确定的其他扣除

（1）企业年金、职业年金。

企业年金是指企业及其职工按照规定，在依法参加基本养老保险的基础上，自愿建立的补充养老保险制度。职业年金是指根据规定，事业单位及其工作人员在依法参加基本养老保险的基础上，建立的补充养老保险制度。

例题答案：
【例10】A
【例11】C

名师点睛

企业年金、职业年金个人所得税计税规则

1. 适用税目

工资、薪金所得。

2. 各环节企业年金、职业年金计税规定

环节1：缴费。

缴费主体	计税规定
个人	不超过本人缴费工资计税基数的4%标准内的部分，暂从个人当期的应纳税所得额中扣除。 **【提示1】**企业年金个人缴费工资计税基数为本人上一年度月平均工资；职业年金个人缴费工资计税基数为职工岗位工资和薪级工资之和。 **【提示2】**月平均工资或职工岗位工资和薪级工资之和超过职工工作所在地设区城市上一年度职工月平均工资300%以上的部分，不计入个人缴费工资计税基数
企业	企业和事业单位根据国家有关政策规定的办法和标准，为本单位任职或者受雇的全体职工缴付的企业年金或职业年金单位缴费部分，在计入个人账户时，个人暂不缴纳个人所得税

【提示】超过规定的标准缴付的年金单位缴费和个人缴费部分，应并入个人当期的“工资、薪金所得”，依法计征个人所得税。

环节2：投资。

在年金基金投资环节，企业年金或职业年金基金投资运营收益分配计入个人账户时，暂不征收个人所得税。

环节3：领取。

个人达到国家规定的退休年龄，领取的企业年金、职业年金，符合相关规定的，不并入综合所得，全额单独计算应纳税款。

领取方式	适用税率
按月领取	适用“7级超额累进税率表（月表）”（见P98附表四）
按季领取	平均分摊计入各月，适用“7级超额累进税率表（月表）”（见P98附表四）
按年领取	适用“7级超额累进税率表（年表）”（见P97附表一）

【提示】个人因出境定居而一次性领取的年金个人账户资金，或个人死亡后，其指定的受益人或法定继承人一次性领取的年金个人账户余额，适用“7级超额累进税率表（年表）”（见P97附表一）计算纳税。对个人除上

述特殊原因外一次性领取年金个人账户资金或余额的，适用“7级超额累进税率表（月表）”（见P98附表四）计算纳税。

（2）商业健康保险。

商业健康保险税收优惠政策适用于取得工资、薪金所得，连续性劳务报酬所得的个人，以及取得经营所得的个体工商户业主、个人独资企业投资者、合伙企业合伙人和承包承租经营者。

名师点睛

商业健康保险个人所得税计税规则

购买方式	计税规则
个人购买	允许自个人提交保单凭证的次月起按月税前扣除，扣除限额为2 400元/年（200元/月）
单位统一为员工购买	单位负担部分计入员工个人工资、薪金，视同个人购买，并自购买产品次月起，在不超过200元/月的标准内按月扣除
业主、经营者、投资者购买	个体工商户业主、企事业单位承包承租经营者、个人独资和合伙企业投资者自行购买符合条件的商业健康保险产品的，在不超过2 400元/年的标准内据实扣除

【提示】一年内保费金额超过2 400元的部分，不得税前扣除。

（3）个人养老金。

自2022年1月1日起，对个人养老金实施递延纳税优惠政策。

名师点睛

个人养老金个人所得税计税规则

环节	税务处理
缴费环节	个人向个人养老金资金账户的缴费，按照12 000元/年的限额标准，在综合所得或经营所得中据实扣除
投资环节	计入个人养老金资金账户的投资收益暂不征收个人所得税
领取环节	个人领取的个人养老金，不并入综合所得，单独按照3%的税率计算缴纳个人所得税，计入“工资、薪金所得”项目

（二）劳务报酬所得、稿酬所得和特许权使用费所得预扣预缴

<table>
<tr><th>项目</th><th>预扣预缴应纳税所得额</th><th>预扣预缴应纳税额</th></tr>
<tr><td>劳务报酬所得</td><td>（1）每次收入≤ 4 000 元：
预扣预缴应纳税所得额 = 每次收入 -800
（2）每次收入＞ 4 000 元：
预扣预缴应纳税所得额 = 每次收入 ×（1-20%）</td><td>预扣预缴应纳税额 = 预扣预缴应纳税所得额 × 预扣率 - 速算扣除数</td></tr>
<tr><td>稿酬所得</td><td>（1）每次收入≤ 4 000 元：
预扣预缴应纳税所得额 =（每次收入 -800）×70%
（2）每次收入＞ 4 000 元：
预扣预缴应纳税所得额 = 每次收入 ×（1-20%）× 70%</td><td rowspan="2">预扣预缴应纳税额 = 预扣预缴应纳税所得额 ×20%</td></tr>
<tr><td>特许权使用费所得</td><td>（1）每次收入≤ 4 000 元：
预扣预缴应纳税所得额 = 每次收入 -800
（2）每次收入＞ 4 000 元：
预扣预缴应纳税所得额 = 每次收入 ×（1-20%）</td></tr>
</table>

名师点睛

1.《中华人民共和国个人所得税法》对纳税义务人征税方法的规定

<table>
<tr><th>项目</th><th>征税方法</th></tr>
<tr><td>工资、薪金所得</td><td rowspan="4">（1）居民个人取得“工资、薪金所得”“劳务报酬所得”“稿酬所得”和“特许权使用费所得”属于“综合所得”：按年计征；
（2）非居民个人取得“工资、薪金所得”：按月计征；
（3）非居民个人取得“劳务报酬所得”“稿酬所得”和“特许权使用费所得”：按次计征。
【提示】居民个人取得“劳务报酬所得”“稿酬所得”和“特许权使用费所得”按次预扣预缴个人所得税</td></tr>
<tr><td>劳务报酬所得</td></tr>
<tr><td>稿酬所得</td></tr>
<tr><td>特许权使用费所得</td></tr>
<tr><td>经营所得</td><td>按年计征</td></tr>
<tr><td>利息、股息、红利所得</td><td rowspan="4">按次计征</td></tr>
<tr><td>财产租赁所得</td></tr>
<tr><td>财产转让所得</td></tr>
<tr><td>偶然所得</td></tr>
</table>

笔记区

2. 划分“次”的具体规定

项目	征税方法
劳务报酬所得 稿酬所得 特许权使用费所得	（1）属于一次性收入的，以取得该项收入为一次： ①“劳务报酬所得”以每次提供劳务取得的收入为一次。 ②“稿酬所得”以每次出版、发表取得的收入为一次。 **【提示1】**同一作品再版取得的所得，应视作另一次稿酬所得计征个人所得税。 **【提示2】**同一作品先在报刊上连载，然后再出版，或先出版，再在报刊上连载的，应视为两次稿酬所得征税。 **【提示3】**同一作品在报刊上连载取得收入的，以连载完成后取得的所有收入合并为一次。 **【提示4】**同一作品出版、发表后，因添加印数而追加稿酬的，应与以前出版、发表时取得的稿酬合并计算为一次。 ③“特许权使用费”以某项使用权的每次转让所得收入为一次。 （2）属于同一事项连续取得收入的，以一个月内取得的收入为一次
利息、股息、红利所得	以支付利息、股息、红利时取得的收入为一次
财产租赁所得	以一个月内取得的收入为一次
财产转让所得 偶然所得	以每次取得该项收入为一次

【例12】（单选）根据个人所得税法律制度的规定，下列关于确定“每次收入”的表述中，不正确的是（　　）。

A. 财产租赁所得，以一年内取得的收入为一次

B. 偶然所得，以每次取得该项收入为一次

C. 利息所得，以支付利息时取得的收入为一次

D. 非居民个人取得的稿酬所得，属于同一项目连续性收入的，以一个月取得的收入为一次

【解析】财产租赁所得以一个月内取得的收入为一次，选项A当选。

【例13】（单选·2022）下列关于稿酬所得按次征收个人所得税的表述中，正确的是（　　）。

A. 同一作品先出版、再连载的，应合为一次计税

B. 同一作品在两处以上出版的，应合为一次计税

C. 同一作品再版的，应视为另一次稿酬计税

D. 同一作品出版后加印的，应视为另一次稿酬计税

例题答案：
【例12】A

【**解析**】同一作品先出版，再在报刊上连载的，应视为两次稿酬所得征税，即连载作为一次，出版作为另一次，选项A不当选；在两处或两处以上出版、发表或再版同一作品而取得稿酬所得，则可分别就各处取得的所得或再版所得按分次所得计征个人所得税，选项B不当选；同一作品出版、发表后，因添加印数而追加稿酬的，应与以前出版、发表时取得的稿酬合并计算为一次，计征个人所得税，选项D不当选。

二、年度综合所得应纳税额的计算

居民个人的综合所得，以每一纳税年度的收入额减除费用6万元以及专项扣除、专项附加扣除和依法确定的其他扣除后的余额，为应纳税所得额。

具体计算公式：

应纳税额＝全年应纳税所得额×适用税率－速算扣除数

＝（全年收入额－60 000元－专项扣除－享受的专项附加扣除－享受的其他扣除）×适用税率－速算扣除数

（一）综合所得年度收入额的确定

包括“工资、薪金所得”“劳务报酬所得”“特许权使用费所得”“稿酬所得”的收入额合计。

居民个人（综合所得）

工资、薪金所得
劳务报酬所得
特许权使用费所得
稿酬所得

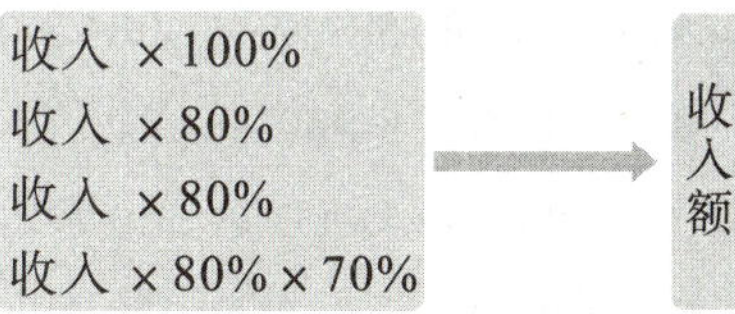

收入额

（二）综合所得汇算清缴的规定

1. 是否需要办理年度汇算清缴的判定

需要办理年度汇算的纳税人	无须办理年度汇算的纳税人
依据税法规定，符合下列情形之一的，纳税人需要办理年度汇算： （1）已预缴税额大于年度应纳税额且申请退税的； （2）综合所得收入全年超过120 000元且需要补税金额超过400元的	依据税法规定，纳税人在该年度已依法预缴个人所得税且符合下列情形之一的，无须办理年度汇算： （1）纳税人年度汇算需补税但年度综合所得收入不超过120 000元； （2）纳税人年度汇算需补税金额不超过400元； （3）纳税人已预缴税额与年度应纳税额一致或者不申请年度汇算退税

2. 办理渠道

纳税人可优先通过网上税务局（包括手机个人所得税App）办理年度汇

例题答案：
【例13】C

笔记区

算，税务机关将按规定为纳税人提供申报表预填服务，也可以通过邮寄方式或到办税服务厅办理。

选择邮寄申报的，纳税人需将申报表寄送至任职受雇单位（没有任职受雇单位的，为户籍、经常居住地或者主要收入来源地）所在省、自治区、直辖市和计划单列市税务局公告的地址。

3. 接受年度汇算申报的税务机关

按照方便就近原则，纳税人自行办理或受托人为纳税人代为办理年度汇算的，向纳税人任职受雇单位所在地的主管税务机关申报；有两处及以上任职受雇单位的，可自主选择向其中一处单位所在地的主管税务机关申报。纳税人没有任职受雇单位的，向其户籍所在地、经常居住地或者主要收入来源地的主管税务机关申报。

【例 14】（单选）2019 年 1 月中国居民李某取得工资 20 000 元，李某当月专项扣除 4 000 元，专项附加扣除 3 000 元。已知工资、薪金所得累计预扣预缴应纳税所得额不超过 36 000 元的部分，预扣率为 3%，预扣预缴个人所得税减除费用为 5 000 元 / 月。计算李某当月工资应预扣预缴个人所得税税额的下列算式中，正确的是（　　）。

A.（20 000−5 000−4 000−3 000）×3%=240（元）

B.（20 000−5 000−3 000）×3%=360（元）

C.（20 000−4 000−3 000）×3%=390（元）

D.（20 000−5 000−4 000）×3%=330（元）

【解析】李某当月工资应预扣预缴个人所得税 =（累计收入 − 累计免税收入 − 累计减除费用 − 累计专项扣除 − 累计专项附加扣除 − 累计依法确定的其他扣除）× 预扣率 − 速算扣除数 − 累计减免税额 − 累计已预扣预缴税额 =（20 000−5 000−4 000−3 000）×3%=240（元）。

【例 15】（计算问答 · 2021 改编）张某之子小学在读，2023 年 3 月生育一女，张某 2023 年收入和部分支出如下：

（1）每月工资 9 000 元，含符合国家标准“三险一金”2 000 元。

（2）3 月购买符合个人所得税税前扣除规定的商业健康保险，保费每年 4 000 元，并于当月向公司提交保险凭证。

（3）4 月通过出版社出版一部图书，税前稿费 15 000 元。

（其他相关资料：相关专项附加扣除均由张某百分之百扣除，张某已向公司提交专项附加扣除资料）

要求：根据上述资料，按照下列序号计算回答问题，如有计算，需计算

例题答案：
【例 14】A

出合计数。

（1）判断张某能否因2023年3月女儿出生，享受当年度子女教育专项附加扣除并简要说明理由。

（2）张某每年缴纳的4 000元商业健康保险保费能否全额扣除，并简要说明理由。

（3）计算出版社在支付稿酬时应代扣代缴的个人所得税。

【答案】

（1）不能享受当年度子女教育专项附加扣除。

理由：纳税人年满3岁的子女接受学前教育和学历教育的相关支出，按照每个子女每月2 000元的标准定额扣除。张某新生女儿不足3岁，不能享受当年度子女教育专项附加扣除。

（2）不能全额扣除。

理由：对个人购买符合规定的商业健康保险产品的支出，允许在当年（月）计算应纳税所得额时予以税前扣除，扣除限额为2 400元/年（200元/月）。张某购买商业健康保险的保费支出超过扣除限额，不能全额扣除。

（3）出版社在支付稿酬时应代扣代缴的个人所得税=15 000×（1−20%）×70%×20%=1 680（元）

三、工资、薪金所得应纳税额计算的特殊事项

（一）全年一次性奖金

居民个人取得全年一次性奖金，在2027年12月31日前，符合《国家税务总局关于调整个人取得全年一次性奖金等计算征收个人所得税方法问题的通知》规定的，不并入当年综合所得，以全年一次性奖金收入除以12个月得到的商数，按照“7级超额累进税率表（月表）”（见P98附表四），确定适用税率和速算扣除数，单独计算纳税。

【提示1】纳税人在一个纳税年度内只允许采用一次该计税方法，其取得除全年一次性奖金以外的其他各种名目奖金，如半年奖、季度奖、加班奖、先进奖、考勤奖等，一律与当月工资、薪金收入合并，按税法规定缴纳个人所得税。

【提示2】实行年薪制和绩效工资的单位，居民个人取得年终兑现的年薪和绩效工资按上述方法执行。

（二）个人因解除劳动合同取得经济补偿金

个人因与用人单位解除劳动关系而取得的一次性补偿收入，其收入在当地上年职工平均工资3倍数额以内的部分，免征个人所得税；超过3倍数额

笔记区

的部分，不并入综合所得，单独适用“7级超额累进税率表（年表）”（见P97附表一）确定适用税率和速算扣除数，计算纳税。

【提示】企业职工从破产企业取得的一次性安置费收入，免征个人所得税。

（三）个人提前退休取得补贴收入

个人办理提前退休手续而取得的一次性补贴收入，应按照办理提前退休手续至法定离退休年龄之间实际年度数平均分摊，确定适用税率和速算扣除数，单独适用“7级超额累进税率表（年表）”（见P97附表一），计算纳税。

计算公式为：

应纳税额={[（一次性补贴收入 ÷ 办理提前退休手续至法定退休年龄的实际年度数）－费用扣除标准]× 适用税率－速算扣除数}× 办理提前退休手续至法定退休年龄的实际年度数

【提示】公式中的“费用扣除标准”按60 000元计算。

知识点6　非居民个人取得工资薪金所得、劳务报酬所得、稿酬所得和特许权使用费所得应纳税额的计算

计税方式	税目	税额计算		适用税率
		应纳税所得额	应纳税额	
按月	工资、薪金所得	应纳税所得额＝每月收入－5 000	应纳税额＝应纳税所得额 × 适用的税率－速算扣除数	7级超额累进税率表（月表）（见P98附表四）
按次	劳务报酬所得	应纳税所得额＝每次收入 ×（1-20%）		
	特许权使用费所得			
	稿酬所得	应纳税所得额＝每次收入 ×（1-20%）× 70%		

知识点7　经营所得应纳税额的计算

一、个体工商户应纳税额的计算

应纳税额＝全年应纳税所得额 × 适用税率－速算扣除数

＝（全年收入总额－成本、费用及损失）× 适用税率－速算扣除数

【提示】取得经营所得的个人，没有综合所得的，计算其每一纳税年度的应纳税所得额时，应当减除费用60 000元、专项扣除、专项附加扣除、其

他扣除。专项附加扣除在办理汇算清缴时减除。

名师点睛

个体工商户应纳税所得额的计算，以权责发生制为原则，属于当期的收入和费用，不论款项是否收付，均作为当期的收入和费用；不属于当期的收入和费用，即使款项已经在当期收付，均不作为当期的收入和费用。

1. 扣除项目

（1）工资、薪金支出。

受益对象	税务处理
职工	个体工商户实际支付给从业人员的、合理的工资、薪金支出，准予扣除
业主	个体工商户业主的工资、薪金支出不得税前扣除

（2）保险费。

保险类别	税务处理
五险一金	个体工商户为其业主和从业人员缴纳的五险一金准予扣除
补充养老保险、补充医疗保险	①为从业人员缴纳：不超过从业人员工资总额5%标准内的部分据实扣除；超过部分，不得扣除。 ②为业主缴纳：以当地（地级市）上年度社会平均工资的3倍为计算基数，不超过该计算基数5%标准内的部分据实扣除；超过部分，不得扣除
其他保险	①财产保险：准予扣除。 ②为特殊工种从业人员支付的人身安全保险费：准予扣除。 ③其他商业保险：不得扣除

（3）研发费用。

个体工商户研究开发新产品、新技术、新工艺所发生的开发费用，以及研究开发新产品、新技术而购置单台价值在10万元以下的测试仪器和试验性装置的购置费准予直接扣除；单台价值在10万元以上（含10万元）的测试仪器和试验性装置，按固定资产管理，不得在当期直接扣除。

（4）公益性捐赠。

个体工商户通过公益性社会团体或者县级以上人民政府及其部门，用于《中华人民共和国公益事业捐赠法》规定的公益事业的捐赠，捐赠额不超过其应纳税所得额30%的部分可以扣除。

财政部、国家税务总局规定可以全额在税前扣除的捐赠支出项目，按有关规定执行。

笔记区

2. 不得扣除项目

（1）个人所得税税款。

（2）税收滞纳金。

（3）罚金、罚款和被没收财物的损失。

（4）不符合扣除规定的捐赠支出。

（5）赞助支出。

（6）用于个人和家庭的支出。

【提示】个体工商户生产经营活动中，应当分别核算生产经营费用和个人、家庭费用。对于因生产经营与个人、家庭生活难以分清的费用，其40%视为与生产经营有关的费用，准予扣除。

（7）与取得生产经营收入无关的其他支出。

（8）个体工商户代其从业人员或者他人负担的税款。

（9）国家税务总局规定不准扣除的其他支出。

【例16】（单选·2017）某个体工商户发生的下列支出中，允许在个人所得税税前扣除的是（　　）。

A. 家庭生活用电支出

B. 直接向某灾区小学的捐赠

C. 已缴纳的城市维护建设税及教育费附加

D. 代公司员工负担的个人所得税税款

【解析】个体工商户生产经营活动中，应当分别核算生产经营费用和个人、家庭费用。对于生产经营与个人、家庭生活混用难以分清的费用，其40%视为与生产经营有关费用，准予扣除；单纯的家庭生活支出，不得税前扣除。选项A不当选。直接捐赠支出，不得税前扣除，符合条件的公益性捐赠支出才能按规定扣除，选项B不当选。已缴纳的城市维护建设税及教育费附加可以在个人所得税税前扣除，选项C当选。个体工商户代其从业人员或者他人负担的税款，不得税前扣除，选项D不当选。

二、个人独资企业和合伙企业生产经营所得应纳税额的计算

个人独资企业和合伙企业生产经营所得分为查账征收和核定征收。

（一）查账征收

应纳税额＝应纳税所得额 × 税率－速算扣除数

＝（收入总额－成本、费用及损失－当年投资者本人的费用扣除额）× 税率－速算扣除数

【提示1】当年投资者本人的费用扣除额＝月减除费用（5 000元/月）×

例题答案：
【例16】C

当年实际经营月份数。

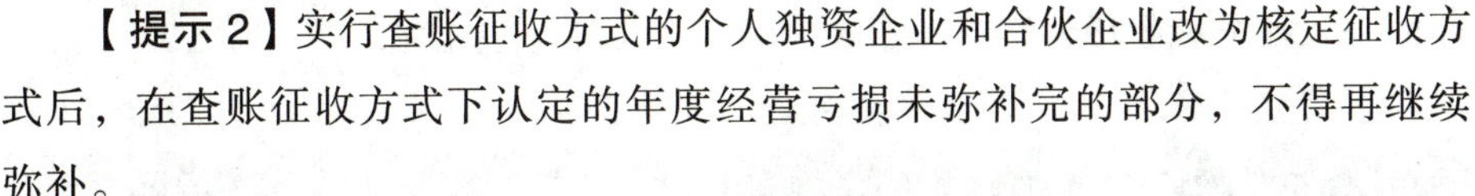

【提示 2】实行查账征收方式的个人独资企业和合伙企业改为核定征收方式后，在查账征收方式下认定的年度经营亏损未弥补完的部分，不得再继续弥补。

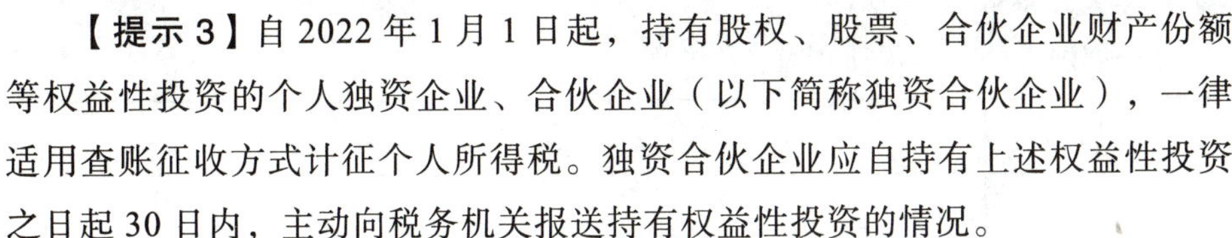

【提示 3】自 2022 年 1 月 1 日起，持有股权、股票、合伙企业财产份额等权益性投资的个人独资企业、合伙企业（以下简称独资合伙企业），一律适用查账征收方式计征个人所得税。独资合伙企业应自持有上述权益性投资之日起 30 日内，主动向税务机关报送持有权益性投资的情况。

【提示 4】投资者及其家庭发生的生活费用与企业经营费用混合在一起，并且难以划分的，应全部视为投资者个人及其家庭发生的生活费用，不允许在税前扣除。

（二）核定征收

应纳税额 = 应纳税所得额 × 适用税率

应纳税所得额 = 收入总额 × 应税所得率

= 成本费用支出额 ÷（1– 应税所得率）× 应税所得率

【提示 1】有下列情形之一的，主管税务机关应采取核定征收方式征收个人所得税：

（1）企业依照国家有关规定应当设置但未设置账簿的；

（2）企业虽设置账簿，但账目混乱或者成本资料、收入凭证、费用凭证残缺不全，难以查账的；

（3）纳税人发生纳税义务，未按照规定的期限办理纳税申报，经税务机关责令限期申报，逾期仍不申报的。

【提示 2】实行核定征收的投资者，不能享受个人所得税的优惠政策。

名师点睛

对于个人独资企业和合伙企业，无论是采取查账征收还是核定征税，税法规定：

（1）个人独资企业和合伙企业对外投资分回的利息或者股息、红利，不并入企业的收入，而应单独作为投资者个人取得“利息、股息、红利所得”，并按该项目计算缴纳个人所得税；

（2）残疾人员投资兴办或参与投资兴办个人独资企业和合伙企业取得经营所得的，可按各省、自治区、直辖市人民政府规定减征的范围和幅度，减征个人所得税；

（3）企业进行清算时，投资者应当在注销工商登记之前，向主管税务机

笔记区

关结清有关税务事宜。企业的清算所得应当视为年度生产经营所得，由投资者依法缴纳个人所得税。

知识点 8　财产租赁所得应纳税额的计算

应纳税额 = 应纳税所得额 × 税率

项目	具体规定
税率	20%。 【提示】个人按市场价格出租住房：减按 10%
应纳税所得额	（1）每次收入≤ 4 000 元： 应纳税所得额 = 每次（月）收入额 – 准予扣除项目 – 修缮费用（800 元为限）–800 元 （2）每次收入＞ 4 000 元： 应纳税所得额 =［每次（月）收入额 – 准予扣除项目 – 修缮费用（800 元为限）］×（1–20%）

名师点睛

个人出租财产取得的财产租赁收入，在计算缴纳个人所得税时，应依次扣除以下费用：

（1）财产租赁过程中缴纳的税金和国家能源交通重点建设基金、国家预算调节基金、教育费附加；

（2）向出租方支付的租金；

【提示】无房屋转租收入不扣除此项。

（3）由纳税人负担的该出租财产实际开支的修缮费用；

【提示】每次 800 元为限，一次扣不完的下次继续扣除，直到扣完为止。

（4）税法规定的费用扣除标准（800 元或取得的财产租赁收入的 20%）。

【例 17】（计算问答）刘某于 2019 年 1 月将其自有的面积为 150 平方米的公寓按市场价出租给张某居住。刘某每月取得租金收入 5 200 元，全年租金收入 62 400 元。

要求：计算刘某全年租金收入应缴纳的个人所得税（不考虑其他税费）。

【答案】

财产租赁收入以每月内取得的收入为一次，按市场价出租给个人居住适用 10% 的税率，因此，刘某每月及全年应纳税额为：

每月应纳税额 =5 200×（1–20%）×10%=416（元）

全年应纳税额 =416×12=4 992（元）

【例 18】（计算问答）假定上例中，当年 2 月公寓的下水道堵塞，刘某找人修理，发生修理费用 1 200 元，有维修部门的正式收据。

要求：计算 2 月和 3 月刘某的应纳税额。

【答案】

2 月应纳税额 =（5 200−800）×（1−20%）×10%=352（元）

3 月应纳税额 =（5 200−400）×（1−20%）×10%=384（元）

知识点 9 财产转让所得应纳税额的计算

一、一般情况下财产转让所得应纳税额的计算

应纳税额 = 应纳税所得额 × 适用税率

=（收入总额 − 财产原值 − 合理税费）×20%

名师点睛

个人取得拍卖收入征收个人所得税的规定

情形	税目
作者将自己的文字作品手稿原件或复印件拍卖取得的所得	特许权使用费
个人拍卖除文字作品原稿及复印件外的其他财产	财产转让所得

【提示】纳税人如不能提供合法、完整、准确的财产原值凭证，不能正确计算财产原值的，按转让收入额的 3% 征收率计算缴纳个人所得税；拍卖品经文物部门认定是海外回流文物的，按转让收入额的 2% 征收率计算缴纳个人所得税。

二、个人住房转让所得应纳税额的计算

项目	具体规定
收入总额	以实际成交价格为转让收入。 **【提示】**纳税人申报的住房成交价格明显低于市场价格且无正当理由的，征收机关依法有权根据有关信息核定其转让收入
财产原值	纳税人可凭原购房合同、发票等有效凭证，经税务机关审核后，允许从其转让收入中减除房屋原值
合理税金	转让住房过程中缴纳的税金（城市维护建设税、教育费附加、土地增值税、印花税等）

续 表

项目	具体规定
合理费用	（1）住房装修费用： ①已购公有住房、经济适用房：最高扣除限额为房屋原值的 15%； ②商品房及其他住房：最高扣除限额为房屋原值的 10%； ③纳税人原购房为装修房，不得再重复扣除装修费用。 （2）住房贷款利息。纳税人出售以按揭贷款方式购置的住房，其向贷款银行实际支付的住房贷款利息，凭贷款银行出具的有效证明据实扣除。 （3）手续、公证费等费用，凭有关部门出具的有效证明据实扣除

【提示】纳税人未提供完整、准确的房屋原值凭证，不能正确计算房屋原值和应纳税额的，税务机关可对其实行核定征税，即按纳税人住房转让收入的一定比例核定应纳个人所得税额。

知识点 10　利息、股息、红利所得和偶然所得应纳税额的计算

应纳税额 = 每次收入额 × 适用税率（20%）

【提示】股息、红利差别化个税规定：个人从股市购买的上市公司股票，持股期间的股息要根据持股期限分别按全额（持股期限 ≤ 1 个月）、减按 50%（1 个月 < 持股期限 ≤ 1 年）计入应纳税所得额；持股期限 > 1 年的，暂免征收个人所得税。

知识点 11　个人股票期权所得个人所得税的征税办法

企业员工股票期权是指上市公司按照规定的程序授予本公司及其控股企业员工的一项权利，该权利允许被授权员工在未来时间内以某一特定价格购买本公司一定数量的股票。

名师点睛

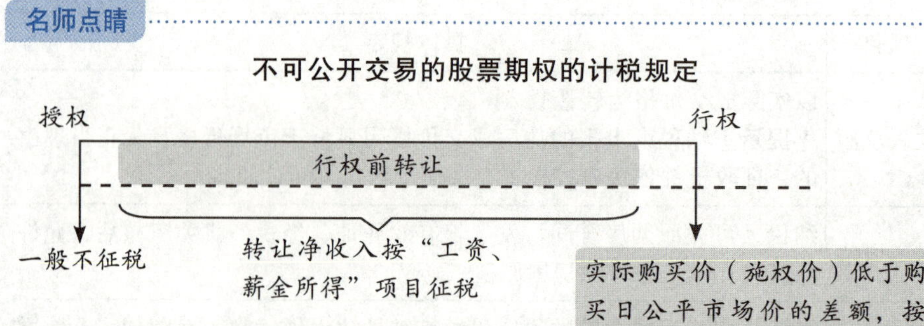

阶段	计税方法
授权	一般不作为应税所得征税
行权	股票的实际购买价（施权价）低于购买日公平市场价（当日的收盘价）的差额，应按“工资、薪金所得”项目适用的规定计算缴纳个人所得税： 应纳税额＝股权激励收入×适用税率－速算扣除数 ＝（行权股票的每股市场价－员工取得该股票期权支付的每股施权价）×股票数量×适用税率－速算扣除数 **【提示1】**员工在行权日之前将股票期权转让的，以股票期权的转让净收入，作为“工资、薪金所得”征收个人所得税。 **【提示2】**居民个人一个纳税年度内取得两次以上（含两次）股权激励的，应合并按上述规定计算纳税
持有	员工因拥有股权而参与企业税后利润分配取得的所得，应按照“利息、股息、红利所得”项目适用的规定计算缴纳个人所得税
处置	员工将行权后的股票再转让，应按照“财产转让所得”项目适用的征免规定计算缴纳个人所得税。 **【提示】**个人将行权后的境内上市公司股票再行转让而取得的所得，暂不征收个人所得税；个人转让境外上市公司的股票而取得的所得，应按税法的规定计算应纳税所得额和应纳税额，依法缴纳税款

【例19】（单选·2020）下列关于企业员工取得与股票期权相关所得计征个人所得税的表述中，符合税法规定的是（　　）。

A. 员工行权时的施权价与该股票当日收盘价之间的差额，暂不征税

B. 员工行权后的股票再转让取得的收益，应按“工资、薪金所得”纳税

C. 员工接受企业授予的股票期权时，以当日收盘价按“劳务报酬所得”纳税

D. 员工因拥有股权而参与企业税后利润分配取得的所得，应按“利息、股息、红利所得”纳税

【解析】对于股票期权，员工行权时，以实际购买价（施权价）低于购买日公平市场价（指该股票收盘价）的差额，是因员工在企业的表现和业绩情况而取得的与任职、受雇有关的所得，应按“工资、薪金所得”缴纳个人所得税，选项A不当选；员工将行权后的股票再转让取得的收益，应按“财产转让所得”缴纳个人所得税，选项B不当选；员工接受实施股票期权计划企业授予的股票期权时，除另有规定外，一般不作为应税所得征税，选项C不当选。

例题答案：
【例19】D

知识点12　关于公益慈善事业捐赠的个人所得税政策

个人通过中华人民共和国境内公益性社会组织、县级以上人民政府及其部门等国家机关，向教育、扶贫、济困等公益慈善事业的捐赠，发生的公益捐赠支出，可以按照《中华人民共和国个人所得税法》的有关规定在计算应纳税所得额时扣除。

一、限额扣除

（一）捐赠金额

个人发生的公益捐赠支出金额，按照以下规定确定：

（1）捐赠货币性资产的，按照实际捐赠金额确定；

（2）捐赠股权、房产的，按照个人持有股权、房产的财产原值确定；

（3）捐赠除股权、房产以外的其他非货币性资产的，按照非货币性资产的市场价格确定。

（二）扣除限额

居民个人发生的公益捐赠支出，在综合所得、经营所得中扣除的，扣除限额分别为当年综合所得、当年经营所得应纳税所得额的30%；在分类所得中扣除的，扣除限额为当月分类所得应纳税所得额的30%。

实际捐赠额小于或等于捐赠额时，按实际捐赠额扣除；实际捐赠额大于捐赠扣除限额时，只能按捐赠扣除限额扣除：

应纳税额 =（应纳税所得额 − 允许扣除的捐赠额）× 适用税率 − 速算扣除数

（三）扣除凭证

公益性社会组织、国家机关在接受个人捐赠时，应当按照规定开具捐赠票据；个人索取捐赠票据的，应予以开具。

个人应留存捐赠票据，留存期限为5年。

名师点睛

居民个人根据各项所得的收入、公益捐赠支出、适用税率等情况，自行决定在综合所得、分类所得、经营所得中扣除的公益捐赠支出的顺序。在当期一个所得项目扣除不完的公益捐赠支出，可以按规定在其他所得项目中继续扣除。

公益性捐赠支出在各税目下的具体扣除方法：

1. 综合所得

所得类型	扣除方法
工资、薪金所得	（1）可以选择在预扣预缴时扣除，也可以选择在汇算清缴时扣除； （2）选择在预扣预缴时扣除的，应按照累计预扣法计算扣除限额，其捐赠当月的扣除限额为截至当月累计应纳税所得额的 30%（全额扣除的从其规定）。 **【提示 1】**个人从两处以上取得工资、薪金所得，选择其中一处扣除，选择后当年不得变更。 **【提示 2】**居民个人取得全年一次性奖金、股权激励等所得，且按规定采取不并入综合所得而单独计税方式处理的，公益捐赠支出扣除比照分类所得的扣除规定处理
劳务报酬所得	预扣预缴时不扣除公益性捐赠支出，统一在汇算清缴时扣除
稿酬所得	
特许权使用费所得	

2. 经营所得

（1）可以选择在预扣预缴时扣除，也可以选择在汇算清缴时扣除。

（2）经营所得采取核定征收方式的，不扣除公益性捐赠支出。

3. 分类所得

（1）扣缴义务人已经代扣但尚未解缴税款的，居民个人可以向扣缴义务人提出追补扣除申请，退还已扣税款。

（2）扣缴义务人已经代扣且解缴税款的，居民个人可以在公益捐赠之日起 90 日内提请扣缴义务人向征收税款的税务机关办理更正申报追补扣除，税务机关和扣缴义务人应当予以办理。

（3）居民个人自行申报纳税的，可以在公益捐赠之日起 90 日内向主管税务机关办理更正申报追补扣除。

【提示】居民个人捐赠当月有多项多次分类所得的，应先在其中一项一次分类所得中扣除。已经在分类所得中扣除的公益性捐赠支出，不再调整到其他所得中扣除。

笔记区

二、全额扣除

分类	具体内容
对特定事项的捐赠	（1）对公益性青少年活动场所的捐赠； （2）对老年服务机构的捐赠； （3）对农村义务教育的捐赠； （4）对红十字事业的捐赠； （5）对非关联的科研机构和高等学校用于研发的捐赠； （6）对其他特定事项的捐赠
对特定公益组织的捐赠	向中华健康快车基金会、中华慈善总会、中国宋庆龄基金会等单位的公益性捐赠

【提示】个人同时发生按30%扣除和全额扣除的公益捐赠支出，自行选择扣除次序。

【例20】（单选）2019年3月张某购买福利彩票取得一次性中奖收入20 000元，将其中5 000元通过国家机关向农村义务教育捐赠。已知偶然所得个人所得税税率为20%。计算张某中奖收入应缴纳个人所得税税额的下列算式中，正确的是（　　）。

A.（20 000−5 000）×20%=3 000（元）

B. 20 000×20%=4 000（元）

C. 20 000÷（1−20%）×20%=5 000（元）

D.（20 000−5 000）÷（1−20%）×20%=3 750（元）

【解析】个人通过非营利性的社会团体和国家机关向农村义务教育的捐赠，在计算缴纳个人所得税时，准予在税前的所得额中全额扣除。张某中奖收入应缴纳个人所得税税额 =（20 000−5 000）×20%=3 000（元）。

【例21】（多选·2021）下列关于个体工商户公益捐赠支出税前扣除的表述中，符合个人所得税法规定的有（　　）。

A. 可自行选择按30%标准扣除和全额扣除的公益捐赠支出的扣除次序

B. 发生的公益捐赠支出在其经营所得中扣除

C. 应妥善留存捐赠相关票据至少5年

D. 只能选择其对年度经营所得汇算清缴时扣除

【解析】在经营所得中扣除公益捐赠支出的，可以选择在预缴税款时扣除，也可以选择在汇算清缴时扣除，选项D不当选。

例题答案：
【例20】A
【例21】ABC

知识点 13 税收优惠

一、免征个人所得税的优惠

（1）省级人民政府、国务院部委和中国人民解放军军以上单位以及外国组织颁发的科学、教育、技术、文化、卫生、体育、环境保护等方面的奖金。

【提示 1】特聘教授获得“长江学者成就奖”的奖金，可视为国务院部委颁发的教育方面的奖金，免予征收个人所得税。

【提示 2】特聘教授取得的岗位津贴应并入其当月的工资、薪金所得计征个人所得税。

（2）个人取得的下列中奖所得，暂免征收个人所得税：

①单张有奖发票奖金所得不超过 800 元（含 800 元）的，暂免征收个人所得税；

②购买社会福利有奖募捐奖券、体育彩票一次中奖收入不超过 10 000 元的暂免征收个人所得税。

（3）国债和国家发行的金融债券利息。

（4）个人转让自用达 5 年以上并且是唯一的家庭生活用房取得的所得。

（5）按国家统一规定发给的补贴、津贴。

（6）福利费、抚恤金、救济金。

（7）个人转让上市公司股票取得的所得。

（8）保险赔款。

（9）按照国家统一规定发给干部、职工的安家费、退职费、退休工资、离休工资、离休生活补助费。

【例 22】（多选 · 2020）下列个人所获得的收入，属于免征个人所得税的有（　　）。

A. 保险理赔金额 5 000 元

B. 商场抽奖所得 500 元

C. 单张发票中奖金额 1 000 元

D. 退休工资收入 8 000 元

【解析】保险赔款免征个人所得税，选项 A 当选；商场抽奖所得应全额按照个人所得税法规定的“偶然所得”项目征收个人所得税，选项 B 不当选；单张有奖发票奖金所得不超过 800 元（含 800 元）的，暂免征收个人所得税，个人取得单张有奖发票奖金所得超过 800 元的，应全额按照个人所得税法规定的“偶然所得”项目征收个人所得税，选项 C 不当选；退休工资免征个人所得税，选项 D 当选。

例题答案：
【例 22】AD

二、减征个人所得税的优惠

有下列情形之一的，可以减征个人所得税，具体幅度和期限，由省、自治区、直辖市人民政府规定，并报同级人民代表大会常务委员会备案：

（1）残疾、孤老人员和烈属的所得；

（2）因自然灾害遭受重大损失的；

（3）国务院可以规定其他减税情形，报全国人民代表大会常务委员会备案。

专题二 土地增值税法

土地增值税是对有偿转让国有土地使用权及地上建筑物和其他附着物产权，取得增值收入的单位和个人征收的一种税。征收土地增值税增强了政府对房地产开发和交易市场的调控，有利于抑制炒买炒卖土地获取暴利的行为，也增加了国家财政收入。

知识点 1 纳税义务人与征税范围

一、纳税义务人

土地增值税的纳税义务人是转让国有土地使用权、地上建筑物及其附着物并取得收入的单位和个人。

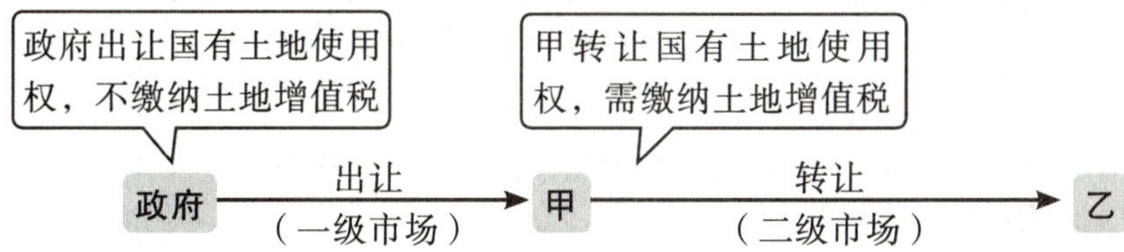

二、征税范围

（一）基本征税范围

土地增值税是对转让国有土地使用权及其地上建筑物和附着物的行为征税。

征税	（1）转让国有土地使用权； （2）地上的建筑物及其附着物连同国有土地使用权一并转让； （3）存量房地产的买卖
不征税	（1）国有土地使用权出让行为； （2）未转让产权的行为，如房地产的出租、代建房产行为、重新评估增值等

（二）特殊征税范围及税收优惠

有关事项	具体规定	征税情况
继承	被继承人并没有因为权属变更而取得任何收入	不征
赠与	公益性赠与、赠与直系亲属或承担直接赡养义务人	不征
	非公益性赠与	应征
房地产抵押	抵押期间、抵押期满偿还债务本息	不征
	抵押期满，不能偿还债务，而以房地产抵债发生房地产权属转让	应征
房地产交换	单位之间换房	应征
	个人之间互换自有居住用房	免征
合作建房	建成后按比例分房自用	暂免
	建成后转让	应征
建造普通标准住宅出售	增值额未超过扣除项目金额20%的	免征
	增值额超过扣除项目金额20%的	应征
企事业单位、社会团体以及其他组织转让旧房作为改造安置住房或公租房房源	增值额未超过扣除项目金额20%的	免征
因国家建设需要依法征用、收回的房地产	—	免征
因城市规划、国家建设需要而搬迁，由纳税人自行转让原房地产	—	免征
个人销售住房	—	暂免

【例1】（单选·2020）根据土地增值税的相关规定，属于土地增值税的征税范围的是（　　）。

A. 房地产的继承　　　　B. 房地产重新评估

C. 房地产出租　　　　D. 合作建房后转让

【解析】对于一方出地，一方出资金，双方合作建房，建成后按比例分房自用的，暂免征收土地增值税；建成后转让的，属于土地增值税的征税范围，应征收土地增值税，选项D当选。

例题答案：
【例1】D

【例 2】（单选）根据土地增值税法律制度的规定，下列各项中，不属于土地增值税免税项目的是（　　）。

A. 居民个人转让住房

B. 因国家建设需要被政府批准收回的土地使用权

C. 企业出售闲置办公用房

D. 因城市规划需要而搬迁，由纳税人自行转让原房地产

【解析】企业出售闲置办公用房，属于转让旧房的范畴，需按照相关规定计算缴纳土地增值税，选项 C 当选。

知识点 2　税率——四级超率累进税率

级数	增值额与扣除项目金额的比率	税率（%）	速算扣除系数（%）
1	不超过 50% 的部分	30	0
2	超过 50% ~ 100% 的部分	40	5
3	超过 100% ~ 200% 的部分	50	15
4	超过 200% 的部分	60	35

知识点 3　计税依据与应纳税额的计算

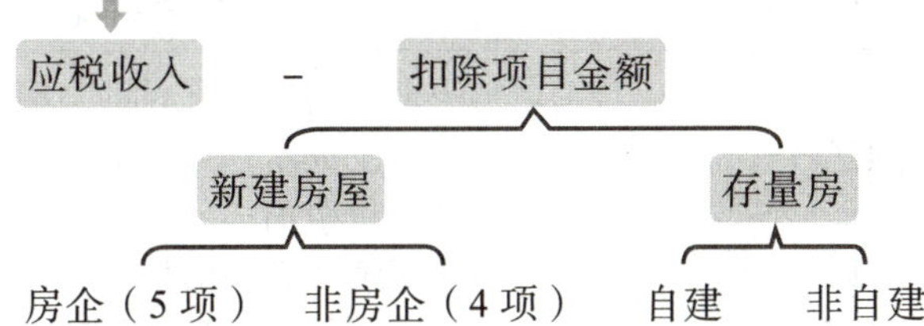

一、计税依据

（一）应税收入

1. 基本确认原则

应税收入包括货币收入、实物收入和其他收入。

【提示】收入应当是不含增值税的收入，若含税应该剔除增值税。

2. 土地增值税清算应税收入的确认

（1）一般情形下销售房地产应税收入的确认。

①已全额开具商品房销售发票的，按照发票所载金额确认收入。

例题答案：
【例 2】C

笔记区

②未开具发票或未全额开具发票的，以交易双方签订的销售合同所载的售房金额及其他收益确认收入。销售合同所载商品房面积与有关部门实际测量面积不一致，在清算前已发生补、退房款的，应在计算土地增值税时予以调整。

（2）房地产开发项目的销售行为跨越“营改增”前后的，按以下方法确定土地增值税应税收入：

土地增值税清算应税收入 =“营改增”前转让房地产取得的收入 +“营改增”后转让房地产取得的不含增值税收入

（3）视同销售房地产应税收入的确认。

房地产开发企业将开发产品用于职工福利、奖励、对外投资、分配给股东或投资人、抵偿债务、换取其他单位和个人的非货币性资产等，发生所有权转移时应视同销售房地产，其收入按下列方法和顺序确认：

①按本企业在同一地区、同一年度销售的同类房地产的平均价格确定。

②由主管税务机关参照当地当年、同类房地产的市场价格或评估价值确定。

（4）房地产开发企业将开发的部分房地产转为企业自用或用于出租等商业用途时，如果产权未发生转移，不征收土地增值税，在税款清算时不列收入，不扣除相应的成本和费用。

（二）扣除项目

按转让项目的类别不同，准予扣除项目归纳如下：

转让项目的类别	扣除项目
新建房地产转让 （房地产企业：5 项； 非房地产企业：4 项）	（1）取得土地使用权所支付的金额； （2）房地产开发成本； （3）房地产开发费用； （4）与转让房地产有关的税金； （5）其他扣除项目（仅适用于房地产企业）
存量房地产转让 （3 项）	（1）旧房及建筑物的评估价格； （2）取得土地使用权所支付的地价款和按国家统一规定缴纳的有关费用； （3）转让环节缴纳的税金
直接转让土地使用权 （2 项）	（1）取得土地使用权所支付的地价款和按国家统一规定缴纳的有关费用； （2）转让环节缴纳的税金

二、应纳税额的计算

土地增值税应纳税额的计算步骤及公式：

计算步骤	步骤详解
第一步	计算收入总额（不含增值税）
第二步	计算扣除项目合计数
第三步	计算增值额 = 不含税收入 – 扣除项目
第四步	计算增值率 = 增值额 ÷ 扣除项目 ×100%
第五步	计算应纳税额 = 增值额 × 适用税率 – 扣除项目 × 速算扣除系数

（一）房地产开发企业转让新建房地产应纳税额的计算

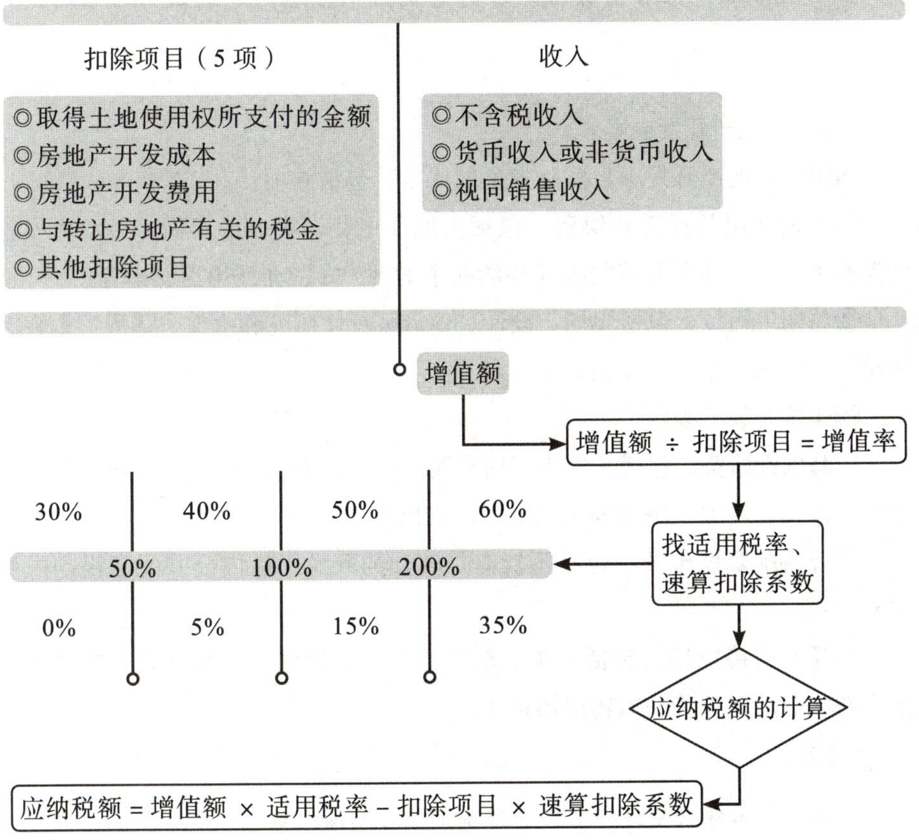

1. 收入的确定

（1）计算如下：

简易计税方法：含税收入 ÷（1+5%）

一般计税方法：含税收入 –（含税收入 – 地价款）÷（1+9%）×9%

（2）视同销售收入。

笔记区

2. 准予扣除的项目

（1）取得土地使用权所支付的金额，包括：

①纳税人为取得土地使用权所支付的地价款；

②纳税人在取得土地使用权时按国家统一规定缴纳的有关费用（包括契税等）。

名师点睛

纳税人取得土地使用权时支付的金额，并不一定全部作为扣除项目，可能需要进行多次分配计入本期扣除项目。

第一次分配：根据开发部分占购进土地的比例进行分配。

第二次分配：根据新建房占地面积占开发土地总面积的比例进行分配。

第三次分配：根据销售新建房的建筑面积占总的建筑面积的比例进行分配。

（2）房地产开发成本。

纳税人房地产开发项目实际发生的成本，包括6项：

①土地征用及拆迁补偿费，包括土地征用费、耕地占用税、劳动力安置费及有关地上、地下附着物拆迁补偿的净支出、安置动迁用房支出等；

②前期工程费，包括规划、设计、项目可行性研究和水文、地质、勘察、测绘、“三通一平”等支出；

③建筑安装工程费；

④基础设施费，包括开发小区内道路、供水、供电、供气、排污、排洪、通信、照明、环卫、绿化等工程发生的支出；

⑤公共配套设施费，包括不能有偿转让的开发小区内公共配套设施发生的支出；

⑥开发间接费用，包括工资、职工福利费、折旧费、修理费、办公费、水电费、劳动保护费、周转房摊销等。

名师点睛

开发成本同样需要进行多次分配确定准予扣除金额：

第一次分配：根据完工面积占开发面积的比例进行分配；

第二次分配：根据销售面积占完工面积的比例进行分配。

【提示 1】开发成本、费用中特殊规定：

公共设施	建成后产权属于全体业主所有的	成本、费用可以扣除
	建成后无偿移交给政府、公用事业单位用于非营利性社会公共事业的	成本、费用可以扣除
	建成后有偿转让的	应计算收入，并准予扣除成本、费用
房地产开发企业的特殊费用	房地产开发企业销售已装修的房屋	装修费用可以计入房地产开发成本
	预提费用	除另有规定外，不得扣除
质保金、拆迁补偿费	扣留的质保金	开具发票，按发票所载金额予以扣除
		未开具发票，不得计算扣除
	房地产开发企业支付给回迁户的补差价款	符合规定的计入拆迁补偿费（属于开发成本）
	回迁户支付给房地产开发企业的补差价款	抵减本项目拆迁补偿费

【提示 2】核定四项开发成本的单位面积金额标准，据以计算扣除：

①内容：前期工程费、建筑安装工程费、基础设施费、开发间接费用；

②核定的原因：凭证或资料不符合清算要求或不实；

③核定机关：省税务机关。

（3）房地产开发费用——期间费用。

关键取决于财务费用中的利息，分两种情况计算扣除：

两种情况：

- 能够按转让房地产项目计算分摊利息支出，并能提供金融机构的贷款证明的 ⇒ 房地产开发费用 = 利息 +（取得土地使用权所支付的金额 + 房地产开发成本）× 5% 以内
- 不能按转让房地产项目计算分摊利息支出，或不能提供金融机构贷款证明的 ⇒ 房地产开发费用 =（取得土地使用权所支付的金额 + 房地产开发成本）× 10% 以内

名师点睛

（1）利息注意三点：

①能提供金融机构证明；

②不包括加息、罚息；

③不能超过按商业银行同类同期贷款利率计算的金额。

（2）注意配比原则，前三项扣除与销售面积匹配。

【例3】（单选）某市甲生产企业（增值税一般纳税人）2021年8月取得一块土地使用权，支付地价款200万元、相关税费8万元，委托建筑公司建造房产，支付工程价款150万元，为开发房地产向银行借款，支付借款利息80万元，该利息支出不能够提供银行贷款证明，已知，房地产开发费用的扣除比例为8%，则该企业计算土地增值税时，下列计算准予扣除的房地产开发费用列式中，正确的是（　　）。

A. 80+（200+8+150）×8%=108.64（万元）

B. 80+（200+150）×8%=108（万元）

C.（200+150）×8%=28（万元）

D.（200+8+150）×8%=28.64（万元）

【解析】纳税人不能按转让房地产项目计算分摊利息支出或不能提供金融机构贷款证明的，房地产开发费用=（取得土地使用权所支付的金额+房地产开发成本）×10%以内，本题中房地产开发费用=（200+8+150）×8%=28.64（万元）。

（4）与转让房地产有关的税金。

在转让房地产时缴纳的城市维护建设税、印花税和教育费附加（视同税金）。

【提示1】房地产开发企业只有城市维护建设税、教育费附加可以在“与转让房地产有关的税金”中扣除。

【提示2】“营改增”后，房地产开发企业实际缴纳的城市维护建设税、教育费附加，凡能够按清算项目准确计算的，允许据实扣除；凡不能按清算项目准确计算的，则按该清算项目预缴增值税时实际缴纳的城市维护建设税和教育费附加扣除。

（5）其他扣除项目。

加计扣除费用=（取得土地使用权支付的金额+房地产开发成本）×20%

【提示1】仅适用于房地产开发企业转让新建房地产。

【提示2】除另有规定外，扣除取得土地使用权所支付的金额、房地产开发成本、费用及与转让房地产有关税金，须提供合法有效凭证；不能提供合法有效凭证的，不予扣除。

【例4】（单选）下列选项中，在计算土地增值税时，不能扣除的是（　　）。

例题答案：
【例3】D

A. 取得土地支付的地价款　　　　B. 建设费用

C. 允许抵扣的增值税　　　　　　D. 拆迁土地支付的补偿款

【解析】取得土地支付的地价款属于取得土地使用权所支付的金额，允许扣除，选项A不当选；建设费用、拆迁土地支付的补偿款属于房地产开发成本，选项B、选项D不当选；允许抵扣的增值税，不计入土地增值税扣除项目，选项C当选。

【例5】（计算问答·2022）2019年7月，某市税务机关拟对辖区内某房地产开发公司开发的房产项目进行土地增值税清算。该房地产开发公司提供该房产开发项目的资料如下：

（1）2015年1月以8 000万元拍得用于该房地产开发项目的一宗土地，并缴纳契税，因闲置1年，支付土地闲置费400万元。

（2）2016年1月开始动工建设，发生开发成本5 000万元；银行贷款凭证显示利息支出1 000万元。

（3）2019年6月项目已销售可售建筑面积的80%，共计取得不含税收入20 000万元；可售建筑面积的20%投资入股某酒店，约定共担风险、共享收益。

（4）公司已按照3%的预征率预缴了土地增值税600万元，并聘请税务中介机构对该项目土地增值税进行审核鉴证。税务中介机构提供了鉴证报告。

（其他相关资料：当地适用的契税税率为5%，省级政府规定计算土地增值税时可以扣除地方教育附加，其他开发费用的扣除比例为5%；此题暂不考虑印花税；该房地产企业选择简易计税方法计算增值税）

要求：根据上述资料，按照下列序号计算回答问题，如有计算需计算出合计数。

（1）简要说明税务机关要求该公司进行土地增值税清算的理由。

（2）计算该公司清算土地增值税时允许扣除的土地使用权支付金额。

（3）计算该公司清算土地增值税时允许扣除的税金及附加。

（4）计算该公司清算土地增值税时补缴的土地增值税。

（5）回答税务机关能否对清算补缴的土地增值税征收滞纳金，简要说明理由。

（6）回答税务机关对税务中介机构出具的鉴证报告，在什么条件下可以采信。

【答案】

（1）理由：房地产公司直接销售可售建筑面积已达到80%，剩余20%部分对外投资视同销售，即已完成全部销售，应进行土地增值税清算。

例题答案：
【例4】C

笔记区

（2）允许扣除的土地使用权支付金额 =8 000×（1+5%）=8 400（万元）

（3）收入合计 =20 000÷80%×（20%+80%）=25 000（万元）

应缴纳的增值税 =25 000×5%=1 250（万元）

允许扣除的城市维护建设税、教育费附加和地方教育附加 =1 250×（7%+3%+2%）=150（万元）

（4）允许扣除的项目金额合计 =8 400+5 000+1 000+（8 400+5 000）×5%+150+（8 400+5 000）×20%=17 900（万元）

增值率 =（25 000−17 900）÷17 900×100%=39.66%

应缴纳的土地增值税 =（25 000−17 900）×30%=2 130（万元）

补缴的土地增值税 =2 130−600=1 530（万元）

（5）不加收滞纳金。

理由：纳税人按规定预缴土地增值税后，清算补缴的土地增值税，在主管税务机关规定的期限内补缴的，不加收滞纳金。

（6）税务中介机构受托对清算项目进行审核鉴证时，应按税务机关规定的格式对审核鉴证情况出具鉴证报告。对符合要求的鉴证报告，税务机关可以采信。

（二）转让自建存量房取得评估价格情形下应纳税额的计算

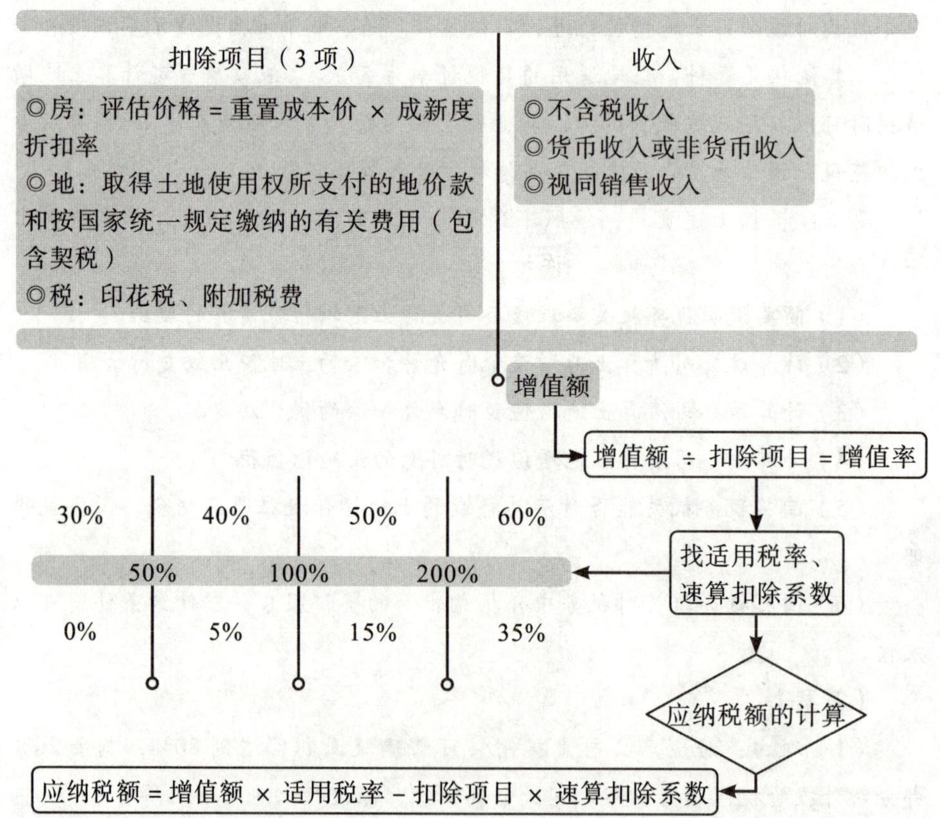

1. 收入的确定

简易计税方法：含税收入 ÷（1+5%）

一般计税方法：含税收入 ÷（1+9%）

2. 扣除项目的确定

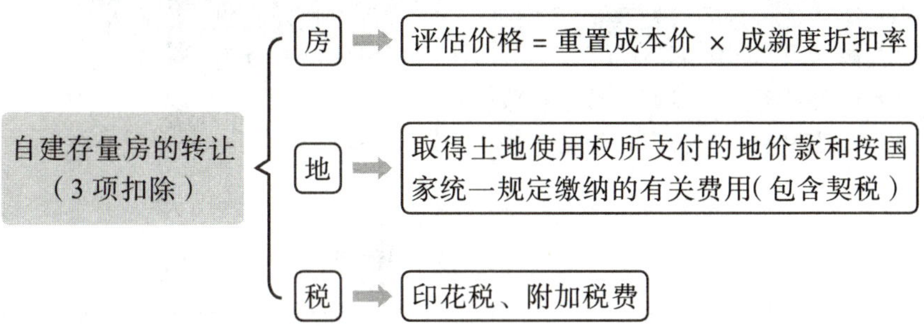

【提示】重置成本的含义：对旧房及建筑物，按转让时的建材价格及人工费用计算，建造同样面积、同样层次、同样结构、同样建设标准的新房及建筑物所需花费的成本费用。

【例 6】（计算问答 · 2018）某药厂 2018 年 7 月 1 日转让其位于市区的一栋办公楼。取得不含增值税销售收入 24 000 万元。2010 年建造办公楼时，为取得土地使用权交付金额 6 000 万元，发生建造成本 8 000 万元。转让时经政府批准的房地产评估机构评估后，确定该办公楼的重置成本价为 16 000 万元，成新度折扣率为 60%，允许扣除的有关税金及附加 1 356 万元。

要求：根据上述资料，按照下列序号回答问题，如有计算需计算出合计数。

（1）回答药厂办理土地增值税纳税申报的期限。

（2）计算土地增值税时该企业办公楼的评估价格。

（3）计算土地增值税时允许扣除项目金额的合计数。

（4）计算转让办公楼应缴纳的土地增值税。

【答案】

（1）在签订房地产转让合同的 7 日内，向房地产所在地主管税务机关办理纳税申报。

（2）评估价格 = 重置成本价 × 成新度折扣率 =16 000 × 60%=9 600（万元）

（3）扣除金额合计数 = 评估价格 + 地价款 + 相关税费 =9 600+6 000+1 356=16 956（万元）

（4）增值额 =24 000−16 956=7 044（万元）

增值率 = 增值额 ÷ 扣除项目金额 =7 044 ÷ 16 956 × 100%=41.54%

适用税率为 30%，速算扣除系数为 0。

应缴纳的土地增值税 =7 044 × 30%=2 113.2（万元）

（三）转让非自建存量房不能取得评估价格情形下应纳税额的计算

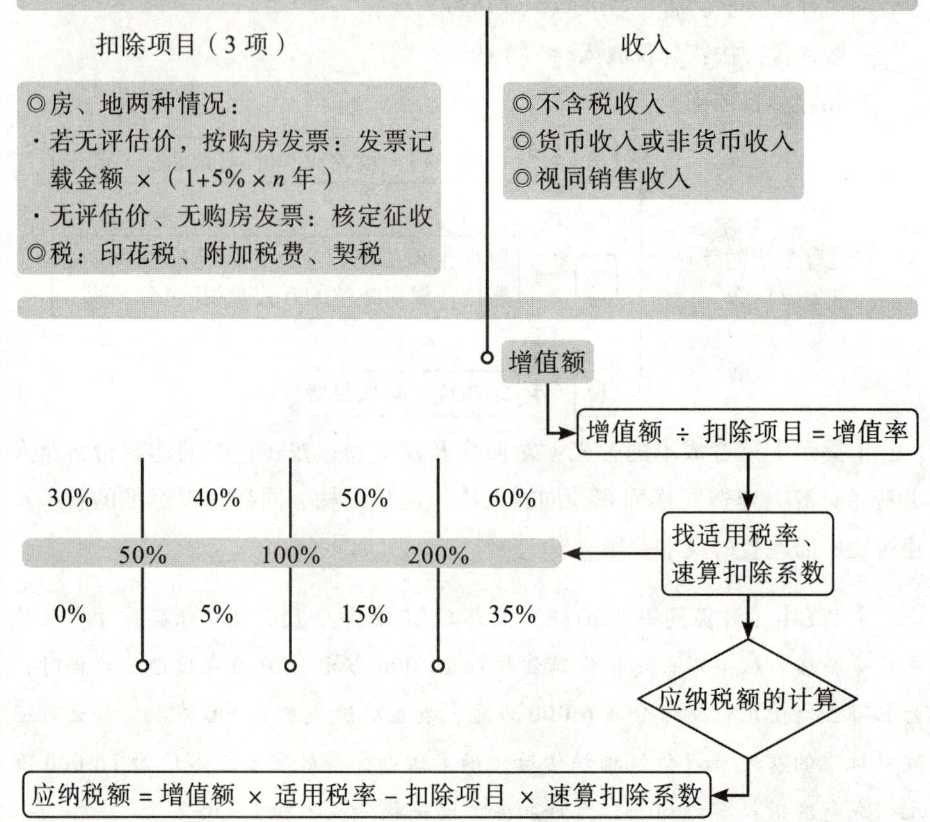

【**提示**】n 表示年数，计算方法为：按购房发票所载日期起至售房发票开具之日止计算年数，每满 12 个月计一年；超过一年，未满 12 个月但超过 6 个月的，可以视同为一年。

1. 收入的确定

简易计税方法：含税收入 –［（含税收入 – 原价）÷（1+5%）× 5%］

一般计税方法：含税收入 ÷（1+9%）

2. 扣除项目的确定

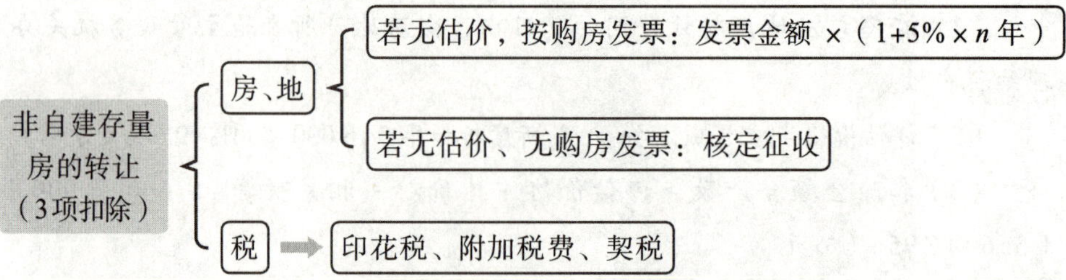

【**提示 1**】对纳税人购房时缴纳的契税，凡能提供契税完税凭证的，准予作为“与转让房地产有关的税金”予以扣除，但不作为加计 5% 的基数。

【提示2】纳税人有下列情形之一的，则按照房地产评估价格计算征收土地增值税：

（1）隐瞒、虚报房地产成交价格的；

（2）提供扣除项目金额不实的；

（3）转让房地产的成交价格低于房地产评估价格，又无正当理由的；

（4）旧房及建筑物的转让。

【例7】（单选）2021年1月甲公司转让办公楼，取得不含增值税收入550万元。该办公楼2017年1月购入，购房发票注明不含增值税价格为400万元，购房时缴纳契税16万元并取得完税凭证。甲公司转让该办公楼不能取得评估价格，在计算土地增值税时允许扣除的相关税费为5万元。计算甲公司转让该办公楼增值额的下列算式中，正确的是（　　）。

A. 550-（400+16）×（1+4×5%）=50.8（万元）

B. 550-400-16-5=129（万元）

C. 550-400-5=145（万元）

D. 550-［400×（1+4×5%）+16+5］=49（万元）

【解析】转让旧房不能取得评估价格但能提供购房发票的，经当地税务部门确认，可按发票所载金额并从购买年度起至转让年度止每年加计5%计算扣除；对纳税人购房时缴纳的契税，凡能提供契税完税凭证的，准予作为“与转让房地产有关的税金”予以扣除，但不作为加计5%的基数，增值额=转让收入－扣除项目=550-［400×（1+4×5%）+16+5］=49（万元）。

知识点4　房地产开发企业土地增值税清算

一、基本规定

项目	具体规定
概念	指纳税人在符合土地增值税清算条件后，依照税收法律、法规及土地增值税有关政策的规定，计算房地产开发项目应缴纳的土地增值税税额，并填写土地增值税清算申报表，向主管税务机关提供有关资料，办理土地增值税清算手续，结清该房地产项目应缴纳土地增值税税款的行为
清算单位	（1）以国家有关部门审批的房地产开发项目为单位进行清算； （2）对于分期开发的项目，以分期项目为单位进行清算

例题答案：
【例7】D

续 表

项目		具体规定
清算条件	纳税人应当进行清算	（1）房地产开发项目全部竣工、完成销售的； （2）整体转让未竣工决算房地产开发项目的； （3）直接转让土地使用权的
	主管税务机关可以要求纳税人进行清算	（1）已竣工验收的房地产开发项目，已转让的房地产建筑面积占整个项目可售建筑面积的比例在85%以上，或该比例虽未超过85%，但剩余的可售建筑面积已经出租或自用的； （2）取得销售（预售）许可证满3年仍未销售完毕的； （3）纳税人申请注销税务登记但未办理土地增值税清算手续的； （4）省税务机关规定的其他情况
清算时间	（1）对应当进行清算的项目，纳税人应当在满足条件之日起90日内到主管税务机关办理清算手续； （2）对于主管税务机关可以要求纳税人进行清算且主管税务机关已经确定需要清算的项目，纳税人应当在接到主管税务机关下发的清算通知之日起90日内到主管税务机关办理清算手续	
清算后再转让	在土地增值税清算时未转让的房地产，清算后销售或有偿转让的，纳税人应按规定进行土地增值税的纳税申报，扣除项目金额按清算时的单位建筑面积成本费用乘以销售或转让面积计算。 **【提示】**单位建筑面积成本费用＝清算时的扣除项目总金额 ÷ 清算的总建筑面积	

【例8】（单选·2018）下列情形中，纳税人应当进行土地增值税清算的是（　　）。

A. 直接转让土地使用权的

B. 取得销售许可证满一年仍未销售完毕的

C. 房地产开发项目尚未竣工但已销售面积达到50%的

D. 转让未竣工结算房产开发项目50%股权的

【解析】符合下列情形之一的，纳税人应进行土地增值税的清算：（1）房地产开发项目全部竣工，完成销售的；（2）整体转让未竣工决算房地产开发项目的；（3）直接转让土地使用权的（选项A当选）。

二、土地增值税核定征收（五个情形之一）

（1）依照法律、行政法规的规定应当设置但未设置账簿的。

（2）擅自销毁账簿或者拒不提供纳税资料的。

例题答案：
【例8】A

（3）虽设置账簿，但账目混乱或成本资料、收入凭证、费用凭证残缺不全，难以确定转让收入或扣除项目金额的。

（4）符合土地增值税清算条件，未按照规定期限办理清算手续，经税务机关责令限期清算，逾期仍不清算的。

（5）申报的计税依据明显偏低，又无正当理由的。

三、土地增值税清算后应补缴的土地增值税是否加收滞纳金

纳税人按规定预缴土地增值税后，清算补缴的土地增值税，在主管税务机关规定的期限内补缴的，不加收滞纳金。

知识点5　征收管理

一、土地增值税的预征

除保障性住房外，东部地区省份预征率不得低于2%，中部地区和东北地区省份不得低于1.5%，西部地区省份不得低于1%。

二、纳税地点

房地产所在地主管税务机关，具体情况分为两种：

纳税人类型	纳税地点
法人纳税人	转让的房地产坐落地与机构所在地或经营所在地一致时：办理税务登记的原管辖税务机关
	转让的房地产坐落地与机构所在地或经营所在地不一致时：房地产坐落地所管辖的税务机关
自然人纳税人	转让的房地产坐落地与居住所在地一致时：住所所在地税务机关
	转让的房地产坐落地与居住所在地不一致时：房地产坐落地的税务机关

三、纳税申报时间

土地增值税的纳税人应在签订房地产转让合同后的7日内，到房地产所在地主管税务机关办理纳税申报。

专题三　资源税法

资源税是对在我国领域和管辖的其他海域开发应税资源的单位和个人课征的一种税，属于对自然资源开发课税的范畴。

知识点1　纳税义务人

在中华人民共和国领域及管辖的其他海域开发应税资源的单位和个人。

名师点睛

（1）资源税进口不征、出口不退。

（2）纳税环节：单一环节纳税。

①开采后直接销售：开采环节。

②开采后经生产加工再销售：生产销售环节。

③纳税人自用应税产品（应视同销售缴纳资源税）：移送环节。

【提示】应视同销售缴纳资源税的具体情形：纳税人以应税产品用于非货币性资产交换、捐赠、偿债、赞助、集资、投资、广告、样品、职工福利、利润分配或连续生产非应税产品等。

（3）纳税人开采或生产应税产品自用于连续生产应税产品的，不缴纳资源税。但对于生产非应税产品的，应该在移送环节纳税。

【例1】（单选·2022）下列企业中，属于资源税纳税人的是（　　）。

A. 进口铁矿石的钢铁企业

B. 出口铝土矿的商贸企业

C. 购买洗选煤的发电企业

D. 开采矿泉水的饮料企业

【解析】进口铁矿石不征资源税，选项A不当选；出口铝土矿的商贸企业、购买洗选煤的发电企业均不是开采应税资源的单位，不属于资源税纳税人，选项B、选项C不当选；矿泉水属于应税资源，开采矿泉水的饮料企业属于资源税纳税人，选项D当选。

例题答案：

【例1】D

知识点2 税目与税率

一、税目

资源税税目包括5大类，在5个税目下面又设有若干个子目。资源税法所列的税目有164个，涵盖了所有已经发现的矿种和盐。

税目	子目	征税对象
能源矿产	原油（不包括人造石油）；天然气（增值税税率9%）、页岩气、天然气水合物；煤；煤成（层）气；铀、钍；油页岩、油砂、天然沥青、石煤；地热	原矿〔原油、天然气、煤成（层）气、铀、地热等〕；原矿或选矿（煤、油页岩等）
金属矿产	黑色金属、有色金属	原矿或选矿；选矿（钨、钼、轻稀土、中重稀土）
非金属矿产	矿物类、岩石类、宝玉石类	原矿或选矿
水气矿产	二氧化碳气、硫化氢气、氦气、氡气；矿泉水	原矿
盐	钠盐、钾盐、镁盐、锂盐	选矿
	天然卤水	原矿
	海盐	—

【提示1】纳税人以自采原矿直接销售或自用于应当缴纳资源税情形的，应该按照原矿征税。

【提示2】纳税人以自采原矿洗选加工为选矿产品销售，或者将选矿产品自用于应当缴纳资源税的情形，按照选矿产品计征资源税，在原矿移送环节不缴纳资源税。

【提示3】对于无法区分原生岩石矿种的粒级成型砂石颗粒，按照砂石税目征收资源税。

【例2】（多选）下列各项中，属于资源税征税范围的有（　　）。

A. 盐类　　B. 能源矿产

C. 非金属矿产　　D. 水气矿产

【解析】选项A、选项B、选项C、选项D均属于资源税征税范围。

【例3】（多选·2022）下列属于资源税征税范围，应计算缴纳资源税的有（　　）。

A. 人造石油　　B. 玉石

例题答案：
【例2】ABCD

笔记区

C. 地热　　　　　　　　　　　　　　D. 矿泉水

【解析】资源税的征税范围包括原油，不包括人造石油，选项A不当选。

二、税率

资源税法按原矿、选矿分别设定税率。资源税主要采用比例税率，部分应税资源采用幅度比例税率或幅度定额税率。

税率形式		适用对象
固定税率	固定比例税率	原油、天然气、中重稀土、钨、钼等战略物资
幅度税率	幅度比例税率	煤、煤成（层）气、石墨等
	幅度比例或幅度定额税率	地热、石灰岩、其他粘土、砂石、矿泉水、天然卤水

【提示】实行幅度税率的应税资源，其具体适用税率由省、自治区、直辖市人民政府在规定的税率幅度内提出，报同级人民代表大会常务委员会决定，并报全国人民代表大会常务委员会和国务院备案。

名师点睛

从高适用税率的情形：

（1）纳税人开采或者生产不同税目应税产品的，应当分别核算；未分别核算或者不能准确提供不同税目应税产品的销售额或者销售数量的，从高适用税率。

（2）纳税人开采或者生产同一税目下适用不同税率应税产品的，应当分别核算；未分别核算或者不能准确提供不同税率应税产品的销售额或者销售数量的，从高适用税率。

知识点3　应纳税额计算

资源税适用从价为主、从量为辅的征税方式。

计税方法	计税依据	应纳税额
从价计征	销售额	销售额（不含增值税）× 税率
从量计征	销售数量	销售数量 × 单位税额 【提示】销售数量 = 实际销售数量 + 视同销售的自用数量

例题答案：
【例3】BCD

一、从价计征

（一）销售额的基本规定

资源税应税产品（以下简称应税产品）的销售额，按照纳税人销售应税产品向购买方收取的全部价款确定，不包括增值税税款。

【提示】计入销售额中的相关运杂费用，凡是取得增值税发票或者其他合法票据的，准予从销售额中扣除；无法取得票据的，应作为资源税的计税依据征收资源税。

相关运杂费用是指应税产品从坑口或者洗选（加工）地到车站、码头或者购买方指定地点的运输费用、建设基金以及随运销产生的装卸、仓储、港杂费用。

（二）特殊情形下销售额的确定

纳税人申报的应税产品销售额明显偏低且无正当理由的，或有自用应税产品行为而无销售额的，主管税务机关可以按下列方法和顺序确定其应税产品销售额：

（1）按纳税人最近时期同类产品的平均销售价格确定；

（2）按其他纳税人最近时期同类产品的平均销售价格确定；

（3）按后续加工非应税产品销售价格，减去后续加工环节的成本利润后确定；

（4）按应税产品组成计税价格确定：

组成计税价格 = 成本 ×（1 + 成本利润率）÷（1– 资源税税率）

【提示 1】上述公式中的成本利润率由省、自治区、直辖市税务机关确定。

【提示 2】应税资源产品价格与税金的关系：资源税属于价内税。

（5）按其他合理方法确定。

二、从量计征

应税产品的销售数量，包括纳税人开采或者生产应税产品的实际销售数量和自用于应当缴纳资源税情形的应税产品数量。

三、外购应税产品购进金额、购进数量的扣减

纳税人外购应税产品与自采应税产品混合销售或者混合加工为应税产品销售的，在计算应税产品销售额或者销售数量时，准予扣减外购应税产品的购进金额或者购进数量；当期不足扣减的，可结转下期扣减。纳税人应当准确核算外购应税产品的购进金额或者购进数量，未准确核算的，一并计算缴纳资源税。

（一）混合销售

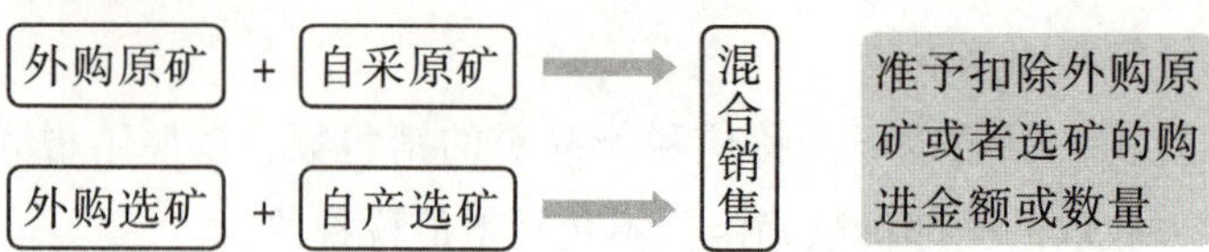

应纳税额 =［应税产品销售额（数量）－外购原矿或选矿产品购进金额（数量）］× 原矿或选矿产品税率（单位税额）

（二）混合洗选加工

方法一：准予扣减的外购应税产品购进金额（数量）= 外购原矿购进金额（数量）×（本地区原矿适用税率 ÷ 本地区选矿产品适用税率）

应纳税额 =［混产后选矿销售额（数量）－准予扣减的外购应税产品购进金额（数量）］× 本地区选矿产品适用税率

方法二：应纳税额 = 混产后选矿销售额（数量）× 本地区选矿产品适用税率－外购原矿购进金额（数量）× 本地区原矿适用税率

【提示】纳税人核算并扣减当期外购应税产品购进金额、购进数量时，应当将外购应税产品的增值税发票、海关进口增值税专用缴款书或者其他合法有效凭据作为扣减依据。

【例 4】（单选·2021）某煤炭开采企业为增值税一般纳税人，2021 年 6 月销售原煤向购买方收取全部价款 500 万元，其中销售额 450 万元、从坑口到购买方指定地点的运输费用 40 万元、装卸费用 10 万元，均已取得合法有效凭证。另将外购原煤与自采原煤混合销售取得销售额 460 万元，外购原煤增值税专用发票注明金额 200 万元。上述价款均不含增值税，当地原煤资源税税率 8%。该企业当月应缴纳资源税（　　）万元。

A. 57.6　　B. 72.8

C. 76.8　　D. 56.8

【解析】该企业当月应缴纳资源税 =（500−40−10）×8% +（460−200）×8%=56.8（万元）。

例题答案：

【例 4】D

知识点4 税收优惠

一、免征

（1）开采原油以及油田范围内运输原油过程中用于加热的原油、天然气；

（2）煤炭开采企业因安全生产需要抽采的煤成（层）气；

（3）对青藏铁路公司及其所属单位运营期间自采自用的砂、石等材料免征资源税。

二、减征

（1）从低丰度油气田开采的原油、天然气，减征20%资源税；

（2）高含硫天然气、三次采油和从深水油气田开采的原油、天然气，减征30%资源税；

（3）从衰竭期矿山开采的矿产品，减征30%资源税；

（4）自2018年4月1日至2027年12月31日，对页岩气资源税按6%的规定税率减征30%；

（5）稠油、高凝油减征40%资源税；

（6）自2014年12月1日至2027年12月31日，对充填开采置换出来的煤炭，资源税减征50%；

（7）自2023年1月1日至2027年12月31日，对增值税小规模纳税人、小型微利企业和个体工商户减半征收资源税（不含水资源税）。

三、可由省、自治区、直辖市人民政府决定的减税或者免税

有下列情形之一的，省、自治区、直辖市人民政府可以决定减税或者免税：

（1）纳税人开采或者生产应税产品过程中，因意外事故或者自然灾害等原因遭受重大损失的。

（2）纳税人开采共伴生矿、低品位矿、尾矿。

【提示】上述两项免征或者减征的具体办法，由省、自治区、直辖市人民政府提出，报同级人民代表大会常务委员会决定，并报全国人民代表大会常务委员会和国务院备案。

四、其他减税、免税

纳税人开采或者生产同一应税产品，其中既有享受减免税政策的，又有不享受减免税政策的，按照免税、减税项目的产量占比等方法分别核算确定

免税、减税项目的销售额或者销售数量。

纳税人开采或者生产同一应税产品同时符合两项或者两项以上减征资源税优惠政策的，除另有规定外，只能选择其中一项执行。

纳税人享受资源税优惠政策，实行“自行判别、申报享受、有关资料留存备查”的办理方式，另有规定的除外。纳税人对资源税优惠事项留存材料的真实性和合法性承担法律责任。

【例 5】（多选）根据资源税法律制度的规定，下列各项中，免征资源税的有（　　）。

A. 开采原油过程中用于加热的原油、天然气

B. 开采后出口的原油、天然气

C. 因安全生产需要抽采的煤成（层）气

D. 开采后自用的煤成（层）气

【解析】凡在我国境内开采的应税资源，无论自用还是出口，均需要在我国缴纳资源税，选项 B、选项 D 不当选。

【例 6】（单选 · 2018）下列关于矿产资源享受资源税减征优惠的说法中，正确的是（　　）。

A. 低丰度油气田减征 30% 资源税

B. 稠油、高凝油减征 30% 资源税

C. 对纳税人开采销售的未与主矿产品销售额分别核算的共伴生矿减征 50% 资源税

D. 从衰竭期矿山开采的矿产品减征 30% 资源税

【解析】低丰度油气田减征 20% 资源税，选项 A 不当选；稠油、高凝油减征 40% 资源税，选项 B 不当选；纳税人开采共伴生矿可由省、自治区、直辖市人民政府决定减税或者免税，选项 C 不当选。

知识点 5　征收管理

一、纳税义务发生时间

纳税人销售应税产品，纳税义务发生时间为收讫销售款或取得索取销售款凭据的当日；自用应税产品的，纳税义务发生时间为移送应税产品的当天。

例题答案：
【例 5】AC
【例 6】D

二、纳税期限

资源税按月或者按季申报缴纳；不能按固定期限计算缴纳的，可以按次申报缴纳。纳税人按月或者按季申报缴纳的，应当自月度或者季度终了之日起 15 日内，向税务机关办理纳税申报并缴纳税款。

三、纳税地点

纳税人应向矿产品的开采地或者海盐的生产地税务机关申报纳税。

四、征收机关

资源税由税务机关按照资源税法和税收征收管理法的规定征收管理。

海上开采的原油和天然气资源税由海洋石油税务管理机构征收管理。

【例 7】（计算问答·2022）某煤炭企业为增值税一般纳税人，2022 年 6 月发生以下业务：

（1）销售为安全生产需要而抽采的煤层气，取得不含增值税销售额 4 万元。

（2）对外销售自采原煤 3 000 吨，不含增值税价格 700 元 / 吨；将 500 吨自采原煤用于偿债。

（3）将外购 50 万元的原煤（取得增值税专用发票）与自采原煤混合加工为洗选煤销售，开具增值税专用发票取得不含增值税销售额 200 万元，销售合同约定销售额包含从洗选地到码头的运输费用 3 万元、装卸费用 1 万元、港杂费用 1 万元，上述费用均取得增值税专用发票。

（其他相关资料：企业所在地原煤、洗选煤、煤层气资源税税率分别为 6%、3%、1%）

要求：根据上述资料，按照序号回答问题，如有计算需计算出合计数。

（1）计算业务（1）应缴纳的煤层气资源税。

（2）计算业务（2）应缴纳的原煤资源税。

（3）判断业务（3）中相关运杂费用在计算资源税时能否扣除，说明理由。

（4）计算业务（3）应缴纳的洗选煤资源税。

【答案】

（1）业务（1）应缴纳的煤层气资源税为 0 元。

注：煤炭开采企业因安全生产需要抽采的煤成（层）气，免征资源税。

（2）业务（2）应缴纳的原煤资源税 =（3 000 + 500）× 700 ÷ 10 000 × 6%=14.7（万元）

（3）可以扣除。

理由：计入销售额中的相关运杂费用，凡取得增值税发票或者其他合法有效凭据的，准予从销售额中扣除。

（4）准予扣减的外购应税产品购进金额 =50×（6%÷3%）=100（万元）

业务（3）应缴纳的洗选煤资源税 =（200−100−3−1−1）×3%=2.85（万元）

知识点 6　水资源税改革试点实施办法

自 2017 年 12 月 1 日起，北京、天津、山西、内蒙古、河南、山东、四川、陕西、宁夏 9 个省、自治区、直辖市纳入水资源税改革试点，由征收水资源费改为征收水资源税。

一、纳税义务人

除规定情形外，水资源税的纳税人为直接取用地表水、地下水的单位和个人，包括直接从江、河、湖泊（含水库）和地下取用水资源的单位和个人。

二、税率

除中央直属和跨省（区、市）水力发电取用水外，由试点省（区、市）人民政府在规定的最低平均税额基础上，分类确定具体适用税额。

【提示】水资源税按不同取用水性质实行差别税额：

（1）地下水税额要高于地表水；

（2）超采区地下水税额要高于非超采区，严重超采地区的地下水税额要大幅高于非超采地区；

（3）对超计划或超定额用水加征 1 ～ 3 倍，对特种行业从高征税，对超过规定限额的农业生产取用水、农村生活集中式饮水工程取用水从低征税。

三、应纳税额的计算

取水用途	应纳税额
一般取用水	实际取用水量 × 适用税额
采矿和工程建设疏干排水	排水量 × 适用税额
水力发电和火力发电贯流式（不含循环式）冷却取用水	实际发电量 × 适用税额

四、免征与不征

免征	(1)规定限额内的农业生产取用水，免征水资源税； (2)取用污水处理再生水，免征水资源税； (3)除接入城镇公共供水管网以外，军队、武警部队通过其他方式取用水的，免征水资源税； (4)抽水蓄能发电取用水，免征水资源税； (5)采油排水经分离净化后在封闭管道回注的，免征水资源税
不征	(1)农村集体经济组织及其成员从本集体经济组织的水塘、水库中取用水的； (2)家庭生活和零星散养、圈养畜禽饮用等少量取用水的； (3)水利工程管理单位为配置或者调度水资源取水的； (4)为保障矿井等地下工程施工安全和生产安全必须进行临时应急取用（排）水的； (5)为消除对公共安全或者公共利益的危害临时应急取水的； (6)为农业抗旱和维护生态与环境必须临时应急取水的

【例8】（单选·2022）根据《扩大水资源税改革试点实施办法》的规定，下列用水中，应征收水资源税的是（　　）。

A. 为消除对公共利益的危害临时应急取水

B. 工业生产直接从水库取用水

C. 特种行业直接从海洋取用水

D. 矿井为生产安全临时应急取水

【解析】除规定情形外，水资源税的纳税人为直接取用地表水、地下水的单位和个人，包括直接从江、河、湖泊（含水库）和地下取用水资源的单位和个人。取水范围包括水库但不包括海洋，选项B当选。

【例9】（多选）以下各项中，免征水资源税的有（　　）。

A. 规定限额内的农业生产取用水

B. 取用污水处理再生水

C. 抽水蓄能发电取用水

D. 军队、武警部队通过城镇公共供水管网取用水

【解析】下列情形，予以免征或者减征水资源税：

（1）规定限额内的农业生产取用水，免征水资源税；（选项A当选）

（2）取用污水处理再生水，免征水资源税；（选项B当选）

（3）除接入城镇公共供水管网以外，军队、武警部队通过其他方式取用水的，免征水资源税；（选项D不当选）

例题答案：
【例8】B

（4）抽水蓄能发电取用水，免征水资源税；（选项 C 当选）

（5）采油排水经分离净化后在封闭管道回注的，免征水资源税；

（6）财政部、国家税务总局规定的其他免征或者减征水资源税情形。

五、征收管理

项目	具体内容
征管模式	税务征管、水利核量、自主申报、信息共享
纳税义务发生时间	纳税人取用水资源的当日
纳税期限	（1）除农业生产取用水外，水资源税按季或者按月征收，由主管税务机关根据实际情况确定； （2）对超过规定限额的农业生产取用水水资源税可按年征收； （3）不能按固定期限计算纳税的，可以按次申报纳税
申报期限	自纳税期满或者纳税义务发生之日起 15 日内申报纳税
纳税地点	（1）一般情况：生产经营所在地； （2）跨省（区、市）调度的水资源：调入区域所在地。 **【提示】**在试点省份内取用水，其纳税地点需要调整的，由省级财政、税务部门决定

例题答案：

【例 9】ABC

编者备考建议

各位朝着梦想而奋斗的同学，你们好！我是讲授经济法科目的周周老师，非常开心在这里以这种方式和大家见面，相信在我们的共同努力之下，同学们一定能学有所成，在“全国突围赛”中取得非常漂亮的成绩。

大家在学习经济法的过程中，会存在以下的误区与困惑：

一、考前背一背就能考过

在2000年之前，考前背一背经济法也许就能够“低空飞过”，但是这种“临时抱佛脚”的策略不太符合目前重理解、重运用的考试趋势。因此对于绝大多数的同学来说，还是得一步一个脚印，踏踏实实地复习备考，才能顺利通过考试。

二、知识点太多，记不住

经济法考试的目的不是单一地训练大家的“背功”，而是通过学习考试内容锻炼同学们的逻辑思维能力，以提高未来的职业判断功底。所以同学们在学习经济法的过程中一定要理解记忆，将关键法条背后的逻辑梳理清楚，同时将老师在课堂上的举例消化掉，就能更加轻松、高效地记忆。

同学们如果解决了上述误区和困惑，一定会慢慢“爱上”经济法。

在本书中，我为同学们安排了注册会计师考试中的两个核心内容——物权法律制度和合同法律制度。这两部分内容向上可与“基本民事法律制度”相勾稽，向下可与“破产法律制度”相呼应，因此具有非常重要的战略地位。如果同学们能把这两部分内容认真消化掉，后续课程的学习一定会更加顺利。

最后，送大家一句话，共勉：如果你感觉现在很辛苦，说明你正在走上坡路！

周周

专题一 物权法律制度

知识点1 物权法律制度概述

一、物的概念和特点

《民法典》上的物，是指除人的身体之外，凡能为人力所支配，独立满足人类社会生活需要之物。具有如下特点：

（1）有体性。物须具有客观物质性，系属有体物。物是物权的客体，经法律特别规定，权利也可以成为物权的客体。

（2）可支配性。物须能为人力支配并满足人的需要。太阳、星星、月亮不能为人支配，汽车尾气不为人所需要，因此均不属于《民法典》上的物。

（3）在人的身体之外。人是权利主体，不能成为物权客体。不过人体器官脱离人的身体，则可成为物。

二、物的分类

1. 流通物、限制流通物和禁止流通物

分类	定义	举例
流通物	可自由进入市场流通之物	绝大多数的动产、房屋
限制流通物	被法律限制市场流通之物	文物、黄金、药品
禁止流通物	法律禁止流通之物	毒品

2. 不动产和动产

分类	定义	举例
不动产	不可移动，或如移动将损害其价值的物	土地、海域以及房屋、林木等地上定着物
动产	不动产以外的物	桌子、手机、书本、汽车、船舶、航空器

【提示】区分动产与不动产的意义主要在于：物权变动的要求有别，动产以交付为原则，不动产则须登记。即物权公示手段不同。原则上，动产以交付占有为公示手段，不动产则以登记为公示手段。

笔记区

3. 可替代物和不可替代物

分类	定义	举例
可替代物	在交易上依数量、容量或重量而确定的物	书、粮食
不可替代物	具有唯一性、不可被他物替代	齐白石的画

【提示】

（1）该分类仅限于动产。

（2）区分可替代物和不可替代物的意义在于：交易客体为可替代物时，可以同类物替代履行；不可替代物一旦发生损害就只能转化为金钱赔偿。

4. 消耗（费）物和非消耗（费）物

分类	定义	举例
消耗（费）物	依其性质只能一次性使用或让与之物	粮食、金钱
非消耗（费）物	可以多次使用或者让与之物	汽车、机器

【提示】该分类仅限于动产。

5. 可分物和不可分物

分类	定义	举例
可分物	不因分割而变更其性质或减损其价值的物	米、酒
不可分物	分割将变更其性质或减损其价值的物	牛、汽车

6. 主物和从物

<table>
<tr><th>分类</th><th>定义</th><th>举例</th></tr>
<tr><td>主物</td><td rowspan="2">一物可能不是他物的成分，而只是作为他物发挥作用的辅助工具而存在，此时，相对于起主要效用的物（主物）而言，该辅助之物为从物</td><td rowspan="2">旅馆和旅馆设置的家具、房间和钥匙、书和书的封套、汽车和汽车后箱中的备用胎、机器和机器的维修工具</td></tr>
<tr><td>从物</td></tr>
</table>

【提示】除非法律有特别规定或当事人另有约定，对于主物的处分及于从物。

7. 原物和孳息物

<table>
<tr><th>分类</th><th>定义</th><th>举例</th></tr>
<tr><td>原物</td><td rowspan="2">两物之间存在原有物产生新物的关系的，原有物为原物，新物为孳息物</td><td rowspan="2">母鸡和鸡蛋（鸡蛋为天然孳息）、房屋和租金（租金为法定孳息）</td></tr>
<tr><td>孳息物</td></tr>
</table>

【提示】天然孳息，由所有权人取得；既有所有权人又有用益物权人的，

笔记区

由用益物权人取得。当事人另有约定的，按照其约定。法定孳息，当事人有约定的，按照约定取得；没有约定或者约定不明确的，按照交易习惯取得。

【例1】（单选·2019）根据物权法律制度的规定，下列各项中，属于《民法典》上的物的是（　　）。

A. 太阳　　　　B. 海域

C. 月亮　　　　D. 星星

【解析】太阳、月亮、星星不能为人力所支配，不属于《民法典》上的物，选项A、选项C、选项D不当选。

【例2】（多选·2022）根据物权法律制度的规定，下列各项中，构成主物与从物关系的有（　　）。

A. 书和书的封套　　　　B. 汽车和汽车后备箱中的备用轮胎

C. 牛和牛尾巴　　　　D. 机器和机器维修工具

【解析】（1）主物是指起主要效用的物，从物是指辅助主物发挥效用的物，两者物理上相互独立。如：书和书的封套、汽车和汽车后备箱中的备用轮胎、机器和机器维修工具，选项A、选项B、选项D当选。（2）牛尾巴属于牛的组成部分，不是独立的物，故牛尾巴不是牛的从物，选项C不当选。

【例3】（单选·2021）根据物权法律制度的规定，下列关于物的种类的表述中，正确的是（　　）。

A. 汽车属于可分物

B. 消费物与非消费物的分类仅限于动产

C. 可替代物与不可替代物的分类仅限于不动产

D. 文物属于禁止流通物

【解析】汽车属于不可分物，选项A不当选；可替代物与不可替代物的分类仅限于动产，选项C不当选；文物属于限制流通物，选项D不当选。

三、物权的概念和特点

物权是权利人依法对特定的物享有直接支配和排他的权利。与债权相比，物权具有支配性、排他性、绝对性等特点。

物权	债权
支配性。物权是对于标的物具有直接支配力的财产权，物权人有权仅以自己意志实现权利，无须第三人的积极行为协助，属于支配权	债权属于请求权，其实现有赖于债务人的履行行为

例题答案：
【例1】B
【例2】ABD
【例3】B

续　表

物权	债权
排他性。物权人对于标的物具有意志支配力，能够排除他人意志以同样方式支配，故一物之上只能成立一项所有权	债权具有兼容性，同一标的物上成立双重买卖，两项买卖合同均可有效，并不相互排斥
绝对性。物权是对抗所有人的财产权，排除任何他人的干涉，其他人有义务予以尊重，故为绝对权或称对世权	债权仅对特定的债务人存在，属于相对权或称对人权

四、物权的种类

总分类	含义	明细分类	
自物权	对自有之物享有的物权	所有权	
他物权	对他人所有之物享有的物权	用益物权（以使用他人之物为目的的物权）	（1）土地承包经营权； （2）建设用地使用权； （3）宅基地使用权； （4）居住权； （5）地役权
		担保物权（以担保债权实现为目的的物权）	（1）抵押权； （2）质权； （3）留置权

名师点睛

地役权，是指按照合同约定利用他人的不动产，以提高自己不动产效益的权利。

【**案例**】甲在海边有一块平地，旁边有一高楼，楼的主人乙给甲一定的金钱，让甲在自己的土地上三十年之内不得建房，以满足乙观海的需要，甲同意并签约。乙对甲的土地的权利就是地役权。乙的土地为需役地，甲的土地为供役地。

笔记区

【例4】（单选）根据物权法律制度的规定，下列权利中，属于担保物权的是（　　）。

A. 居住权　　B. 地役权

C. 留置权　　D. 土地承包经营权

【解析】选项A、选项B、选项D属于用益物权，不当选。

知识点2　物权变动

一、物权的变动规则与对抗规则

<table>
<tr><th>类型</th><th>变动规则</th><th colspan="2">对抗规则</th></tr>
<tr><td>不动产</td><td>登记</td><td colspan="2">登记</td></tr>
<tr><td rowspan="2">动产</td><td rowspan="2">交付</td><td>普通动产（无强制登记制度的动产）</td><td>占有</td></tr>
<tr><td>特殊动产（机动车、船舶、航空器）
（有强制登记制度的动产）</td><td>登记</td></tr>
</table>

【案例1】不动产

<table>
<tr><td colspan="2">甲将一栋房屋卖给乙</td></tr>
<tr><td>1月1日</td><td>双方签订买卖合同</td></tr>
<tr><td>1月3日</td><td>甲向乙交房，因乙个人原因导致没有办理登记手续</td></tr>
<tr><td>1月5日</td><td>双方办理了登记手续</td></tr>
</table>

<table>
<tr><td colspan="2">思考（不考虑其他因素）</td></tr>
<tr><td>合同生效的时间</td><td>1月1日</td></tr>
<tr><td>乙取得房屋所有权的时间</td><td>1月5日</td></tr>
<tr><td>乙可以对抗第三人的时间</td><td>1月5日</td></tr>
</table>

【案例2】普通动产

<table>
<tr><td colspan="2">甲将一台设备卖给乙</td></tr>
<tr><td>1月1日</td><td>双方签订买卖合同</td></tr>
<tr><td>1月3日</td><td>双方完成设备交付</td></tr>
<tr><td>1月5日</td><td>双方办理了登记手续</td></tr>
</table>

<table>
<tr><td colspan="2">思考（不考虑其他因素）</td></tr>
<tr><td>合同生效的时间</td><td>1月1日</td></tr>
</table>

例题答案：
【例4】C

续 表

乙取得设备所有权的时间	1月3日
乙可以对抗第三人的时间	1月3日

【案例3】特殊动产

甲将一辆机动车卖给乙	
1月1日	双方签订买卖合同
1月3日	双方完成机动车交付
1月5日	双方办理了登记手续
思考（不考虑其他因素）	
合同生效的时间	1月1日
乙取得机动车所有权的时间	1月3日
乙可以对抗善意第三人的时间	1月5日

二、不动产登记类型

登记类型主要包括：首次登记、变更登记、转移登记、更正登记、异议登记、预告登记、注销登记与查封登记。

1. 首次登记

首次登记是指不动产权利的第一次登记，未办理不动产首次登记的，除法律、行政法规另有规定的以外，不得办理不动产其他类型的登记。

2. 变更登记

变更登记是指不动产登记事项发生不涉及权利转移的变更所需登记。（除主体以外事项的变更）

3. 转移登记

转移登记俗称过户登记，是指不动产权利在不同主体之间发生转移所需的登记。

4. 更正登记

适用情形	不动产登记簿发生登记错误
申请人	权利人、利害关系人
更正条件	不动产登记簿记载的权利人书面同意更正或者有证据证明登记确有错误的，登记机构应当予以更正

【案例】甲有一套房号为101号的房屋，在不动产登记簿上被登记成了乙的房屋。这里的乙就是权利人，甲就是利害关系人。

笔记区

乙（权利人）发现登记错了，可以申请更正登记；甲（利害关系人）发现登记错了，也可以去申请更正登记。

如果甲申请更正登记，乙书面同意更正的，则登记机构应当予以更正；乙不同意更正的，若甲有证据证明登记确有错误，登记机构也应当予以更正。

5. 异议登记

适用情形	不动产登记簿记载的权利人不同意更正，利害关系人可以申请异议登记
有效期	登记机构予以异议登记的，申请人自异议登记之日起15日内不起诉，异议登记失效
登记不当	异议登记不当，造成权利人损害的，权利人可以向申请人请求损害赔偿

【案例】玉玉婚前购买一套房屋，登记在自己的名下。大壮听说自己的前夫玉玉要卖该房屋，认为房屋也应有自己的一半，被玉玉拒绝，大壮于是去办理了异议登记，阻止玉玉卖房，导致玉玉在异议期内未能卖出房屋。如果房价在异议期后暴跌，玉玉可以要求大壮承担损害赔偿责任，但登记机关不承担损害赔偿责任。

【例5】（单选）根据物权法律制度的规定，下列关于更正登记与异议登记的表述中，正确的是（　　）。

A. 更正登记的申请人可以是权利人，也可以是利害关系人

B. 提起更正登记之前，须先提起异议登记

C. 异议登记之日起10日内申请人不起诉的，异议登记失效

D. 异议登记不当造成权利人损害的，登记机关应承担损害赔偿责任

【解析】权利人、利害关系人认为不动产登记簿记载的事项错误的，可以申请更正登记，选项A当选；不动产登记簿记载的权利人不同意更正的，利害关系人可以申请异议登记，因此是先更正登记，无法实现的才异议登记，选项B不当选；登记机构予以异议登记的，申请人在异议登记之日起15日内不起诉，异议登记失效，选项C不当选；异议登记不当，造成权利人损害的，权利人可以向申请人请求损害赔偿，选项D不当选。

6. 预告登记

（1）当事人签订买卖房屋的协议或者签订其他不动产物权的协议，为保障将来实现物权，按照约定可以向登记机构申请预告登记。有下列情形之一的，当事人可以申请预告登记：

①预购商品房；

例题答案：
【例5】A

笔记区

②以预购商品房设定抵押；

③房屋所有权转让、抵押。

（2）预告登记后，未经预告登记的权利人同意，处分该不动产（如：转移不动产所有权、设定建设用地使用权、设定地役权、设定抵押权等）的，不发生物权效力。

（3）预告登记后，债权消灭（买卖不动产物权的协议被认定无效、被撤销，或者预告登记的权利人放弃债权）或者自能够进行不动产登记之日起90日内未申请登记的，预告登记失效。

7. 注销登记

不动产权利消灭时，需要办理注销登记。属于注销登记的情形包括：

（1）不动产灭失的；

（2）权利人放弃不动产权利的；

（3）不动产被依法没收、征收或者收回的；

（4）人民法院、仲裁委员会的生效法律文书导致不动产权利消灭的；

（5）法律、行政法规规定的其他情形。

【例6】（单选）甲公司进行房屋预售，3月1日将一套房屋预售给乙，双方签订了预售合同并办理了预告登记；5月1日，甲公司又与丙签订了预售合同，将同一套房屋预售给丙；交房时间届至，乙、丙同时向甲公司提出交付房屋的请求。有关本案的下列说法中，正确的是（　　）。

A. 甲公司应当将房屋交付给乙，并为其办理房产登记

B. 甲公司应当将房屋交付给丙，并为其办理房产登记

C. 甲公司应当将房屋交付给乙和丙，并将乙、丙登记为房屋共有人

D. 由甲公司自行选择向谁交付房屋，为谁办理房产登记

【解析】预告登记后，未经预告登记的权利人同意，处分该不动产（如：转移不动产所有权、设定建设用地使用权、设定地役权、设定抵押权等）的，不发生物权效力。故甲应将房屋交付给乙并办理房产登记，选项A当选。

三、交付类型

种类	含义	识别要点
现实交付	当事人双方形成合意后，物的出让人将出让之物直接交受让人占有	买卖合同成立前，标的物由卖方占有

例题答案：
【例6】A

笔记区

续 表

种类		含义	识别要点
交付替代	简易交付	动产物权设立和转让前，权利人已经占有该动产的，物权自法律行为生效时发生效力	买卖合同成立前，标的物由买方占有
	指示交付	动产物权设立和转让前，第三人占有该动产的，负有交付义务的人可以通过转让请求第三人返还原物的权利代替交付	买卖合同成立前，标的物由第三方占有
	占有改定	动产物权转让时，当事人又约定由出让人继续占有该动产的，物权自该约定生效时发生效力	买卖合同成立后，标的物继续由卖方占有

【例 7】（单选·2020）物权法律制度规定："动产物权转让时，当事人又约定由出让人继续占有该动产的，物权自该约定生效时发生效力。"本条规定的交付形式是（　　）。

A. 现实交付　　　　B. 简易交付

C. 占有改定　　　　D. 指示交付

【解析】动产物权转让时，当事人又约定由出让人继续占有该动产的，物权自该约定生效时发生效力，此交付形式为占有改定，选项 C 当选。

【例 8】（单选）甲将电脑出租给乙使用，租赁期间，甲又将电脑卖给丙，并与丙约定于租赁期限届满时由丙直接向乙请求返还电脑。甲与丙之间变动物权的交付方式属于（　　）。

A. 指示交付　　　　B. 现实交付

C. 占有改定　　　　D. 简易交付

【解析】指示交付，动产物权设立和转让前，第三人占有该动产的，负有交付义务的人可以通过转让请求第三人返还原物的权利代替交付，选项 A 当选。

知识点 3　抵押权

一、抵押权概述

1. 抵押权概念

抵押权是指为担保债务的履行，债务人或者第三人（抵押人）不转移财产的占有，将该财产（抵押财产或称抵押物）抵押给债权人的，债务人不履行到期债务或者发生当事人约定的实现抵押权的情形，债权人（抵押权人）

例题答案：
【例 7】C
【例 8】A

笔记区

有权就该财产优先受偿。

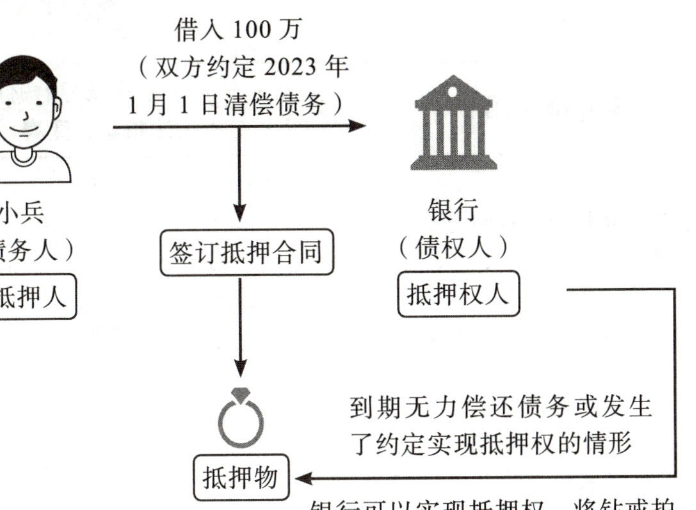

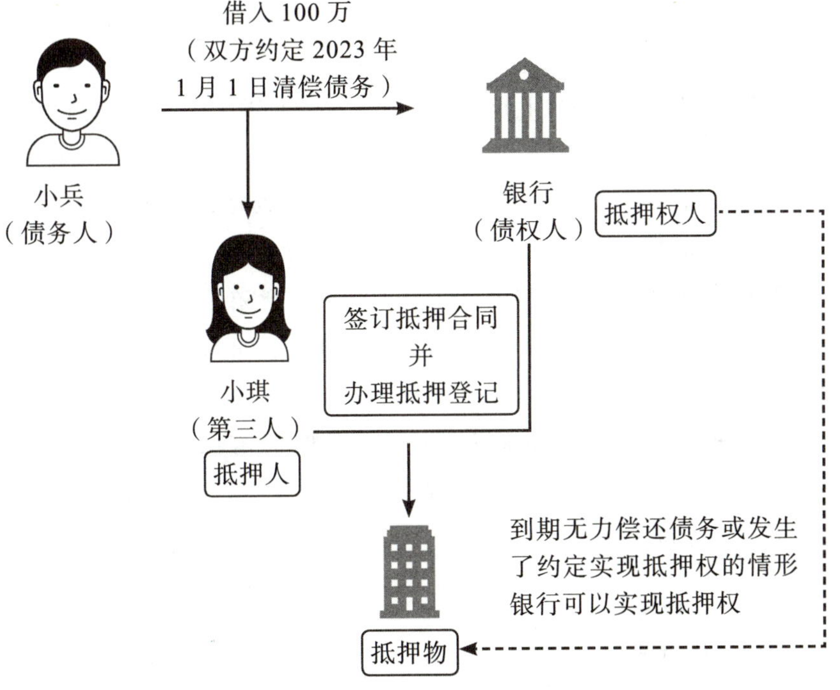

2. 抵押合同

形式	设立抵押权，当事人应当采取书面形式订立抵押合同（要式行为）
流押条款	抵押权人在债务履行期限届满前，与抵押人约定债务人不履行到期债务时抵押财产归债权人所有的，只能依法就抵押财产优先受偿

笔记区

二、抵押财产

（一）基本规定

可以抵押的财产	禁止抵押的财产（无法拍卖、变卖、折价）
（1）建筑物和其他土地附着物； （2）建设用地使用权； （3）海域使用权； （4）生产设备、原材料、半成品、产品； （5）正在建造的建筑物、船舶、航空器； （6）交通运输工具； （7）法律、行政法规未禁止抵押的其他财产。如家庭承包方式取得的土地经营权；通过招标、拍卖、公开协商等方式承包农村土地并经依法登记取得权属证书的土地经营权	（1）土地所有权； （2）宅基地、自留地、自留山等集体所有土地的使用权，但法律规定可以抵押的除外； （3）学校、幼儿园、医疗机构等为公益目的成立的非营利法人的教育设施、医疗卫生设施和其他公益设施； （4）所有权、使用权不明或者有争议的财产； （5）依法被查封、扣押、监管的财产； （6）法律、行政法规规定不得抵押的其他财产

【例 9】（单选 · 2021）根据物权法律制度的规定，下列选项中，属于禁止抵押的财产的是（　　）。

A. 土地所有权　　B. 正在建造的建筑物

C. 海域使用权　　D. 生产设备

【解析】下列财产不得抵押：（1）土地所有权（选项 A 当选）；（2）宅基地、自留地、自留山等集体所有的土地使用权，但法律规定可以抵押的除外；（3）学校、幼儿园、医疗机构等为公益目的成立的非营利法人的教育设施、医疗卫生设施和其他公益设施；（4）所有权、使用权不明或者有争议的财产；（5）依法被查封、扣押、监管的财产；（6）法律、行政法规规定不得抵押的其他财产。

（二）特殊规定

1. 房地一体原则

（1）城市的地→地随房走 + 房随地走。

以建筑物抵押的，该建筑物占用范围内的建设用地使用权一并抵押。以建设用地使用权抵押的，该土地上的建筑物一并抵押。

（2）“乡镇、村”的地→只能地随房走，不能房随地走。

①乡镇、村企业的建设用地使用权不得单独抵押。

例题答案：

【例 9】A

②以乡镇、村企业的厂房等建筑物抵押的，其占用范围内的建设用地使用权一并抵押。

2. 涉及违法建筑物

（1）以违法的建筑物抵押的，抵押合同无效，但是一审法庭辩论终结前已经办理合法手续的除外；

（2）当事人以建设用地使用权依法设立抵押，抵押人以土地上存在违法的建筑物为由主张抵押合同无效的，人民法院不予支持。

3. 涉及划拨建设用地使用权

（1）抵押人以划拨建设用地上的建筑物抵押，当事人不得以该建设用地使用权不能抵押或者未办理批准手续为由主张抵押合同无效或者不生效。抵押权依法实现时，拍卖、变卖建筑物所得的价款，应当优先用于补缴建设用地使用权出让金。

（2）当事人以划拨方式取得的建设用地使用权抵押，抵押人不得以未办理批准手续为由主张抵押合同无效或者不生效。已经依法办理抵押登记的，抵押权人有权行使抵押权，抵押权实现所得价款，应当优先用于补缴建设用地使用权出让金。

名师点睛

抵押财产的特殊规定

情形	要点		
房地一体原则	“城市”的地	地随房走	√
		房随地走	√
	“乡镇、村”的地	地随房走	√
		房随地走	×
违建	以“违法建筑物”抵押	抵押合同无效（一审法庭辩论终结前已经办理合法手续的除外）	
	以“地”抵押	抵押合同有效	
划拨	以“建筑物”抵押	抵押合同有效	实现抵押权后，优先支付土地出让金
	以“地”抵押	抵押合同有效	

三、抵押权的设立与对抗的规则

抵押财产	设立规则	对抗规则
不动产	登记	登记
动产	自抵押合同生效时设立	未经登记，不得对抗善意第三人

【提示】抵押合同是否生效，与是否办理抵押登记没有关系。

【案例】

业务	相关时点	抵押权设立时间	合同生效时间
甲将房屋抵押给乙	1月1日签订抵押合同	2月1日	1月1日
	2月1日办理抵押登记		
丙将汽车抵押给丁	1月1日签订抵押合同	1月1日	1月1日
	2月1日办理抵押登记		

名师点睛

所有权和抵押权对比

财产性质	物权类型	具体财产	变动规则	对抗规则
动产	所有权	普通动产	交付	占有
		特殊动产		登记
	抵押权	普通动产	合同生效	登记
		特殊动产		
不动产	所有权	—	登记	登记
	抵押权			

四、其他重要的抵押规则

1. 抵押物所生孳息

债务人不履行到期债务或者发生当事人约定的实现抵押权的情形，致使抵押财产被人民法院依法扣押的，自扣押之日起，抵押权人有权收取该抵押财产的天然孳息或者法定孳息，但是抵押权人未通知应当清偿法定孳息义务人的除外。

【案例】小兵向A银行按揭贷款购下一套房屋，房屋交付使用后小兵将该房屋出租给大志，月租金为3 000元。

如果小兵能向A银行正常还款，大志应当按照约定向小兵支付租金。

如果小兵还不起贷款，A银行满足实现抵押权的条件，则自该房屋被人民法院扣押之日起，A银行有权向大志收取租金，但前提是必须通知大志，如果A银行不通知大志，大志继续向小兵支付房租的行为是无可厚非的，A银行无权要求大志重复支付租金。所谓应当清偿法定孳息的义务人，在本案中指抵押物承租人大志。

2. 物上代位制度

抵押权依法设立后，抵押财产毁损、灭失或者被征收等，抵押权人可以请求按照原抵押权的顺位就获得的保险金、赔偿金或者补偿金等优先受偿。

【例10】（多选）甲公司向乙公司借款，以自有货车设定抵押，签订了抵押合同但未办理抵押登记。抵押期间，该货车在经营使用过程中遭遇事故全部毁损，获得责任人赔款20万元。有关乙公司的抵押权，下列说法不正确的有（　　）。

A. 由于未办理抵押登记，乙公司不享有抵押权

B. 由于抵押物已经全部毁损，乙公司的抵押权消灭

C. 20 万元的责任人赔款继续担保乙公司的抵押债权

D. 乙公司不能就该 20 万元的责任人赔款主张任何权利

【**解析**】（1）货车属于动产，乙公司的动产抵押权自抵押合同生效时设立，选项 A 当选；（2）虽然抵押物已经全部毁损，但赔款 20 万元继续担保乙公司债权的实现，乙公司可以就该赔款优先受偿，选项 B、选项 D 当选，选项 C 不当选。

3. 多重抵押的具体处理

同一财产向两个以上债权人抵押的，拍卖、变卖抵押财产所得的价款依照下列规定清偿：

（1）抵押权已经登记的先于未登记的受偿；

（2）抵押权已经登记的，按照登记的时间先后确定清偿顺序；

（3）抵押权未登记的，按照债权比例清偿。

【**总结**】清偿顺序只与“是否登记”“登记先后”有关，与“债权到期时间”和抵押合同的“签订时间”无关。

【**案例**】

抵押权人	债权金额	抵押合同签订时间	债权到期时间	抵押权登记时间	受偿顺序	抵押物拍卖价值	受偿金额
甲	200 万元	1 月 1 日	4 月 1 日	1 月 4 日	后	400 万元	100 万元
乙	300 万元	1 月 2 日	8 月 1 日	1 月 3 日	先		300 万元

如果抵押权均未登记，则按债权比例受偿：

（1）甲的清偿额：400 × 40%（2/5）= 160（万元）

（2）乙的清偿额：400 × 60%（3/5）= 240（万元）

例题答案：

【例 10】ABD

专题二　合同法律制度

知识点1　合同的基本理论

一、诺成合同与实践合同

- 诺成合同：当事人的意思表示一致即成立的合同
- 实践合同：除当事人的意思表示一致以外，尚须交付标的物或完成其他给付才能成立的合同
  - 保管合同
  - 定金合同
  - 自然人之间的借贷合同

二、合同中的三个重要概念

概念	含义	通俗的解释
要约邀请	希望他人向自己发出要约的表示	希望别人找自己订合同
要约	希望和他人订立合同的意思表示	找别人订合同
承诺	同意订立合同的意思表示	答应订合同

名师点睛

要约与要约邀请的区别

要约	具有法律约束力，承诺人作出承诺后，如果不履行要约内容，需要承担违约责任
要约邀请	不具有法律约束力

典例分析

文书	分类
寄送的价目表、拍卖公告、招标公告、招股说明书、债券募集办法、基金招募说明书	要约邀请
悬赏广告	要约

续 表

文书	分类
商业广告和宣传	要约邀请或要约

（1）以招投标方式订立的买卖合同：招标公告属于要约邀请；投标人投标为要约；中标通知书为承诺；中标通知书到达中标人时，合同成立。

（2）商品房的销售广告和宣传资料为要约邀请，但是出卖人就商品房开发规划范围内的房屋及相关设施所作的说明和允诺具体确定，并对商品房买卖合同的订立以及房屋价格的确定有重大影响的，构成要约。

知识点2　合同的履行

一、合同约定不明的履行规则（顺序不能乱）

对下列条款没有约定或约定不明→协议补充→按交易习惯或合同有关条款确定→法定规则。

不明条款	法定规则	
履行期限	债务人可以随时履行，债权人也可以随时要求履行，但均应当给对方必要的准备时间	
履行方式	有利于实现合同目的的方式，如：鲜活易腐烂的鱼虾采用空运	
履行费用	由履行义务一方负担；因债权人原因增加的履行费用，由债权人负担	
履行地点	货币	接受货币一方所在地
	不动产	不动产所在地
	其他标的（交付动产）	履行义务一方所在地
	【总结】动产看卖方所在地 + 不动产看不动产所在地	
价款或报酬	按照订立合同时履行地的市场价格履行	

【例1】（单选）根据合同法律制度的规定，当事人就有关合同内容约定不明确的，可以协议补充，不能达成补充协议的，按照合同相关条款或者交易习惯确定，仍不能确定的，适用法定规则。下列关于该法定规则的表述中，正确的是（　　）。

A. 履行费用的负担不明确的，由接受履行一方承担

B. 价款或者报酬约定不明确的，按照履行合同时履行地的市场价格履行

C. 履行地点约定不明确，给付货币的，在支付货币一方所在地履行

D. 履行方式不明确的，按照有利于实现合同目的的方式履行

【解析】履行费用的负担不明确的，由履行义务一方负担，选项A不当选；价款或者报酬约定不明确的，按照订立合同时履行地的市场价格履行，选项B不当选；履行地点约定不明确，给付货币的，在接受货币一方所在地履行，选项C不当选；履行方式不明确的，按照有利于实现合同目的的方式履行，选项D当选。

【例2】（单选·2014）甲、乙两公司的住所地分别位于北京和海口，甲向乙购买一批海南产香蕉，3个月后交货，但合同对于履行地点以及价款均无明确约定，双方也未能就有关内容达成补充协议，依照合同其他条款及交易习惯也无法确定，根据合同法律制度的规定，下列关于合同履行价格的表述中，正确的是（　　）。

A. 按合同订立时海口的市场价格履行

B. 按合同履行时海口的市场价格履行

C. 按合同履行时北京的市场价格履行

D. 按合同订立时北京的市场价格履行

【解析】（1）价款或者报酬不明确的，按照订立合同时履行地的市场价格履行；（2）履行地点不明确的，给付货币的，在接受货币一方所在地履行。本题中，履行地点为乙公司住所地海口，履行价格为订立合同时海口的市场价格，选项A当选。

二、合同中的抗辩权

1. 同时履行抗辩权和先履行抗辩权

抗辩权的种类	产生原因	特征
同时履行抗辩权	当事人互负债务，没有先后履行顺序的，应当同时履行。一方在对方履行之前有权拒绝其履行请求。一方在对方履行债务不符合约定时，有权拒绝其相应的履行请求	一手交钱，一手交货 你不交钱，我不交货 你不交货，我不交钱
先履行抗辩权	当事人互负债务，有先后履行顺序，先履行一方未履行或履行不符合规定的，后履行一方有权拒绝其相应的履行请求	对先履行一方进行抗辩

例题答案：
【例1】D
【例2】A

笔记区

2. 不安抗辩权

<table>
<tr><th>抗辩权的种类</th><th colspan="3">具体内容</th><th>特征</th></tr>
<tr><td rowspan="3">不安抗辩权</td><td>产生原因</td><td colspan="2">应当先履行债务的当事人，有确切证据证明对方（后履行一方）有下列情况之一的，可以行使不安抗辩权，中止（暂停）合同履行：
（1）经营状况严重恶化；
（2）转移财产、抽逃资金，以逃避债务；
（3）丧失商业信誉；
（4）有丧失或者可能丧失履行债务能力的其他情形</td><td rowspan="3">对后履行一方进行抗辩</td></tr>
<tr><td rowspan="2">行使程序</td><td colspan="2">先履行合同的当事人行使中止权时，应当及时通知对方</td></tr>
<tr><td>中止后果</td><td>（1）如果对方当事人恢复了履行能力或提供了适当担保，应当恢复履行；
（2）如果对方在合理期限内未恢复履行能力且未提供适当担保的，视为以自己的行为表明不履行主要债务，中止履行的一方可以解除合同并可以请求对方承担违约责任。
【提示】行使“不安抗辩权”时，不能直接解除合同</td></tr>
</table>

【提示】行使同时履行抗辩权、先履行抗辩权和不安抗辩权的前提：当事人基于同一双务合同。

【例3】（单选）甲、乙双方签订一份煤炭买卖合同，约定甲向乙购买煤炭1 000吨，甲于4月1日向乙支付全部煤款，乙于收到煤款半个月后装车发煤。3月31日，甲调查发现，乙的煤炭经营许可证将于4月15日到期，目前煤炭库存仅剩700余吨，且正加紧将库存煤炭发往别处。甲遂决定暂不向乙付款，并于4月1日将暂不付款的决定及理由通知了乙。根据合同法律制度的规定，下列表述中，正确的是（　　）。

A. 甲无权暂不付款，因为在乙的履行期届至之前，无法确知乙将来是否会违约

B. 甲无权暂不付款，因为甲若怀疑乙届时不能履行合同义务，应先通知乙提供担保，只有在乙不能提供担保时，甲方可中止履行己方义务

C. 甲有权暂不付款，因为甲享有先履行抗辩权

D. 甲有权暂不付款，因为甲享有不安抗辩权

【解析】应当先履行债务的当事人，有确切证据证明对方有下列情形之一的，可以中止履行：（1）经营状况严重恶化；（2）转移财产、抽逃资金，

以逃避债务；（3）丧失商业信誉；（4）有丧失或者可能丧失履行债务能力的其他情形。本题中，因乙有丧失履行债务能力的情形，故甲可以行使不安抗辩权，暂不付款，选项D当选。

知识点3 合同的保全——代位权

一、代位权的概念

代位权，是指债务人怠于行使其对第三人（次债务人）享有的到期债权或与该债权相关的从权利（如担保权），危及债权人债权的实现时，债权人为了保障自己的债权，可以自己的名义代位行使债务人对第三人（次债务人）的债权的权利，但该债权专属于债务人自身的除外。

【案例】

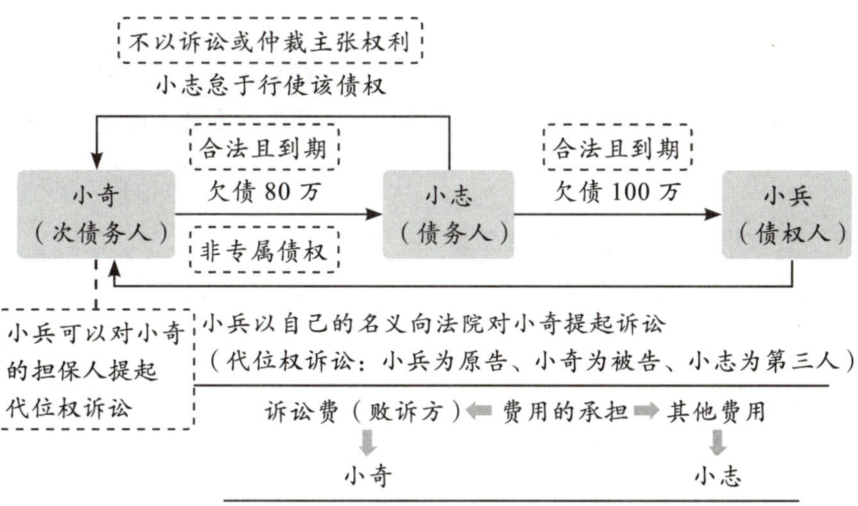

二、代位权的行使条件

（1）债务人怠于行使其到期债权或者与该债权有关的从权利，影响债权人到期债权的实现。

①债务人的懈怠行为必须是债务人不以诉讼方式或者仲裁方式向次债务人主张其享有的债权或者与该债权有关的从权利。

【提示】如果债务人以书面或者口头方式催促次债务人履行债务，但没有就此提起诉讼或者申请仲裁，仍然构成懈怠。

②“与该债权有关的从权利”指债务人债权的抵押权、质权、保证以及违约金债权、损害赔偿请求权、利息债权等。

例题答案：
【例3】D

笔记区

③在债务人怠于行使权利并不影响债权人到期债权的实现（如债务人的责任财产足以清偿其债务）时，债务人有选择是否主张权利的自由，债权人不得行使代位权。

（2）债权人对债务人的债权须合法且已经到期。债务人对次债务人的债权也须合法且已经到期。

债权人的债权到期前，债务人的债权或者与该债权有关的从权利存在诉讼时效期间即将届满或者未及时申报破产债权等情形，影响债权人的债权实现的，债权人可以代位向债务人的相对人（次债务人）请求其向债务人履行、向破产管理人申报或者作出其他必要的行为（提前保全）。

（3）债务人对次债务人所享有的权利不是专属于债务人自身的权利。（但债权人的债权不受是否专属于债权人自身的限制）

专属于债务人自身的债权包括：①抚养费、赡养费或扶养费请求权。②人身损害赔偿请求权。③劳动报酬请求权，但是超过债务人及其所扶养家属的生活必需费用的部分除外。④请求支付基本养老保险金、失业保险金、最低生活保障金等保障当事人基本生活的权利。⑤其他专属于债务人自身的权利。

三、代位权的行使程序与法律效果

行使方式	债权人行使代位权应以自己的名义向人民法院提起诉讼	
诉讼地位	债权人为原告，次债务人为被告，债务人为诉讼中的第三人	
最大代位范围	以债权人的到期债权为限	
抗辩权	次债务人对债务人的抗辩，可以向债权人主张	
费用承担	诉讼费	债权人胜诉的，诉讼费由次债务人负担，从实现的债权中优先支付
	其他必要费用	债权人行使代位权的必要费用，由债务人负担
法律效果	人民法院认定债权人代位权成立的，由次债务人向债权人履行义务，债权人接受履行后，债权人与债务人、债务人与次债务人之间相应的权利义务终止→债权人获得优先受偿	

【例 4】（单选）2019 年，甲公司向乙银行借款 20 万元，借款期限为 2 年。借款期满后，甲公司无力偿还借款本息。此时甲公司对丙公司享有到期债权 30 万元，却不积极主张。乙银行拟行使代位权。下列关于乙银行行使代位权的表述中，符合合同法律制度规定的是（　　）。

A. 乙银行可以直接以甲公司的名义行使对丙公司的债权

笔记区

B. 乙银行行使代位权应取得甲公司的同意

C. 乙银行行使代位权的行使范围以 30 万元为限

D. 乙银行必须通过诉讼方式行使代位权

【解析】因债务人怠于行使其到期债权，对债权人造成损害的，债权人可以向人民法院请求“以自己的名义”代位行使债务人的债权，选项 A 不当选；债权人行使代位权无须债务人同意，选项 B 不当选；代位权的行使范围以债权人的到期债权为限，债权人行使代位权的请求数额不能超过债务人所负债务的数额，即乙银行行使代位权的行使范围以 20 万元为限，选项 C 不当选。

【例 5】（单选）甲对乙的债务清偿期已届满却未履行，乙欲就甲对他人享有的到期债权提起代位权诉讼。根据合同法律制度的规定，甲享有的下列债权中，乙可代位行使的是（　　）。

A. 赡养费请求权　　B. 劳动报酬请求权（生活必需费用部分）

C. 人身损害赔偿请求权　　D. 财产损害赔偿请求权

【解析】债权人不得代位行使专属于债务人自身的债权，此类债权包括：抚养费、赡养费或扶养费请求权；人身损害赔偿请求权；劳动报酬请求权，但是超过债务人及其所扶养家属的生活必需费用的部分除外；请求支付基本养老保险金、失业保险金、最低生活保障金等保障当事人基本生活的权利；其他专属于债务人自身的权利。选项 A、选项 B、选项 C 不当选，选项 D 当选。

知识点 4　几类主要的典型合同

一、赠与合同

1. 概述

特征	单务、无偿、诺成合同；双方法律行为	
当事人的权利与义务	附义务	赠与可以附义务。赠与附义务的，受赠人应当按照约定履行义务
	瑕疵担保	赠与的财产有瑕疵的，赠与人不承担责任。以下情况除外： （1）附义务的赠与，赠与的财产有瑕疵的，赠与人在附义务的限度内承担与出卖人相同的责任； （2）赠与人故意不告知或者保证无瑕疵的，造成受赠人损失的，应当承担损害赔偿责任
	穷困抗辩权	赠与合同成立后，赠与人的经济状况显著恶化，严重影响其生产经营或者家庭生活的，可以不再履行赠与义务

例题答案：
【例 4】D
【例 5】D

笔记区

2. 任意撤销权

任意撤销，是指赠与人在赠与财产的权利转移之前可以撤销赠与，但具有救灾、扶贫、助残等公益、道德义务性质的赠与合同或者经过公证的赠与合同，不得撤销。

【提示】依据前述规定应当交付的赠与财产因赠与人故意或者重大过失致使毁损、灭失的，赠与人应当承担赔偿责任。

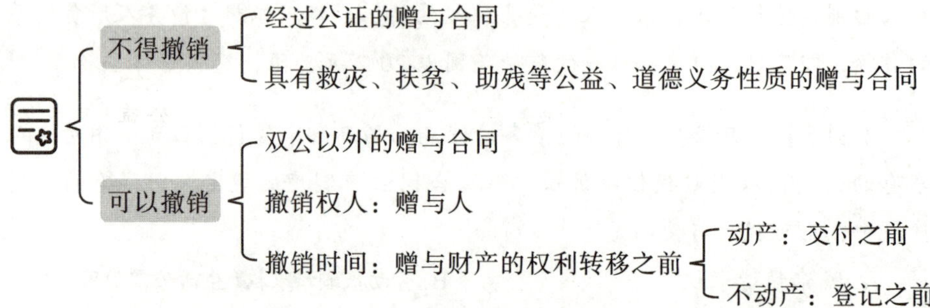

3. 法定撤销权

法定撤销，是指当受赠人有忘恩行为时，无论赠与财产的权利是否转移，赠与是否经过公证或者具有救灾、扶贫、助残等公益、道德义务性质，赠与人或者赠与人的继承人、法定代理人都可以撤销赠与的情形。

主体	赠与人	赠与人的继承人、法定代理人
情形	（1）受赠人严重侵害赠与人或者赠与人的近亲属的合法权益； （2）受赠人对赠与人有扶养义务而不履行； （3）受赠人不履行赠与合同约定的义务	因受赠人的违法行为致使赠与人死亡或者丧失民事行为能力
期限	自知道或应当知道撤销原因之日起 1 年内行使	自知道或应当知道撤销原因之日起 6 个月内行使
效果	可以向受赠人请求返还赠与的财产	

【提示】“双公合同”出现了法定撤销情形也可以撤销。

【例 6】（多选 · 2021）根据合同法律制度规定，下列关于赠与合同撤销规则的表述中，正确的有（　　）。

A. 赠与人的撤销权，自知道或应当知道撤销原因之日起 1 年内行使

B. 赠与人因受赠人的侵害行为而死亡的，赠与人的继承人行使撤销权期间为自撤销原因发生之日起 6 个月

C. 受赠人严重侵害赠与人近亲属的合法权益的，赠与人可以此为由撤销赠与

D. 当受赠人有法律规定的忘恩行为时，赠与人可以撤销赠与，但赠与具有救灾性质的除外

【解析】（1）赠与人的撤销权，自知道或者应当知道撤销原因之日起1年内行使，选项A当选；（2）赠与人的继承人或者法定代理人的撤销权，自知道或者应当知道撤销原因之日起6个月内行使，选项B不当选；（3）受赠人有下列情形之一的，赠与人可以撤销赠与：①严重侵害赠与人或赠与人的近亲属的合法权益，选项C当选；②对赠与人有扶养义务而不履行；③不履行赠与合同约定的义务；（4）当受赠人有忘恩行为时，无论赠与财产的权利是否转移，赠与是否经过公证或者具有救灾、扶贫、助残等公益、道德义务性质，赠与人或赠与人的继承人、法定代理人都可以撤销赠与，选项D不当选。

【例7】（多选·2017） 赠与合同履行后，受赠人有特定忘恩行为时，赠与人有权撤销赠与合同。根据合同法律制度的规定，下列各项中，属于此类忘恩行为的有（　　）。

A. 受赠人严重侵害赠与人的合法权益

B. 受赠人严重侵害赠与人近亲属的合法权益

C. 受赠人对赠与人有扶养义务而不履行

D. 受赠人不履行赠与合同约定的义务

【解析】 受赠人有忘恩行为时，赠与人可以行使撤销权。忘恩行为包括：（1）严重侵害赠与人或赠与人的近亲属的合法权益；（2）对赠与人有扶养义务而不履行；（3）不履行赠与合同约定的义务，选项A、选项B、选项C、选项D均当选。

二、借款合同

1. 分类与性质

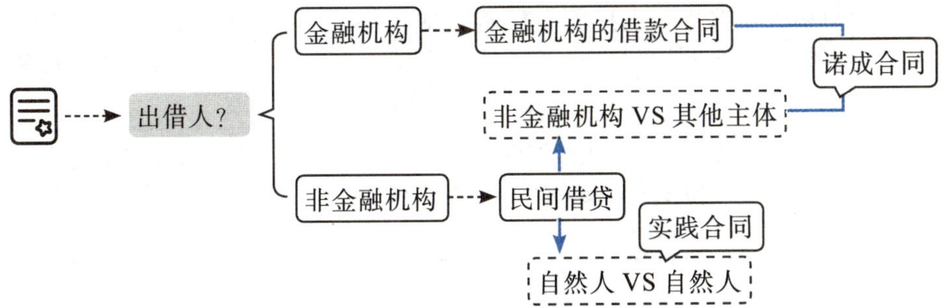

例题答案：

【例6】AC

【例7】ABCD

2. 借款合同的基本规定

内容	非自然人之间的借款合同	自然人之间的借款合同
形式	书面	书面或其他（如口头）
性质	诺成合同	实践合同，自贷款人提供借款时成立
违约用款	借款人未按照约定的借款用途使用借款的，贷款人可以停止发放借款、提前收回借款或者解除合同	
未如约供款	贷款人未按照约定的日期、数额提供借款，造成借款人损失的，应当赔偿损失	未提供借款，借款合同不成立
未如约收款	借款人未按照约定的日期、数额收取借款的，应当按照约定的日期、数额支付利息	
付息期限	借款人应当按照约定的期限返还借款。对支付利息的期限没有约定或者约定不明确，依照《民法典》的有关规定仍不能确定的： （1）借款期间不满 1 年的，应当在返还借款时一并支付； （2）借款期间 1 年以上的，应当在每届满 1 年时支付，剩余期间不满 1 年的，应当在返还借款时一并支付	
提前还款	借款人提前返还借款的，除当事人另有约定外，应当按照实际借款的期间计算利息	
预扣利息	借款的利息不得预先在本金中扣除。利息预先在本金中扣除的，应当按照实际借款数额返还借款并计算利息	

3. 民间借贷的计息规则

（1）借期内利息。

非金融机构 VS 自然人 / 其他非金融机构

内容	自然人之间的借款合同	其他民间借贷
没约定	借贷双方没有约定利息，出借人主张支付利息的，人民法院不予支持	
约定不明	出借人主张支付利息的，人民法院不予支持	出借人主张利息的，人民法院应当结合民间借贷合同的内容，并根据当地或者当事人的交易方式、交易习惯、市场报价利率等因素确定利息
有约定	出借人请求借款人按照合同约定利率支付利息的，人民法院应予支持，但是双方约定的利率超过（>）合同成立时 1 年期贷款市场报价利率（LPR）4 倍的除外	

（2）逾期利息。

内容		自然人之间的借款合同	其他民间借贷
有约定		借贷双方对逾期利率有约定的，从其约定，但是以不超过（≤）合同成立时1年期贷款市场报价利率（LPR）4倍为限	
没约定或约定不明	约定了借期内利率	出借人主张自逾期还款之日起按照借期内利率支付资金占用期间利息的，人民法院应予支持	
没约定或约定不明	未约定借期内利率	出借人主张自逾期还款之日起参照当时1年期贷款市场报价利率（LPR）标准计算的利息承担逾期还款违约责任的，人民法院应予支持	
多重约定		出借人与借款人既约定了逾期利率，又约定了违约金或者其他费用，出借人可以选择主张逾期利息、违约金或者其他费用，也可以一并主张，但总计不得超过合同成立时1年期贷款市场报价利率（LPR）4倍	

【提示】一年期贷款市场报价利率是指中国人民银行授权全国银行间同业拆借中心自2019年8月20日起每月发布的一年期贷款市场报价利率。

名师点睛

民间借贷的计息规则

具体情形			自然人之间的借款合同	其他民间借贷
借期内利息	没有约定		视为没有利息	
借期内利息	约定不明		视为没有利息	法院依法确定
逾期利息	有约定		不得超过合同成立时1年期LPR的4倍	
逾期利息	没约定或约定不明	有约定借期内利息	可要求借款人按借期内利率支付资金占用期间利息	
逾期利息	没约定或约定不明	没约定借期内利息	可要求借款人参照当时1年期LPR计算的利息承担逾期还款违约责任	
逾期利息	多重约定	逾期利率＋违约金＋其他费用	择一而用或并用：总计≤合同成立时1年期LPR的4倍	

【例8】（多选）根据合同法律制度的规定，下列关于民间借贷合同借款利息的表述中，正确的有（　　）。

A. 借款利息预先在本金中扣除的，应当按照实际借款数额返还借款并计算利息

B. 自然人之间的借款合同对支付利息没有约定的，应按照合同成立时1年期贷款市场报价利率支付利息

C. 借款合同约定的利率超过合同成立时1年期贷款市场报价利率4倍的，对超过部分的利息，人民法院不予支持

D. 出借人与借款人既约定了逾期利率，又约定了违约金的，出借人可以一并主张，但总计不得超过合同成立时1年期贷款市场报价利率4倍

【解析】自然人之间的借款合同，不论是没有约定利息还是利息约定不明确，均视为没有利息，选项B不当选。

三、租赁合同

1. 租期

<table>
<tr><td rowspan="2">最长租期</td><td colspan="2">租赁期限不得超过20年，超过20年的，超过部分无效</td></tr>
<tr><td colspan="2">租赁期限届满，当事人可以续订租赁合同，但约定的租赁期限自续订之日起仍不得超过20年</td></tr>
<tr><td rowspan="4">不定期租赁</td><td rowspan="3">情形</td><td>租赁期限6个月以上的，合同应当采用书面形式。当事人未采用书面形式，无法确定租赁期限的，视为不定期租赁</td></tr>
<tr><td>当事人对租赁期限没有约定或者约定不明确，依照《民法典》的有关规定仍不能确定的，视为不定期租赁</td></tr>
<tr><td>租赁期限届满，承租人继续使用租赁物，出租人没有提出异议的，原租赁合同继续有效，但租赁期限为不定期</td></tr>
<tr><td>解除</td><td>当事人可以随时解除合同，但是应当在合理期限之前通知对方</td></tr>
</table>

2. 依约使用

（1）出租人应当按照约定将租赁物交付承租人，并在租赁期限内保持租赁物符合约定的用途。

（2）承租人应当按照约定的方法使用租赁物。对租赁物的使用方法没有约定或者约定不明确，依照《民法典》的有关规定仍不能确定的，应当根据租赁物的性质使用。承租人按照约定的方法或者根据租赁物的性质使用租赁物，致使租赁物受到损耗的，不承担赔偿责任。

（3）承租人未按照约定的方法或者未根据租赁物的性质使用租赁物，致使租赁物受到损失的，出租人可以解除合同并请求赔偿损失。

例题答案：
【例8】ACD

笔记区

3. 维修与改装

维修	出租人应当履行租赁物的维修义务，但当事人另有约定的除外
	承租人在租赁物需要维修时可以请求出租人在合理期限内维修。出租人未履行维修义务的，承租人可以自行维修，维修费用由出租人负担
	因维修租赁物影响承租人使用的，应当相应减少租金或者延长租期
改装	承租人经出租人同意，可以对租赁物进行改善或者增设他物。承租人未经出租人同意，对租赁物进行改善或者增设他物的，出租人可以请求承租人恢复原状或者赔偿损失

4. 转租

（1）承租人经出租人同意，可以将租赁物转租给第三人，承租人与出租人之间的租赁合同继续有效，第三人对租赁物造成损失的，承租人应当赔偿损失。

（2）承租人未经出租人同意转租的，出租人可以解除（其与承租人之间的）合同。

【例 9】（单选·2016）乙承租甲的房屋，约定租赁期间为 2015 年 1 月 1 日至 2016 年 12 月 31 日。经甲同意，乙将该房屋转租给丙，租赁期间为 2015 年 6 月 1 日至 2016 年 5 月 31 日。根据合同法律制度的规定，下列表述中，正确的是（　　）。

A. 甲有权直接向丙收取租金

B. 若丙对房屋造成损害，甲有权向乙主张赔偿

C. 甲有权解除乙和丙之间的转租合同

D. 甲和乙之间的租赁合同在转租期内失效

【解析】根据合同的相对性原理，甲无权解除乙、丙之间的租赁合同，也无权直接向丙收取租金；如果承租人未经出租人同意转租的，出租人甲可以解除甲、乙之间的租赁合同，选项 A、选项 C 不当选；承租人经出租人同意，可以将租赁物转租给第三人，承租人与出租人之间的原租赁合同继续有效；第三人丙对租赁物造成损失的，承租人乙应当向甲赔偿损失，选项 B 当选，选项 D 不当选。

5. 支付租金

情形	具体规定
承租人应当按照约定的期限支付租金	

例题答案：
【例 9】B

笔记区

续 表

情形	具体规定	
对支付租金的期限没有约定或者约定不明确，依照《民法典》的有关规定仍不能确定的	租赁期限不满 1 年	租赁期限届满时支付
	租赁期限 1 年以上	每届满 1 年时支付
		剩余期限不满 1 年的，租赁期限届满时支付

6. 解除权

解除权的行使方	具体规定
出租人	承租人无正当理由未支付或者迟延支付租金的，出租人可以请求承租人在合理期限内支付；承租人逾期不支付的，出租人可以解除合同
承租人	租赁物危及承租人的安全或者健康的，即使承租人订立合同时明知该租赁物质量不合格，承租人仍然可以随时解除合同
	因不可归责于承租人的事由，致使租赁物部分或者全部毁损、灭失的，承租人可以请求减少租金或者不支付租金；因租赁物部分或者全部毁损、灭失，致使不能实现合同目的的，承租人可以解除合同

7. 买卖不破租赁

租赁物在承租人按照租赁合同占有期限内发生所有权变动的（适用于所有的所有权让与，不仅限于买卖），不影响租赁合同的效力（适用于所有的租赁物）。

【例 10】（多选）根据合同法律制度的相关规定，下列关于租赁合同的表述中，正确的有（　　）。

A. 承租人未经出租人同意转租房屋的，出租人可以解除合同

B. 当事人对租赁物的维修义务无约定，则应由承租人履行租赁物的维修义务

C. 不定期租赁的当事人可以随时解除合同，但是应当在合理期限之前通知对方

D. 租赁物危及承租人的安全或者健康的，即使承租人订立合同时明知该租赁物质量不合格，承租人仍然可以随时解除合同

【解析】当事人对租赁物的维修义务无约定，则应由出租人履行租赁物的维修义务，选项 B 不当选。

例题答案：
【例 10】ACD

编者备考建议

今年财务成本管理考试刚刚考完，网络上就有大量的学员吐槽考试太难了，甚至登上了网络热搜。每年都有大量的学员问我：“财务成本管理到底难不难啊？”“作为初学者，我应该怎么学呢？”

财务成本管理到底难不难？学员常常把财务成本管理、会计和审计称为注册会计师考试的三座大山，但其实任何考试对于考生来说都是难者不会，会者不难。财务成本管理需要对课程内容有深刻的理解，如果只掌握表面的内容，一旦题目的灵活性增加，就会彻底“歇菜”！同学不用担心，我的授课特点是讲原理、教方法、重逻辑，且足够细致，吃透内容自然就能理解本质。另外，我注重通过典型试题带你总结做题的思路，掌握做题方法，精准梳理最重要的考点、易错点、“坑点”等，让你从容面对考试。

初学者应该怎么学呢？首先要调整好心态，不要有侥幸心理，一定要稳扎稳打，一遍不懂听两遍、两遍不懂就听三遍，你会发现每次都会有新收获。其次在课后练习中，要学会多问为什么，这样你才能深挖其中的原理。另外，最最重要的一点，就是要早点开始，一是因为每年内容变化很小，绝对不会白学；二是因为课程内容多，需要大量的时间练习题目、消化知识点。

在这本书中我设置了三个专题。专题一介绍了本科目的框架流程和基础概念；专题二和专题三选取了和大家生活息息相关的本量利分析和货币时间价值。经过这三个专题的学习，你会对财务成本管理有个基础的认识。

在备考过程中，总有想放弃的时刻，此时记得咬牙坚持，要相信重复的力量！当你打开这本书时，恭喜你，你已经迈出学习的第一步。希望这段文字能够给你信心和力量，我们共同努力，互相陪伴，取得注册会计师证书！

追光的人终会万丈光芒！祝大家逢考必过！

陈娣

于 2023 年 10 月 17 日凌晨

专题一　入门导学

知识点1　财务管理的框架流程

【例1】扬州包子铺打算在2024年年初开张营业，包子铺已经开始招兵买马，包括购建车间和冷库，购买蔬菜清洗设备、和面机、蒸制设备等装备，招聘面点大师以及销售人员。假设您是包子铺的财务人员，您知道接下来的财务管理工作包括哪些吗？

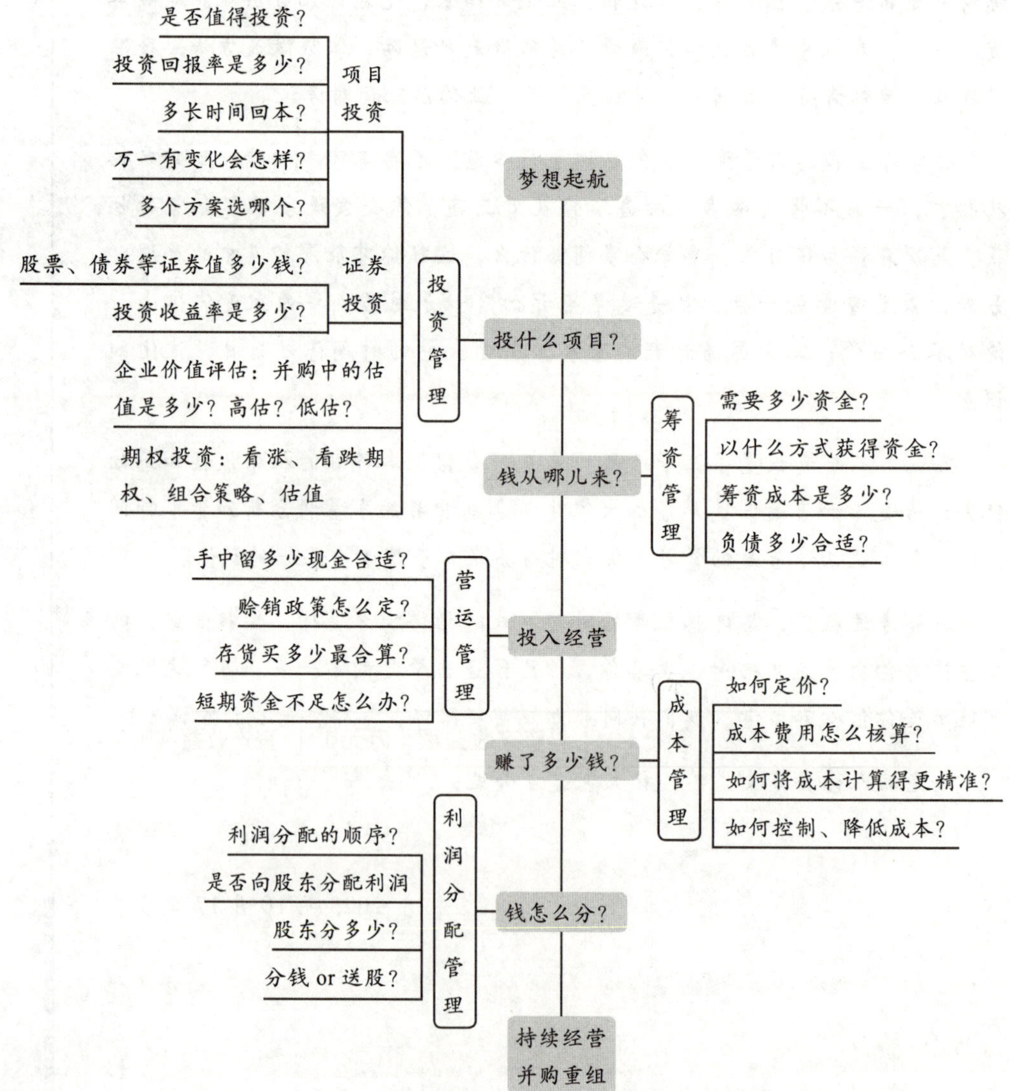

知识点 2　财务成本管理课程用到的一些基础概念

一、“数”的概念

（一）绝对数和相对数指标

不同行业、不同规模的企业以及同一企业的不同时期，财务指标的比较只能使用相对数指标，不能使用绝对数指标。

同一行业不同产品的营业毛利率

品种	售价（元）	成本（元）	单位毛利（元）	营业毛利率（毛利 / 收入）
菜包	2	1.10	0.90	45%
鲜肉大包	2.50	1.50	1	40%
烧麦	3	1.90	1.10	37%

不同行业不同产品的营业净利率

品种	售价（元）	成本费用（元）	单位净利润（元）	营业净利率（净利润 / 收入）
菜包	2	1.40	0.60	30%
冰箱	20 000	17 000	3 000	15%

不同行业的资产负债率

企业	资产（万元）	负债（万元）	资产负债率（负债 / 资产）
包子铺	300	200	67%
白酒企业	5 000	1 000	20%

绝对数和相对数指标在财务成本管理中有大量应用，如在第三章——价值评估基础中。

1. 资产收益额（绝对数指标）和资产收益率（相对数指标）

资产名称	投资额（万元）	年资产收益额（万元）	资产收益率
理财产品 A	100	20	20%
理财产品 B	100	30	30%
理财产品 C	500	120	24%

投资额相同时，比较理财产品的收益大小使用资产收益额或资产收益率均可；投资额不同时，只能使用资产收益率指标。

2. 标准差（绝对数指标）和变异系数（相对数指标）

【例 2】两位学员加入之了课堂财务成本管理课程的学习，5 次模考成绩如下表所示。请问谁的成绩更稳定、更有可能通过考试？

学员模考成绩统计表

学员	模考 1	模考 2	模考 3	模考 4	模考 5	总分	平均分
A	56	62	65	65	67	315	63
B	70	45	90	60	50	315	63

【答案】

学员 A 模考成绩的标准差

$$\sigma_A=\sqrt{\frac{(56-63)^2+(62-63)^2+(65-63)^2+(65-63)^2+(67-63)^2}{5-1}}=4.30$$

学员 A 模考成绩的变异系数 =4.30÷63=6.83%

学员 B 模考成绩的标准差

$$\sigma_B=\sqrt{\frac{(70-63)^2+(45-63)^2+(90-63)^2+(60-63)^2+(50-63)^2}{5-1}}=17.89$$

学员 B 模考成绩的变异系数 =17.89÷63=28.40%

【提示】此处涉及的标准差和变异系数公式目前无须掌握，只需理解大致含义即可。

在平均分相同（即期望值相同）的情况下，根据学员 A 模考成绩的标准差小于学员 B 模考成绩的标准差，即可得出学员 A 的成绩更稳定、更有可能通过考试的结论。如果平均分不相同，还需进一步比较变异系数，变异系数越小，说明成绩波动越小，成绩更稳定，更有可能通过考试。

【例 3】（多选）关于两项证券资产的风险比较，下列说法正确的有（　　）。

A. 期望值相同的情况下，变异系数越大，风险程度越大

B. 期望值不同的情况下，变异系数越大，风险程度越大

C. 期望值不同的情况下，标准差越大，风险程度越大

D. 期望值相同的情况下，标准差越大，风险程度越大

【解析】标准差是一个绝对数指标，它以绝对数衡量决策方案的风险程度，不适用于期望值不同的决策方案风险程度的比较。在期望值相同的情况下，标准差越大，风险程度越大；标准差越小，则风险程度越小。变异系数是一个相对数指标，它以相对数反映决策方案的风险程度，既适用于期望值

相同的决策方案，也适用于期望值不同的决策方案。变异系数越大，风险程度越大；变异系数越小，风险程度越小。

（二）时点数和时期数

1. 时点数（存量）

时点数是指在一定时点上测算的量，如资产负债表中的数据表示某一时点的财务状况（如本年年末的资产总额、负债总额和所有者权益总额）。

2. 时期数（流量）

时期数是按一定时期测算的量，如利润表和现金流量表中的数值，表示某一时期的收入、利润和现金流量等信息（如本年度的收入、净利润、经营活动现金流量净额）。

二、比率分析

（一）比率分析中时点数、时期数的应用

分式	举例
时点数 ÷ 时点数	流动比率 = 流动资产 ÷ 流动负债 ×100%
时期数 ÷ 时期数	营业净利率 = 净利润 ÷ 营业收入 ×100%
时期数 ÷ 时点数	应收账款周转次数 = 营业收入 ÷ 应收账款平均余额

1. 流动比率

流动比率表明了每一元流动负债有多少流动资产作为偿债保障，流动比率越大，通常短期偿债能力越强。一般认为生产企业合适的流动比率为 2。

【例 4】扬州包子铺年末流动资产 200 万元，流动负债 150 万元。

流动比率 =200÷150=1.33 ＞ 1

如果年末用银行存款归还短期借款 50 万元，流动比率 =（200−50）÷（150−50）=1.50，则流动比率提高；

如果年末向银行借入短期借款 50 万元，流动比率 =（200+50）÷（150+50）=1.25，则流动比率降低。

可见，当流动比率大于 1 时，如果同时减少流动资产和流动负债可以提高流动比率；如果同时增加流动资产和流动负债可以降低流动比率。因此，实务中存在操控时点数指标以达到粉饰财务报表的现象。

【例 5】（单选）某公司流动比率为 1.80，如果赊购一批原材料，则流动比率的变化方向是（　　）。

A. 不变　　　　B. 以上都有可能

例题答案：
【例 3】ABD

笔记区

C. 变大　　D. 变小

【解析】流动比率＝流动资产 ÷ 流动负债，流动比率为 1.80，说明流动资产大于流动负债。赊购一批原材料，会使流动资产和流动负债等额增长，流动负债的增长幅度大于流动资产的增长幅度，流动比率变小。

2. 营业净利率

“净利润”“营业收入”两者相除可以反映公司的经营成果。该比率越大，公司的盈利能力越强。

【例 6】甲高新技术企业本年度营业收入 1 240 万元，净利润 558 万元；乙高新技术企业本年度营业收入 1 500 万元，净利润 600 万元。

要求：计算两个企业的营业净利率，并说明哪个企业的盈利能力更强。

【答案】甲高新技术企业的营业净利率 =558 ÷ 1 240 × 100%=45%

乙高新技术企业的营业净利率 =600 ÷ 1 500 × 100%=40%

甲高新技术企业的营业净利率高于乙高新技术企业的营业净利率，因此甲高新技术企业的盈利能力更强。

3. 应收账款周转速度指标——周转次数、周转天数

应收账款周转次数 = 营业收入 ÷ 应收账款平均余额

应收账款周转天数 =360 ÷ 应收账款周转次数

【例 7】（单选 · 2014）甲公司的生产经营存在季节性，每年的 6 ～ 10 月是生产经营旺季，11 月到次年的 5 月是生产经营淡季。如果使用应收账款年初余额和年末余额的平均数计算应收账款周转次数，计算结果会（　　）。

A. 高估应收账款周转速度

B. 低估应收账款周转速度

C. 正确反映应收账款周转速度

D. 无法判断对应收账款周转速度的影响

【解析】应收账款周转次数 = 营业收入 ÷ 应收账款平均余额。由于 11 月到次年 5 月是生产经营淡季，所以使用应收账款年初余额和年末余额的平均数会导致应收账款平均余额数值偏低，应收账款周转次数的计算结果偏高，即高估应收账款周转速度。

名师点睛

每股净资产（所有者权益）= 净资产（时点数）÷ 期末股数（时点数）

每股收益（此处简单理解为每股净利润）= 净利润（时期数）÷ 发行在外的普通股加权平均数（时期数）

例题答案：
【例 5】D
【例 7】A

（二）增长率和平均增长率

1. 增长率

指标	本年年初（上年年末）（万元）	本年年末（万元）	增值额（万元）	增长率
资产	1 000	1 200	200	20%
净利润	100	110	10	10%

$$增长率（增长速度）=\frac{报告期数值-基期数值}{基期数值}\times 100\%$$

【例 8】某公司年初所有者权益 100 万元，年末所有者权益 120 万元。

要求：计算该公司所有者权益增长率。

【答案】所有者权益增长率 =（120−100）÷100×100%=20%

2. 平均增长率

【例 9】某封闭型基金近三年净值分别为 2 元 / 份、2.4 元 / 份和 1.68 元 / 份。

要求：计算该基金平均增长率。

【答案】

第一年的基金净值增长率（收益率）=（2.4−2）÷2×100%=20%

第二年的基金净值增长率（收益率）=（1.68−2.4）÷2.4×100%=−30%

（1）按算术平均法计算的平均增长率：

$$平均增长率（算术平均收益率）=\frac{20\%+(-30\%)}{2}=-5\%$$

（2）按几何平均法计算的平均增长率：

方法一：

$2\times(1+平均增长率)^2=1.68$

平均增长率（几何平均收益率）= $\sqrt{1.68\div 2}-1=-8.35\%$

【提示】为在考试系统中方便录入，还可以表达为：

=（1.68÷2）^（1/2）−1=（1.68÷2）^0.5−1=−8.35%

方法二：

$2\times(1+平均增长率)^2=2\times(1+20\%)\times(1-30\%)$

$(1+平均增长率)^2=0.84$

平均增长率（几何平均收益率）= $\sqrt{0.84}-1=-8.35\%$

算术平均法和几何平均法的计算结果比较：几何平均数≤算术平均数。

【例 10】假设小美用 100 元买入某股票，并打算一直持有。购买日及购买日后两天的股价如下表所示。

时间	股票价值（元）	每天收益率
买入时	100	—
第 1 天	200	（200−100）÷100=100%
第 2 天	100	（100−200）÷200=−50%

要求：计算两天的平均收益率，并判断几何平均数和算术平均数哪个更合理。

【答案】算术平均收益率 =（100%−50%）÷2=25%

几何平均收益率 =（100÷100）$^{\frac{1}{2}}$−1=0%

买入时股价和第 2 天股价均为 100 元，并未产生收益，可见，几何平均收益率更合理。

（三）加权平均数

1. 加权平均数的计算

【例 11】小美在扬州包子铺购买了 30 个包子，购买明细如下表所示。

品种	零售价（元）	购买数量（个）	总购买成本（元）
鲜肉大包（正常价）	2.50	10	25
鲜肉大包（晚 7 点后折扣价）	2	20	40

要求：计算 30 个包子的平均单价。

【答案】

30 个肉包的平均单价 =（25+40）÷（10+20）=2.17（元 / 个）

加权平均数在财务成本管理中有大量应用，如第三章——价值评估基础，第四章——资本成本等章节均会涉及。

2. 加权平均数的应用

【例 12】扬州包子铺有一面点新品投资项目，其有关的经济环境概率及对应的投资收益率如下表所示。

经济环境	概率	投资收益率
繁荣	0.20	15%
复苏	0.60	10%
萧条	0.20	-5%

要求：计算该投资项目的预期收益率。

【答案】预期收益率 =0.20 × 15%+0.60 × 10%+0.20 × （-5%）=8%

【提示】权数之和等于 1。

【例 13】扬州包子铺有闲余资金 100 万元，准备用于投资 A、B 两种证券。两种证券的投资报酬率分别为 8% 和 15%，预计的投资额分别为 40 万元和 60 万元。

要求：计算证券组合的预期收益率。

【答案】

项目实施情况	投资报酬率	投资额（万元）	投资比重
A 证券	8%	40	40%
B 证券	15%	60	60%

证券组合的预期收益率 =（8% × 40+15% × 60）÷100 = 12.20%

此时的权数为投资额；

或：

证券组合的预期收益率 =8% × 40%+15% × 60%=12.20%

此时的权数为投资比重。

【例 14】扬州包子铺资金来源及资本成本率如下表所示。

资金来源	资金量（万元）	比重	资本成本率
股东投资	50	50%	12%
银行长期借款	30	30%	6%
融资租赁	20	20%	8%
资金总额	100	100%	—

要求：计算该企业的加权平均资本成本。

【答案】权数为资金来源比重：

加权平均资本成本 =12% × 50%+6% × 30%+8% × 20%=9.40%

三、求解方程（该内容数学基础较好的同学可以跳过）

（一）解一元一次方程

【例 15】已知 $2X+5=21$，求解 X。

【答案】

$2X=21-5$

$X=16\div 2$

$X=8$

【例 16】已知 $5\times(X-200)-360=100$，求解 X。

【答案】

$5\times(X-200)=100+360$

$X-200=460\div 5$

$X=92+200$

$X=292$

【例 17】已知 $\frac{(X-200)\times(1-25\%)}{4\ 000}=\frac{(X-200-500)\times(1-25\%)}{3\ 000}$，求解 X。

【答案】

$(X-200)\times(1-25\%)\times 3\ 000=(X-200-500)\times(1-25\%)\times 4\ 000$

$(X-200)\times 3\ 000=(X-200-500)\times 4\ 000$

$(X-200)\times 3=(X-700)\times 4$

$3X-600=4X-2\ 800$

$3X-4X=-2\ 800+600$

$-X=-2\ 200$

$X=2\ 200$

或：$X=(4\ 000\times 700-3\ 000\times 200)\div(4\ 000-3\ 000)=2\ 200$

（二）解二元一次方程组

【例 18】已知 $X+2.5\times(Y-X)=30\%$，$X+1.6\times(Y-X)=21\%$，求解 X、Y。

【答案】

两式相减得：

$0.9\times(Y-X)=9\%$

$Y-X=10\%$

将 $Y-X=10\%$ 代入任一式，得：

$X=5\%$

$Y=10\%+5\%=15\%$

专题二　本量利分析基础知识

知识点1　成本性态及其分类

一、成本性态

成本性态（又称成本习性），是指成本总额与业务量（如产品产量、销量等）之间的内在关系。比如，经营一家连锁品牌包子铺可能存在如下相关成本：

（1）门店的固定房租、机器设备及车辆的折旧、物业保洁费、日常照明及空调用电、办公费等。这些成本和包子销售数量无关。

（2）面粉、蔬菜、肉等食材成本；油、盐、酱、醋等调味料成本；计件的工人工资；包装费等。这些成本和包子销售数量成正比例关系。

（3）销售人员的工资［构成为底薪（2 000元）+提成（0.3元/个）］；阶梯式计价的运费等。这些成本和包子销售数量相关，但不呈正比例关系。

二、成本的分类

成本按其性态分类，可分为固定成本、变动成本与混合成本三大类。

（一）固定成本

1. 固定成本的概念

固定成本是指在特定的业务量范围内不受业务量变动的影响，一定期间内总额能保持相对稳定的成本。例如：固定月工资、固定折旧费（默认直线法）、房屋租金、取暖费、财产保险费、办公费、广告费、职工培训费、科研开发费等。

2. 固定成本的基本特征

（1）固定成本总额不因业务量的变动而变动。

（2）单位固定成本（单位业务量负担的固定成本）与业务量的增减呈反向变动。

固定成本的基本特征如下图所示。

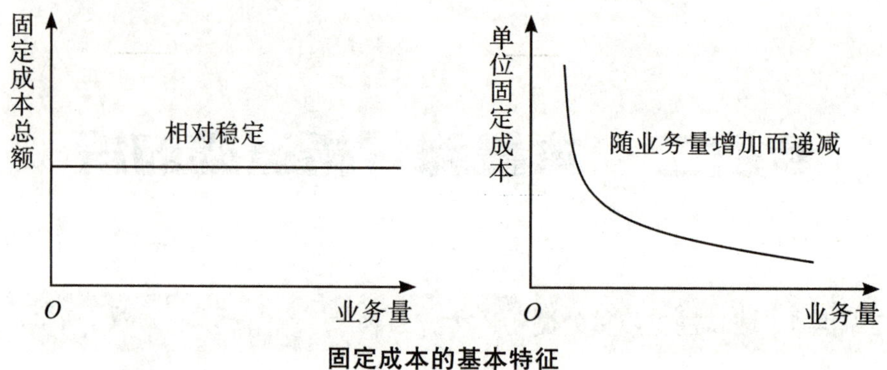

固定成本的基本特征

（二）变动成本

1. 变动成本的概念

变动成本是指在特定的业务量范围内其总额随业务量变动而成正比例变动的成本。例如：直接材料、直接人工、外部加工费、销售佣金等。

2. 变动成本的基本特征

（1）在特定的业务量范围内，变动成本总额随业务量的变动而呈正比例变动。

（2）单位变动成本（单位业务量负担的变动成本）相对稳定不变。

变动成本的基本特征如下图所示。

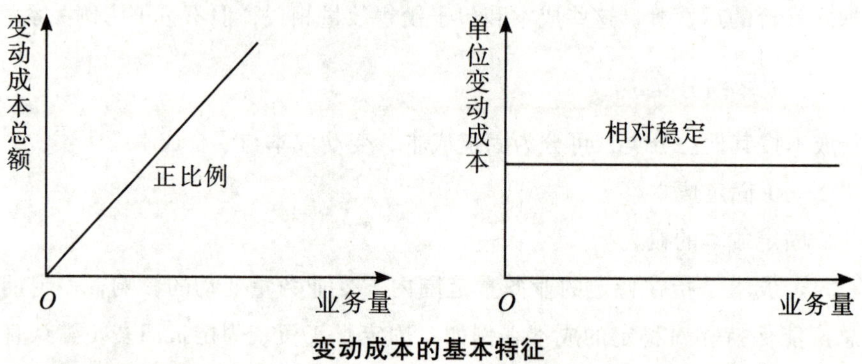

变动成本的基本特征

（三）混合成本

1. 混合成本的概念

混合成本是指除固定成本和变动成本之外的成本，它们因业务量变动而变动，但不呈正比例关系。

2. 混合成本的分类

分类	特点	图示
半变动成本	在初始成本的基础上随业务量正比例增长，用数学公式表示为 $y=a+bx$。 如：带固定月租的电话费	成本 O 业务量
阶梯式成本	又称步增成本或半固定成本，总额随业务量呈阶梯式增长。 如：受开工班次影响的动力费、整车运输费用、检验人员工资等	成本 O 业务量
延期变动成本	在一定业务量范围内总额保持稳定，超出特定业务量则开始随业务量同比例增长。 如：工人固定月工资 + 加班费	成本 O 业务量
非线性成本	成本和业务量有依存关系，但不是直线关系。在业务量相关范围内可以近似地看成变动成本或半变动成本。 包括变化率递增成本（如：违约金、罚金、累进计件工资）和变化率递减成本（如：手机流量费用，随着手机使用流量逐渐增加，单位流量的使用费用逐渐降低）	成本 O 业务量 成本 O 业务量

笔记区

【例1】不同情形下销售人员工资的成本性态如下表所示。

情形	成本性态
月薪5 000元、无提成、不加班	固定成本
无底薪，销售每件产品提成100元	变动成本
月底薪3 000元，销售每件产品提成60元	半变动成本
月底薪3 000元，每天工作8小时，超过部分加班费100元/小时	延期变动成本
月底薪3 000元，月销量800件之内无提成，超过800件，每件产品提成80元	延期变动成本

【例2】（单选·2021）甲公司销售员每月固定工资5 000元，在此基础上，每月完成销售额10万元后，还可按销售额的5%提成。根据成本性态分析，销售员的月工资是（　　）。

A. 半变动成本　　B. 阶梯式成本

C. 半固定成本　　D. 延期变动成本

【解析】延期变动成本，是指在一定业务量范围内总额保持稳定，超出特定业务量则开始随业务量同比例增长的成本，销售员的月工资符合延期变动成本的定义，选项D正确。

【例3】（单选·2019）电信运营商推出“手机10元保号，可免费接听电话和接收短信，主叫国内通话每分钟0.2元”套餐业务，若选用该套餐，则消费者每月手机费属于（　　）。

A. 半变动成本　　B. 固定成本

C. 阶梯式成本　　D. 延期变动成本

【解析】半变动成本是指在初始成本的基础上随业务量正比例变动的成本。本题中10元视为每月手机费的初始成本，之后手机费随通话量的增加而呈正比例增加，选项A正确。

【例4】（单选）下列关于混合成本性态分析的说法中，错误的是（　　）。

A. 半变动成本可分解为固定成本和变动成本

B. 延期变动成本在一定业务量范围内为固定成本，超过该业务量可分解为固定成本和变动成本

C. 阶梯式成本在一定业务量范围内为固定成本，当业务量超过一定限度，成本跳跃到新的水平时，以新的成本作为固定成本

例题答案：
【例2】D
【例3】A

D. 为简化数据处理，在相关范围内非线性成本可以近似看成变动成本或半变动成本

【解析】 延期变动成本在一定业务量范围内为固定成本，超过特定业务量则成为变动成本，选项 B 当选。

（四）总成本模型

将混合成本分解为固定成本和变动成本后，可得：

总成本 = 固定成本总额 + 变动成本总额

= 固定成本总额 + 单位变动成本 × 业务量

用数学关系式表示为：$y=a+bx$。

【例 5】（单选·2020） 甲公司生产 X 产品，产量处于 100 000 ～ 120 000 件时，固定成本总额 220 000 元，单位变动成本不变。目前，X 产品产量 110 000 件，总成本 440 000 元。预计下年总量 115 000 件，总成本是（　　）元。

A. 460 000　　B. 440 000

C. 450 000　　D. 不能确定

【解析】 440 000=220 000+ 单位变动成本 ×110 000

单位变动成本 =（440 000−220 000）÷110 000=2（元 / 件）

总成本 =220 000+2×115 000=450 000（元）。

知识点 2　本量利分析

一、本量利分析概述

（一）本量利分析的相关假设

1. 相关范围假设

（1）期间假设：对成本性态的划分应该限定在一定期间内；

（2）业务量假设：在一定期间内业务量往往不变或者变化不大。

2. 线性假设

（1）固定成本不变假设；

（2）变动成本与业务量呈完全线性关系假设；

（3）销售收入与销售数量呈完全线性关系假设。

3. 产销平衡假设

假设生产数量和销售数量相等。

例题答案：

【例 4】B

【例 5】C

4. 品种结构不变假设

假设在一个多品种生产和销售的企业中，各种产品的销售收入在总收入中所占的比重不会发生变化。

（二）本量利分析的基本关系式

1. 变动成本法下的利润表

利润表	字母表达
销售收入	pQ
减：总成本（不含利息的总成本） 其中：变动成本 固定成本	 vQ F
息税前利润	$EBIT$

本专题英文字母含义：

p——单价（*Price*）

Q——数量（*Quantity*）

v——单位变动成本（*Variable Cost*）

F——固定成本（*Fixed Cost*）

$EBIT$——息税前利润（*Earnings Before Interest and Tax*）

M——边际贡献（*Marginal Contribution*）

【例6】A公司生产一种产品，单价为10元，单位变动成本为6元，每月固定成本为2 400元，本月正常销售量为1 000件，则：

息税前利润（$EBIT$）=10×1 000-（6×1 000+2 400）=1 600（元）

或者：

单位边际贡献=10-6=4（元）

边际贡献总额=4×1 000=4 000（元）

息税前利润（$EBIT$）=4 000-2 400=1 600（元）

或者：

边际贡献率=（10-6）÷10×100%=40%

边际贡献总额=10×1 000×40%=4 000（元）

息税前利润（$EBIT$）=4 000-2 400=1 600（元）

2. 相关计算公式

边际贡献总额（M）= 销售收入（pQ）- 变动成本（vQ）

= [单价（p）- 单位变动成本（v）] × 销量（Q）

单位边际贡献（m）= 单价（p）- 单位变动成本（v）

息税前利润（EBIT）= 销售收入（pQ）－［变动成本（vQ）+ 固定成本（F）］

= 边际贡献总额（M）－固定成本（F）

$$边际贡献率 = \frac{边际贡献总额（M）}{销售收入（pQ）} = \frac{单位边际贡献（m）}{单价（p）}$$

$$变动成本率 = \frac{变动成本（vQ）}{销售收入（pQ）} = \frac{单位变动成本（v）}{单价（p）}$$

变动成本率 + 边际贡献率 =1

【例7】（单选） 某企业生产某一产品，年销售收入为100万元，变动成本总额为60万元，固定成本总额为16万元，则该产品的边际贡献率为（　　）。

A. 40%　　B. 76%

C. 24%　　D. 60%

【解析】 边际贡献率 =1－60÷100=40%；或者：边际贡献总额 =100－60=40（万元），边际贡献率 =40÷100=40%。

【例8】（单选·2019） 某公司月销售收入为50万元，边际贡献率为30%，该公司仅有K、W两部门，其中K部门变动成本为30万元，边际贡献率为25%，下列各项中错误的是（　　）。

A. K部门的变动成本率为70%　　B. K部门的边际贡献为10万元

C. W部门的边际贡献率为50%　　D. W部门的销售收入为10万元

【解析】 K部门变动成本率 =1－25%=75%，选项A当选；K部门销售收入 =30÷75%=40（万元），K部门边际贡献 =40×25%=10（万元），选项B不当选。W部门销售收入 =50－40=10（万元），选项D不当选。该公司边际贡献总额 =50×30%=15（万元），W部门边际贡献 =15－10=5（万元），W部门边际贡献率 =5÷10×100%=50%，选项C不当选。

二、单一产品的保本分析

（一）保本点分析

1. 保本点的概念

保本点（盈亏临界点）是指企业收入和成本相等的经营状态，即边际贡献等于固定成本时企业所处的既不盈利又不亏损的状态。通常用一定的业务量（保本量或保本额）来表示。

【例9】 A公司生产一种产品，单价为10元，单位变动成本为6元，每月固定成本为2 400元，本月正常销售量为1 000件。

例题答案：
【例7】A
【例8】A

笔记区

要求：计算该产品的保本点销售量、销售额（即保本量、保本额）。

【答案】

令：$EBIT$=（10−6）× Q_0−2 400=0

得出：保本量（Q_0）=600（件）

保本额 =10 × 600=6 000（元）

或者：保本额 ×（10−6）÷ 10−2 400=0

得出：保本额 =6 000（元）

保本量 =6 000 ÷ 10=600（件）

2. 相关计算公式

保本量 = 固定成本 ÷（单价 − 单位变动成本）

保本额 = 保本量 × 单价 = 固定成本 ÷ 边际贡献率

【提示】从保本点的计算公式可以看出，降低保本点主要有以下途径：

（1）降低固定成本总额（降低幅度相同）；

（2）降低单位变动成本（降低幅度不一致）；

（3）提高销售单价（变动幅度不一致）。

【例 10】（多选）边际贡献为正，产品单位变动成本和单价均下降 1 元，下列各项正确的有（　　）。

A. 保本额不变　　B. 保本量不变

C. 单位边际贡献不变　　D. 边际贡献率不变

【解析】单位边际贡献 = 单价 − 单位变动成本，单位变动成本和单价均下降 1 元，单位边际贡献不变。边际贡献率 = 单位边际贡献 ÷ 单价，单位边际贡献不变，单价降低，边际贡献率变大。保本量 = 固定成本 ÷ 单位边际贡献，保持不变。保本额 = 固定成本 ÷ 边际贡献率，会变小。选项 B、选项 C 当选。

【例 11】（多选）下列各项指标中，与保本点呈同向变化关系的有（　　）。

A. 单位售价　　B. 预计销量

C. 固定成本总额　　D. 单位变动成本

【解析】保本量 = 固定成本 ÷（单价 − 单位变动成本），可以看出，固定成本总额和单位变动成本与保本量同方向变化，单价与保本量反方向变化，预计销售量与保本量无关，选项 C、选项 D 当选。

例题答案：

【例 10】BC

【例 11】CD

（二）安全边际分析

1. 安全边际的概念

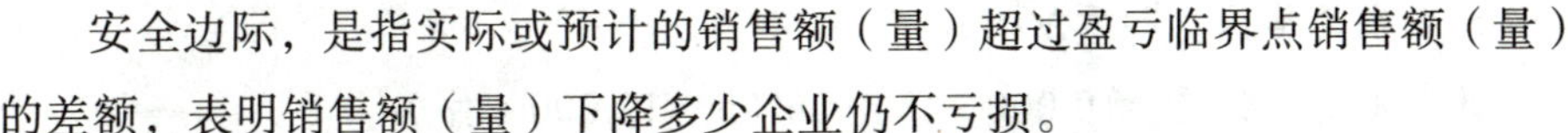

安全边际，是指实际或预计的销售额（量）超过盈亏临界点销售额（量）的差额，表明销售额（量）下降多少企业仍不亏损。

【例 12】A 公司生产一种产品，单价为 10 元，单位变动成本为 6 元，每月固定成本为 2 400 元，本月正常销售量为 1 000 件。

要求：计算 A 公司的安全边际量、安全边际额、盈亏临界点作业率和安全边际率，并分析其经营是否安全。

【答案】

保本量 =2 400÷（10−6）=600（件）

保本额 =10×600=6 000（元）

安全边际量 =1 000−600=400（件）

安全边际额 =400×10=4 000（元）

盈亏临界点作业率 =600÷1 000×100%=60%

安全边际率 =400÷1 000×100%=40%

企业经营安全。

2. 相关计算公式

安全边际量 = 实际（或预计）销售量 − 盈亏临界点销售量（保本量）

安全边际额 = 实际（或预计）销售额 − 盈亏临界点销售额（保本额）

盈亏临界点作业率 = 盈亏临界点销售量 ÷ 实际（或预计）销售量 ×100%

= 盈亏临界点销售额 ÷ 实际（或预计）销售额 ×100%

安全边际率 = 安全边际量 ÷ 实际（或预计）销售量 ×100%

= 安全边际额 ÷ 实际（或预计）销售额 ×100%

盈亏临界点作业率 + 安全边际率 =1

【例 13】（计算分析）某公司生产销售 A 产品，产销平衡，目前单价为 60 元 / 件，单位变动成本 24 元 / 件，固定成本总额 72 000 元，目前销售量水平为 10 000 件。公司计划期决定降价 10%，预计产品销售量将提高 20%，计划单位变动成本和固定成本总额不变。

要求：

（1）计算当前 A 产品的单位边际贡献、边际贡献率。

（2）计算计划期 A 产品的盈亏临界点的业务量和盈亏临界点作业率。

【答案】

（1）单位边际贡献 =60−24=36（元 / 件）

边际贡献率 =36÷60×100%=60%

（2）计划期单价 =60×（1-10%）=54（元/件）

计划期的单位边际贡献 =54-24=30（元/件）

计划期的总销量 =10 000×（1+20%）=12 000（件）

盈亏临界点的业务量 =72 000÷30=2 400（件）

盈亏临界点作业率 =2 400÷12 000×100%=20%

【例 14】（单选）某企业生产销售 A 产品，且产销平衡。其销售单价为 25 元/件，单位变动成本为 18 元/件，固定成本为 2 520 万元。若 A 产品的正常销售量为 600 万件，则安全边际率为（　　）。

A. 30%　　　　B. 50%

C. 60%　　　　D. 40%

【解析】保本销售量 = 固定成本 ÷（单价 - 单位变动成本）=2 520÷（25-18）=360（万件），安全边际量 = 正常销售量 - 保本销售量 =600-360=240（万件），安全边际率 = 安全边际量 ÷ 正常销售量 ×100%=240÷600×100%=40%。

【例 15】（多选）关于安全边际，下列表述正确的有（　　）。

A. 安全边际率可以用 1 减去盈亏临界点作业率求得

B. 安全边际额是指实际或预计销售额超过保本点销售额的部分

C. 安全边际率越大，企业发生亏损的可能性就越小

D. 其他因素不变时，安全边际额越大，利润就越大

【解析】盈亏临界点作业率 + 安全边际率 =1，选项 A 当选；安全边际额是指实际或预计销售额超过保本点销售额的部分，选项 B 当选；安全边际越大，企业发生亏损的可能性越小，选项 C 当选；其他因素不变时，安全边际额越大，利润就越大，选项 D 当选。

【例 16】（单选）根据本量利分析原理，若其他因素不变，下列措施中，能够提高安全边际且不会降低保本点的是（　　）。

A. 提高销售单价　　　　B. 降低固定成本总额

C. 增加销售量　　　　D. 提高单位变动成本

【解析】盈亏平衡点（保本点）的业务量 = 固定成本 ÷（单价 - 单位变动成本），所以提高销售单价、降低固定成本总额均会使保本点降低，选项 A、选项 B 不当选。安全边际量 = 实际销售量 - 盈亏平衡点销售量，提高销售量，能够提高安全边际量，且不会降低保本量，选项 C 当选；提高单位变动成本会使盈亏平衡点销售量增加，导致安全边际量降低，选项 D 不当选。

例题答案：
【例 14】D
【例 15】ABCD
【例 16】C

笔记区

三、保利分析

保利量（额）就是使企业实现目标利润（目标息税前利润）所需完成的业务量（额）。

其基本关系式如下：

令：销售量 ×（单价 - 单位变动成本）- 固定成本 = 目标利润

确定实现目标利润的业务量和销售额。

【例 17】某企业生产和销售单一产品，产品的单价为 50 元，单位变动成本为 25 元，固定成本为 50 000 元。如果将目标利润定为 40 000 元，则有：

（50−25）× Q−50 000=40 000

解得：保利量 Q=（50 000+40 000）÷（50−25）=3 600（件）

保利额 =3 600 × 50=180 000（元）

【例 18】接【例 17】，沿用上例资料，现在假定该公司将目标税后利润定为 30 000 元，假设不存在利息费用，企业所得税税率为 25%。

要求：计算实现目标利润的保利量和保利额。

【答案】［（50−25）× Q−50 000］×（1−25%）=30 000

解得：保利量 Q=3 600（件），保利额 =3 600 × 50=180 000（元）

【例 19】（单选）某公司生产和销售某种产品，产销平衡，单价为 60 元 / 件，单位变动成本为 20 元 / 件，固定成本总额为 60 000 元。假设目标利润为 30 000 元，则保利量为（　　）。

A. 1 500 件　　　　B. 4 500 件

C. 1 000 件　　　　D. 2 250 件

【解析】保利量 =（30 000+60 000）÷（60−20）=2 250（件）。

四、利润敏感分析

基于本量利关系的利润敏感分析，主要研究分析有关参数发生多大变化会使盈利转为亏损，各参数变化对利润（税前经营利润）变化的影响程度，以及各因素变动时如何调整应对，以保证原目标利润的实现。

敏感系数 = 税前经营利润变动百分比 ÷ 参数值变动百分比

如果某参数的敏感系数绝对值大于 1，则该参数为敏感因素；如果某参数的敏感系数绝对值小于 1，则该参数为不敏感因素。

【例 20】某企业生产和销售单一产品，计划年度内有关数据预测如下：销售量为 100 000 件，单价为 30 元，单位变动成本为 20 元，固定成本为

例题答案：

【例 19】D

笔记区

200 000元。假设其他条件不变，销售量、单价、单位变动成本和固定成本分别增长10%。

要求：计算各因素的敏感系数。

【答案】

预计的目标利润 =（30−20）×100 000−200 000=800 000（元）

（1）增长后的销售量 =100 000×（1+10%）=110 000（件）

息税前利润 =（30−20）×110 000−200 000=900 000（元）

利润变化的百分比 =（900 000−800 000）÷800 000×100%=12.50%

销售量的敏感系数 =12.50%÷10%=1.25

（2）增长后的单价 =30×（1+10%）=33（元）

息税前利润 =（33−20）×100 000−200 000=1 100 000（元）

利润变化的百分比 =（1 100 000−800 000）÷800 000×100%=37.50%

单价的敏感系数 =37.50%÷10%=3.75

（3）增长后的单位变动成本 =20×（1+10%）=22（元）

息税前利润 =（30−22）×100 000−200 000=600 000（元）

利润变化的百分比 =（600 000−800 000）÷800 000×100%=−25%

单位变动成本的敏感系数 =（−25%）÷10%=−2.50

（4）增长后的固定成本 =200 000×（1+10%）=220 000（元）

息税前利润 =（30−20）×100 000−220 000=780 000（元）

利润变化的百分比 =（780 000−800 000）÷800 000×100%=−2.50%

固定成本的敏感系数 =（−2.50%）÷10%=−0.25

根据【例20】可以得出以下结论：

（1）某一因素的敏感系数为负号，表明该因素与利润呈反向变动关系。

（2）判断敏感因素的依据是敏感系数的绝对值，绝对值越大，分析指标对该因素越敏感。本例中，对利润影响程度最大的因素是单价，影响程度最小的因素是固定成本。

【提示】销售量的敏感系数等于经营杠杆系数。

名师点睛

简便算法（如果只有一个因素变动）：

$$销售单价的敏感系数=\frac{基期的销售收入（pQ）}{基期的息税前利润（EBIT）}$$

$$销售量的敏感系数=\frac{基期的边际贡献（M）}{基期的息税前利润（EBIT）}$$

$$单位变动成本的敏感系数=\frac{-基期的变动成本总额（vQ）}{基期的息税前利润（EBIT）}$$

$$固定成本的敏感系数=\frac{-基期的固定成本总额（F）}{基期的息税前利润（EBIT）}$$

【例 21】（单选·2018）甲公司只生产一种产品，目前处于盈利状态，单位变动成本为 10 元，息税前利润对单位变动成本的敏感系数为 −4。假设其他条件不变，甲公司处于盈亏平衡点时的单位变动成本为（　　）元。

A. 7.50　　B. 9.60

C. 10.40　　D. 12.50

【解析】当甲公司处于盈亏平衡点时，息税前利润 =0，息税前利润变动率 =−100%，息税前利润对单位变动成本的敏感系数 =（−100%）÷ 单位变动成本变动率 =−4，解得：单位变动成本变动率 =25%，单位变动成本 =10×（1+25%）=12.50（元）。

【例 22】（单选）某企业只生产销售一种产品，目前处于盈利状态。经测算，息税前利润对单位变动成本的敏感系数为 −2，为了确保下年度企业不亏损，单位变动成本的最大涨幅为（　　）。

A. 25%　　B. 100%

C. 50%　　D. 30%

【解析】“为了确保下年度企业不亏损”意味着“利润下降的最大幅度为 100%”，所以，单位变动成本的最大涨幅 =（−100%）÷（−2）=50%。

例题答案：
【例 21】D
【例 22】C

专题三　货币时间价值及应用

知识点1　货币时间价值

一、货币时间价值的概念

【例1】假设扬州包子铺有一笔应收销货款，现在可收100万元，1年后可收110万元。对于该笔应收销货款，公司有以下三项考虑：

（1）现在收还是一年以后收？哪种收款方式更划算？

——现在的100万元相当于1年后的多少钱？

——或者一年后的110万相当于现在的多少钱？

收入差额取决于：时间、利率

（2）如果物价上涨，一年后是不是应该多收点钱？

——补偿通货膨胀风险的收益。

（3）若一年后对方违约，公司收不到钱呢？

——补偿企业违约风险的收益。

货币时间价值，是指货币经历一定时间的投资和再投资所增加的价值。理论上，货币的时间价值率是没有风险和没有通货膨胀下的社会平均利润率，实务中常以利率、报酬率等来替代。不存在通货膨胀时，短期政府债券的利率可以视为纯粹利率。利率的构成如下图所示。

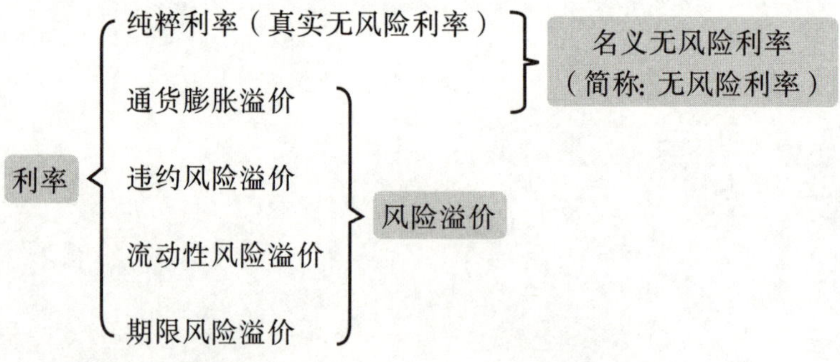

二、复利终值和复利现值

（一）复利终值和复利现值的概念

复利是计算利息的一种方法。复利终值简称“本利和”，而复利现值是复利终值的对称概念。复利终值和复利现值的收付形式如下图所示。

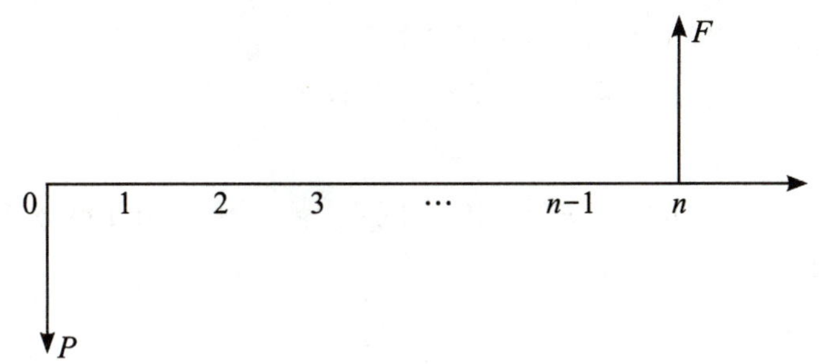

复利终值和复利现值的收付形式

本专题英文字母含义：

P——现值（*Present Value*）

F——终值（*Future Value*）

i——利率（*Interest Rate*）

n——计息期数（*Number of Interest Periods*）

（二）计息方式

单利：只有本金计息，利息不计息。（鸡生蛋）

复利：不仅本金计息，利息也计息。（鸡生蛋、蛋生小鸡，也称“利滚利”）

1. 复利终值

【例 2】假设扬州包子铺资金充裕，现用 100 万元购买中低风险的理财产品，按年计息，到期一次收本收息，年收益率为 4%。

要求：

（1）按单利计算，5 年后本利和是多少？

（2）按复利计算，5 年后本利和是多少？

【答案】

（1）单利计息：

每一年的利息 =100×4%=4（万元）

5 年后终值（*F*）=100+5×4=120（万元）

（2）复利计息：

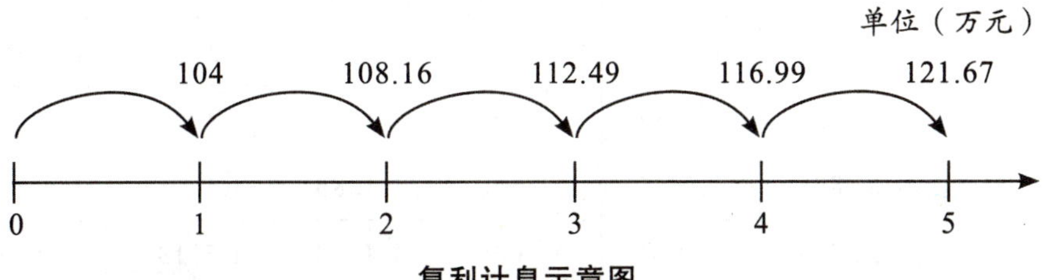

复利计息示意图

5 年后终值（*F*）

=100×（1+4%）×（1+4%）×（1+4%）×（1+4%）×（1+4%）

$=100\times(1+4\%)^5=121.67$（万元）

在本例中，按复利计算的5年后的本利和也可以表述为：5年后终值（F）= 100×（F/P，4%，5）。

在本例中，“100×（F/P，4%，5）”表示现值为100万元，利率为4%，期数为5的复利终值。

$100\times(F/P,4\%,5)=100\times(1+4\%)^5$

复利终值的表达式为：

复利终值 $F=P\times(1+i)^n=P\times(F/P,i,n)$

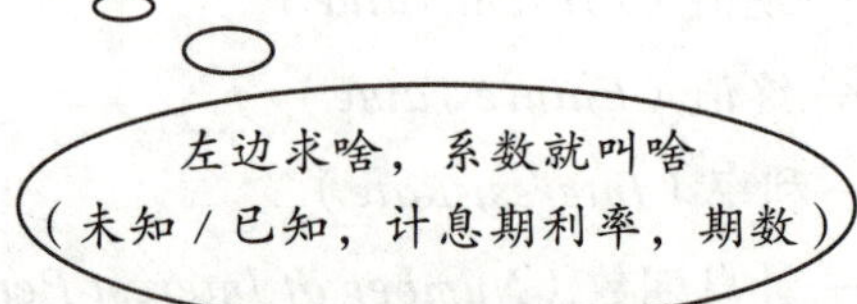

其中，（F/P，i，n）称为复利终值系数，复利终值系数可通过复利终值系数表查得，也可自行计算。熟练计算后，考试中自行计算速度可能高于查表速度。

【提示】关于系数表的查阅方法。以查阅（F/P，4%，5）的系数为例，下表为复利终值系数表，查阅方法是先找出表内利率4%所在的列，再找出期数5所在的行，行列相交的数据即为（F/P，4%，5）的系数值，（F/P，4%，5）=1.2167。复利现值系数、年金现值系数和年金终值系数的查阅方法与此相同。

复利终值系数表

期数	1%	2%	3%	4%	5%	6%
1	1.0100	1.0200	1.0300	1.0400	1.0500	1.0600
2	1.0201	1.0404	1.0609	1.0816	1.1025	1.1236
3	1.0303	1.0612	1.0927	1.1249	1.1576	1.1910
4	1.0406	1.0824	1.1255	1.1699	1.2155	1.2625
5	1.0510	1.1041	1.1593	1.2167	1.2763	1.3382
6	1.0615	1.1262	1.1941	1.2653	1.3401	1.4185
7	1.0721	1.1487	1.2299	1.3159	1.4071	1.5036
8	1.0829	1.1717	1.2668	1.3686	1.4775	1.5938
9	1.0937	1.1951	1.3048	1.4233	1.5513	1.6895

名师点睛

（1）复利终值系数恒大于1；

（2）利率越大或期数越大，系数越大；

（3）考试中可以采用以下任一表达方式，尽量简化以节省答题时间：

①5年后终值=100×（1+4%）^5=121.67（万元）（符号“^”在电脑上的输入方式：在英文输入法的状态下，先按住shift键不放，再按下字母区的数字6）；

②5年后终值=100×（F/P，4%，5）=121.67（万元）；

③5年后终值=100×1.2167=121.67（万元）。

2. 复利现值

【例3】扬州包子铺为未来开设分店积攒资金，希望5年后能有100万元用于开设分店。假设某理财产品的年收益率为4%，每年计息一次，按复利计息。

要求：计算扬州包子铺现在应一次性购买该理财产品多少万元？

【答案】

令：$100=P\times(1+4\%)^5$

现值 $P=\dfrac{100}{(1+4\%)^5}$

或：现值 P=100/（1+4%）^5

=100×（P/F，4%，5）

=100×0.8219=82.19（万元）

【提示】$(1+4\%)^5=1.2167$，$\dfrac{1}{(1+4\%)^5}=0.8219$，1.2167和0.8219互为倒数，即复利终值系数和复利现值系数互为倒数。

复利现值的表达式为：

复利现值 $P=\dfrac{F}{(1+i)^n}=F\times(1+i)^{-n}$

$=F\times(P/F, i, n)$

其中，（P/F，i，n）称为复利现值系数。

名师点睛

（1）复利现值系数恒小于1；

（2）利率越大或期数越大，系数越小；

（3）复利终值系数和复利现值系数互为倒数。

笔记区

【例 4】（单选）某工程项目现需要投入 3 亿元，如果延迟一年建设，投入将增加 10%，假设利率为 5%，则项目延迟造成的投入现值的增加额为（　　）。

A. 0.14 亿元　　　　B. 0.17 亿元

C. 0.30 亿元　　　　D. 0.47 亿元

【解析】项目延迟造成的投入现值的增加额

$=3\times(1+10\%)\times(P/F,5\%,1)-3$

$=3.30\times0.9524-3=0.14$（亿元）

或：项目延迟造成的投入现值的增加额 $=\frac{3.30}{1+5\%}-3=0.14$（亿元）。

（三）一年多次计息时的有效年利率

【例 5】假设小美将 100 万元用于购买中低风险的理财产品，年收益率为 4%。

要求：

（1）如果每半年计息一次，按照复利计算，5 年后本金和收益之和是多少？

（2）如果每季度计息一次，按照复利计算，5 年后本金和收益之和是多少？

【答案】

（1）如果每半年计息一次：

5 年后的复利终值（F）$=100\times\left(1+\frac{4\%}{2}\right)^{5\times2}$

$=100\times(F/P,2\%,10)=100\times1.2190=121.90$（万元）

（2）如果每季度计息一次：

5 年后的复利终值（F）$=100\times\left(1+\frac{4\%}{4}\right)^{5\times4}$

$=100\times(F/P,1\%,20)=100\times1.2202=122.02$（万元）

一年多次计息时，给出的年利率为报价利率（或称名义利率）。按照复利计算的年利息与本金的比值为有效年利率（或称实际利率）。

【例 6】假设小美将 100 万元用于购买 5 年后到期的中低风险的理财产品，年收益率为 4%。不考虑其他因素。

要求：

（1）如果每年付息一次（一年复利 1 次），计算有效年利率并分析有效

例题答案：
【例 4】A

年利率和报价利率的大小关系。

（2）如果每半年付息一次（一年复利 2 次），计算有效年利率并分析有效年利率和报价利率的大小关系。

（3）如果每季度计息一次（一年复利 4 次），计算有效年利率并分析有效年利率和报价利率的大小关系。

【答案】

（1）如果每年付息一次（一年复利 1 次）：

$$有效年利率=\frac{100\times(1+4\%)^1-100}{100}=(1+4\%)^1-1=4\%$$

此时，有效年利率 = 报价利率。

（2）如果每半年付息一次（一年复利 2 次）：

$$有效年利率=\frac{100\times\left(1+\frac{4\%}{2}\right)^2-100}{100}=\left(1+\frac{4\%}{2}\right)^2-1=4.04\%$$

有效年利率为 4.04% 且一年付息一次的理财产品，和报价利率为 4% 且每半年付息一次的理财产品的收益完全相同。此时，有效年利率高出报价利率 0.4%。

验证：

$$F=100\times\left(1+\frac{4\%}{2}\right)^{5\times2}=121.90（万元）$$

$$F=100\times(1+4.04\%)^5=121.90（万元）$$

（3）如果每季度计息一次（一年复利 4 次）：

$$有效年利率=\frac{100\times\left(1+\frac{4\%}{4}\right)^4-100}{100}=\left(1+\frac{4\%}{4}\right)^4-1=4.06\%$$

有效年利率为 4.06% 且一年付息一次的理财产品，和报价利率为 4% 且每季度付息一次的理财产品的收益完全相同。此时，有效年利率高出报价利率 0.6%。

验证：

$$F=100\times\left(1+\frac{4\%}{4}\right)^{5\times4}=122.02（万元）$$

$$F=100\times(1+4.06\%)^5=122.02（万元）$$

在报价利率相同的情况下，一年中付息次数越多（计息频率越快），有效年利率越大。有效年利率和报价利率的关系如下：

$$有效年利率=\left(1+\frac{报价利率}{每年计息次数}\right)^{每年计息次数}-1$$

【例 7】（单选）某企业于年初购买高风险理财产品 10 000 元，假定报价利率为 12%，每年复利两次。已知（*F/P*，6%，5）=1.3382，（*F/P*，6%，10）=1.7908，（*F/P*，12%，5）=1.7623，（*F/P*，12%，10）=3.1058。则第 5 年年末的本利和为（　　）元。

A. 13 382　　　　B. 17 623

C. 17 908　　　　D. 31 058

【解析】第 5 年年末的本利和

=10 000×（*F/P*，12%/2，5×2）

=10 000×（*F/P*，6%，10）

=10 000×1.7908=17 908（元）

【例 8】（单选）某人退休时有现金 10 万元，拟选择一项回报比较稳定的投资，希望每个季度能收入 2 000 元用于补贴生活支出。那么，该项投资的年实际报酬率应为（　　）。

A. 2%　　　　B. 8%

C. 8.24%　　　　D. 10.04%

【解析】每个季度取得 2 000 元的收入，相当于每年计息 4 次，则每个季度的报酬率 =2 000÷100 000×100%=2%，即计息期利率等于 2%，年实际报酬率 =$(1+2\%)^4-1$=8.24%，选项 C 正确。

【例 9】（单选）甲债券每半年付息一次，票面年利率为 6%，乙债券每季度付息一次，如果甲、乙债券在经济上完全等效（即实际的收益相同），则乙债券票面利率为（　　）。

A. 1.49%　　　　B. 6.09%

C. 5.96%　　　　D. 6%

【解析】甲债券的有效年利率 =$(1+6\%\div2)^2-1$=6.09%；令：乙债券有效年利率 =$(1+i\div4)^4-1$=6.09%，解得：乙债券的票面利率 =$[(1+6.09\%)^{1/4}-1]\times4$=5.96%。

三、年金终值和年金现值

（一）年金的概念

年金（*Annuity*）是指等额、定期的系列收付款项。

常见的年金形式：每年（或每月、每季度）相等的养老金、公积金、房租、利息、等额本息的房贷、固定月工资等。

例题答案：
【例 7】C
【例 8】C
【例 9】C

笔记区

（二）年金终值

1. 普通年金终值

普通年金终值的收付形式如下图所示。

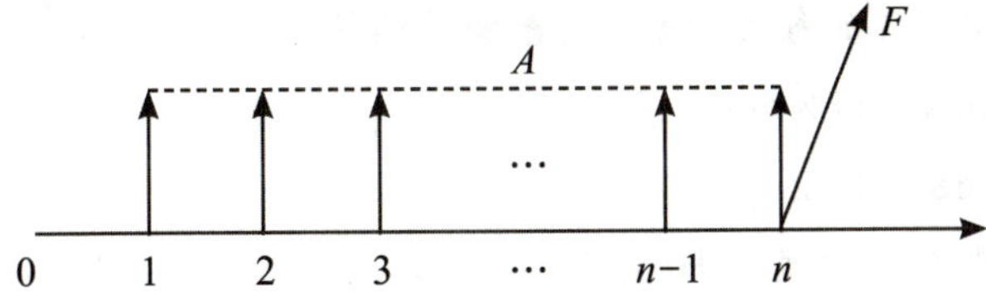

普通年金终值的收付形式

$F=A(1+i)^{n-1}+\cdots+A(1+i)^{2}+A(1+i)^{1}+A$

$F(1+i)=A(1+i)^{n}+\cdots+A(1+i)^{3}+A(1+i)^{2}+A(1+i)$

后式减前式：$F\times i=A\times(1+i)^{n}-A$

得出：年金终值 $F=A\times\dfrac{(1+i)^{n}-1}{i}$

$=A\times(F/A,\ i,\ n)$

其中，$(F/A,\ i,\ n)$ 称为年金终值系数。

【例 10】小美公司年初销售某商品，合同规定可选以下两种付款方式：

（1）1 月到 12 月每月月末付款 10 万元；

（2）同年年末一次性付款 130 万元。

假设市场的投资年利率为 12%。

要求：如果以年末价值比较，你觉得客户一般会选择哪种方案？

【答案】

第一种方案年末的终值（普通年金终值）

$=10\times(F/A,\ 12\%/12,\ 12)$

$=10\times12.683=126.83$（万元）

计算结果表明，方案一 126.83 万元＜方案二 130 万元，所以客户会选择第一种方案。

名师点睛

（1）n 大于 1 时，年金终值系数恒大于 n；

（2）利率越大或期数越大，系数越大。

2. 年偿债基金

年金终值 $F=A\times(F/A,\ i,\ n)$

年偿债基金 $A=\dfrac{F}{(F/A,\ i,\ n)}$

【提示】年偿债基金和普通年金终值互为逆运算。

【例 11】在【例 10】的情形下，如果以每月月末价值比较，你觉得客户一般会选择哪种方案？

【答案】

第二种方案折算的每月相等的付款额（偿债基金）

=130÷（F/A，12%/12，12）

=130÷12.683=10.25（万元）

计算结果表明，方案一 10 万元 < 方案二 10.25 万元，所以客户会选择第一种方案。

3. 预付年金终值

预付年金终值的收付形式如下图所示。

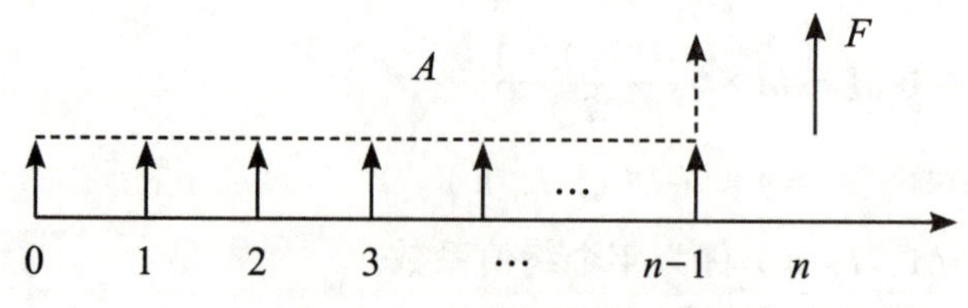

预付年金终值的收付形式

预付年金终值 F= 普通年金终值 ×（1+i）

或：预付年金终值 F=（n+1）期的普通年金终值 −A

=A×（F/A，i，n+1）−A

=A×［（F/A，i，n+1）−1］

【例 12】小美公司年初销售某商品，合同规定可选以下两种付款方式：

（1）1 月到 12 月每月月初付款 10 万元；

（2）同年年末一次性付款 130 万元。

假设市场的投资年利率为 12%。

要求：如果以年末价值比较，你觉得客户一般会选择哪种方案？

【答案】

第一种方案年末的终值（预付年金终值）

=10×（F/A，12%/12，12）×（1+1%）

=10×12.683×1.01=128.10（万元）

或者：

=10×［（F/A，12%/12，12+1）−1］

=10×（13.809−1）=128.09（万元）

计算结果表明，方案一 128.09 万元 < 方案二 130 万元，所以客户会选择第一种方案。

【提示】两种方法的计算结果差异系尾差所致。

4. 递延年金终值

递延年金终值的收付形式如下图所示。

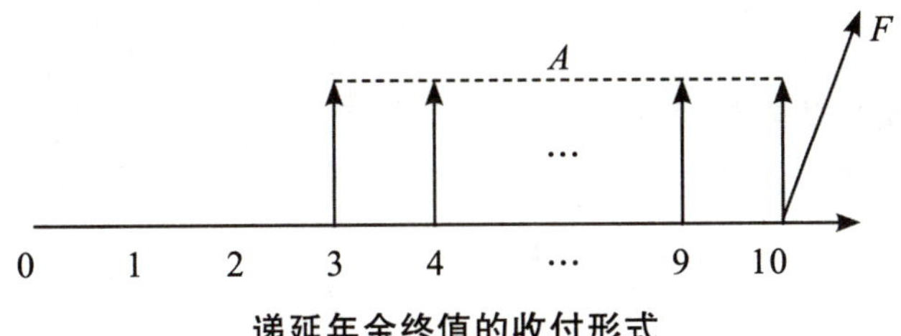

递延年金终值的收付形式

递延年金终值的计算方法和普通年金终值类似。例如，租赁期为 10 年，免租期为 2 年的房屋租赁可视为递延年金，$F=A\times(F/A,\ i,\ 10-2)$。

【**提示**】递延年金终值的计算与递延期无关。

5. 永续年金的终值

永续年金可以看作期数 n 趋于 ∞ 的普通年金，所以永续年金没有终值。

（三）年金现值

1. 普通年金现值

普通年金现值的收付形式如下图所示。

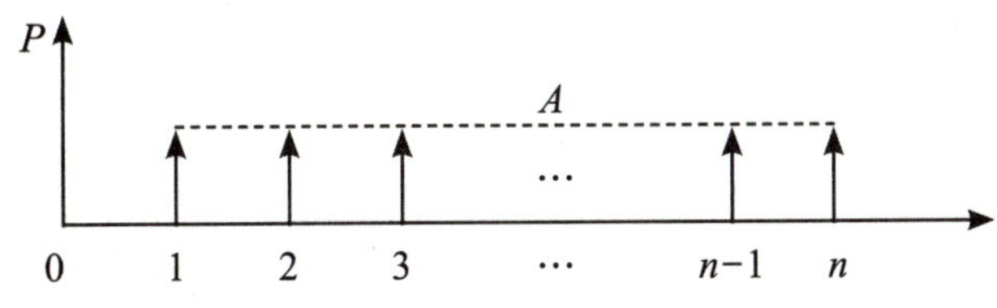

普通年金现值的收付形式

$P=A(1+i)^{-1}+A(1+i)^{-2}+A(1+i)^{-3}\cdots+A(1+i)^{-n}$

$P(1+i)=A(1+i)^{0}+A(1+i)^{-1}+A(1+i)^{-2}+\cdots+A(1+i)^{-n+1}$

后式减前式：$P\times i=A-A(1+i)^{-n}$

得出：年金现值 $P=A\times\dfrac{1-(1+i)^{-n}}{i}$

$=A\times(P/A,\ i,\ n)$

其中，$(P/A,\ i,\ n)$ 称为年金现值系数。

【**例 13**】扬州包子铺有一商铺对外出租，租期为 5 年，每半年收取一次租金（于每期期末收取），半年租金为 6 万元。假设市场的投资年利率为 4%。

要求：若对方于租赁开始日一次性支付租金，扬州包子铺应该收取租金多少万元？

【**答案**】

计息期的利率 =4% ÷ 2=2%

笔记区

计息期 $=5\times 2=10$（期）

$P=6\times(P/A,\ 2\%,\ 10)=6\times 8.9826=53.90$（万元）

名师点睛

（1）年金现值系数恒小于 n；

（2）普通年金收付在每期期末；

（3）普通年金现值在第一期期初。

【例 14】（单选）甲商场某型号电视机每台售价 7 200 元，拟进行分期付款促销活动，价款可在 9 个月内按月分期，每期期末等额支付。假设年利率为 12%。下列各项金额中，最接近该电视机月末分期付款金额的是（　　）元。已知（P/A，1%，9）= 8.5660，（P/A，12%，9）= 5.3282

A. 800　　B. 832

C. 841　　D. 850

【解析】月利率 = 12% ÷ 12 = 1%，月末分期付款金额 A = 7 200 ÷（P/A，1%，9）= 7 200 ÷ 8.5660 = 840.53（元）。

2. 年投资回收额

年投资回收额的收付形式如下图所示。

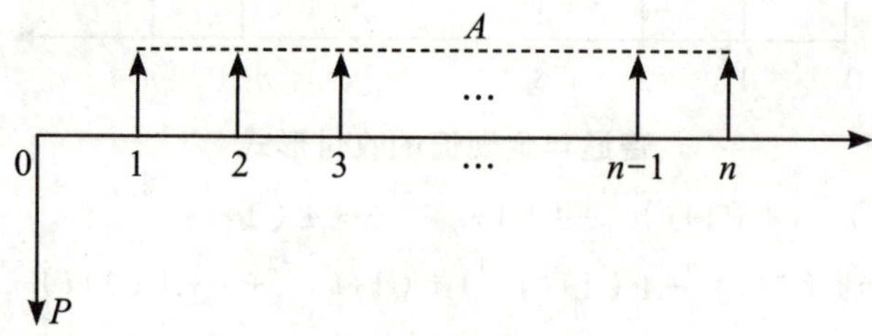

年投资回收额的收付形式

年金现值 $P=A\times(P/A,\ i,\ n)$

年投资回收额 $A=\dfrac{P}{(P/A,\ i,\ n)}$

【提示】年投资回收额与普通年金现值互为逆运算。

【例 15】小美结婚买房，向银行借款 300 000 元，房贷年利率 6%，期限 5 年，自 2021 年 1 月 1 日起至 2025 年 12 月 31 日止。小美选择等额本息还款方式偿还贷款本息，假设每半年还款一次，即还款日在每年的 6 月 30 日和 12 月 31 日。

要求：计算小美每半年的还款额是多少？

例题答案：

【例 14】C

【答案】

设每半年还款额为 A，则：

$A\times$（P/A，3%，10）=300 000

A=300 000÷8.5302=35 169.16（元）

3. 预付年金现值

预付年金现值的收付形式如下图所示。

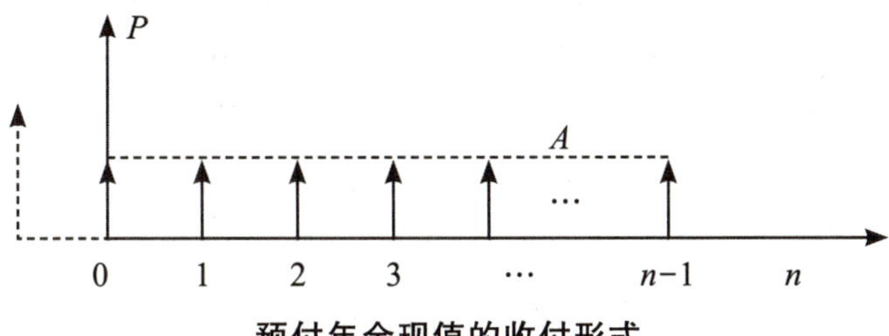

预付年金现值的收付形式

预付年金现值 P= 普通年金现值 ×（1+i）

预付年金现值 P=（n−1）期的普通年金现值 +A

=$A\times$（P/A，i，n−1）+A

=$A\times$［（P/A，i，n−1）+1］

【提示】无论是终值还是现值，预付年金 = 普通年金 ×（1+i）。

【例 16】扬州包子铺有一商铺对外出租，租期为 5 年，每半年收取一次租金（于每期期初收取），半年租金 6 万元。假设市场的投资年利率为 4%。

要求：若对方于租赁开始日一次性支付租金，扬州包子铺应该收取租金多少万元？

【答案】

计息期的利率 =4%÷2=2%

计息期 =5×2=10（期）

一次性收取租金金额 =6×（P/A，2%，10）×（1+2%）

=6×8.9826×（1+2%）=54.97（万元）

或者：一次性收取租金金额 =6+6×（P/A，2%，10−1）

=6+6×8.1622=54.97（万元）

【例 17】（单选）某投资者从现在开始存入第一笔款项，随后每年存款一次，共存款 10 次，每次存款金额相等，利率为 6%，复利计息，该投资者期望在 10 年后一次性取得 100 万元，则其每次存款金额的计算式为（　　）。

笔记区

A. 100÷（F/A，6%，10）

B. 100÷（F/P，6%，10）

C. 100÷［（F/A，6%，10）×（1+6%）］

D. 100÷［（F/P，6%，10）×（1+6%）］

【解析】每年存一笔相等金额，属于年金，所以使用年金终值系数而不是复利终值系数，选项B、选项D错误。从现在开始存入说明是预付年金，设每次存款金额为A，则有：A×（F/A，6%，10）×（1+6%）=100。则其每次存款金额的计算式为：100÷［（F/A，6%，10）×（1+6%）］，选项C正确。

4. 递延年金现值

【例18】扬州包子铺有一商铺对外出租，租期为5年，租金每半年收取一次（于每期期末收取）。由于周边人气不旺，扬州包子铺决定第1年免租（免2期租金），即第一笔租金在第1年半收取，半年租金为6万元，假设等风险投资利率为4%。

要求：若对方于租赁开始日一次性支付租金，扬州包子铺应该收取租金多少万元？

【答案】

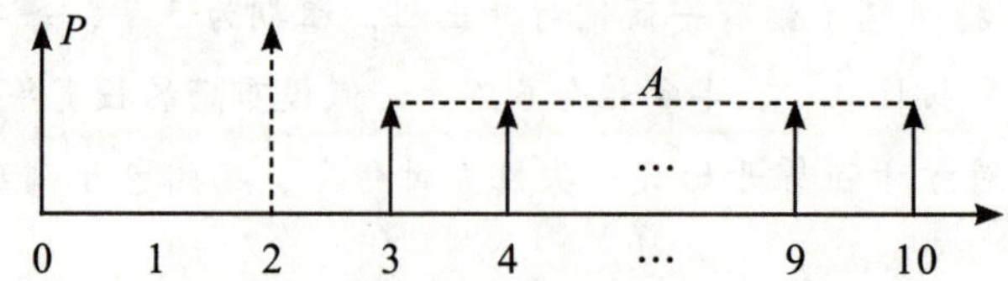

P=6×（P/A，2%，8）×（P/F，2%，2）

=6×7.3255×0.9612=42.25（万元）

或者：

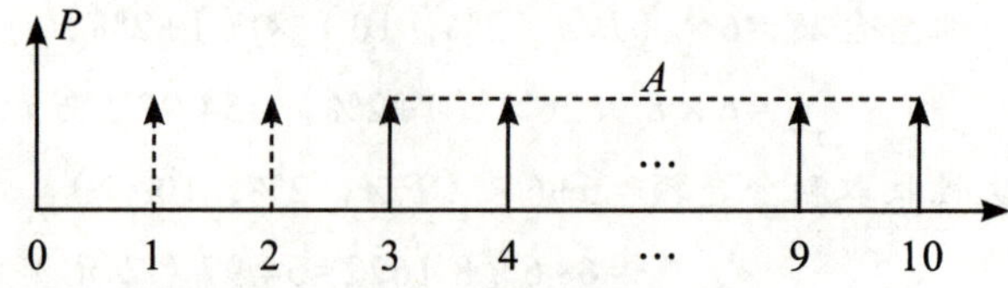

P=6×（P/A，2%，10）−6×（P/A，2%，2）

=6×（8.9826−1.9416）=42.25（万元）

5. 永续年金的现值

永续年金现值的收付形式如下图所示。

例题答案：
【例17】C

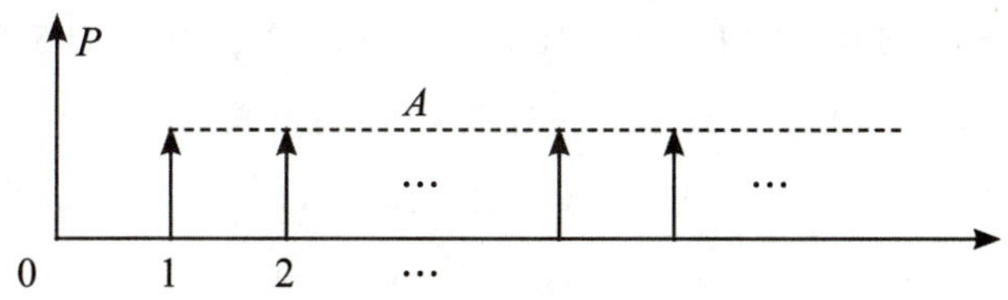

永续年金现值的收付形式

$P \times i$= 各年的利息（即年金 A）

永续年金现值 $P=\dfrac{A}{i}$

【例 19】（单选）某项永久性扶贫基金拟在每年年初发放 80 万元扶贫款，年利率为 4%，则该基金需要在第一年年初投入的资金数额（取整数）为（　　）万元。

A. 1 923　　　　B. 2 080

C. 2 003　　　　D. 2 000

【解析】该基金需要在第一年年初投入的资金数额 =80+80÷4%=2 080（万元）。

名师点睛

复利和年金的计算总结：

（1）一次性收付款（一笔金额）：

向现在折算（折现）——求复利现值（复利现值系数）；

向未来折算——求复利终值（复利终值系数）。

（2）普通年金（系列等额收付款）：

对年金而言，向现在折算——求年金现值，然后判断年金类型；

对年金而言，向未来折算——求年金终值，然后判断年金类型。

（3）互为倒数关系的系数：

复利终值系数——复利现值系数；

普通年金终值系数——偿债基金系数；

普通年金现值系数——投资回收系数。

【例 20】（单选）每年年初存款，第 10 年年末获得 500 万元，利率 7%，复利计算，每年存（　　）万元。

A. 500÷［（F/A，7%，11）−1］

B. 500÷［（F/A，7%，9）×（1+7%）］

C. 500÷［（F/A，7%，11）÷（1+7%）］

D. 500÷［（F/A，7%，9）+1］

例题答案：

【例 19】B

笔记区

【解析】500=A×（F/A，7%，10）×（1+7%），因此A=500÷［（F/A，7%，10）×（1+7%）］，选项B、选项C错误。或者：500=A×［（F/A，7%，11）−1］，因此A=500÷［（F/A，7%，11）−1］，选项A正确、选项D错误。

【例21】（多选）某公司取得3 000万元的贷款，期限为6年，年利率10%，每年年初等额偿还本息，则每年年初应支付金额的计算式正确的有（　　）。

A. 3 000/［（P/A，10%，5）+1］

B. 3 000/［（P/A，10%，7）−1］

C. 3 000/［（P/A，10%，6）/（1+10%）］

D. 3 000/［（P/A，10%，6）×（1+10%）］

【解析】设每年年初应支付的金额为A万元。方法1：把第2年至第6年支付的金额看成普通年金，则有：A+A×（P/A，10%，5）=3 000，A=3 000÷［（P/A，10%，5）+1］，选项A正确；方法2：预付年金现值=普通年金现值×（1+i），则有：A×（P/A，10%，6）×（1+10%）=3 000，A=3 000/［（P/A，10%，6）×（1+10%）］，选项D正确。

【例22】（多选）某递延年金从第4年开始，每年年末有1 000元的现金流入，共计流入5次，折现率为10%，下列关于该递延年金在第1年年初现值的表达式中，正确的有（　　）。

A. 1 000×（P/A，10%，5）×（P/A，10%，3）

B. 1 000×（P/A，10%，5）×（P/F，10%，3）

C. 1 000×［（P/A，10%，8）−（P/A，10%，3）］

D. 1 000×［（P/A，10%，9）−（P/A，10%，4）］

【解析】前3年没有现金流入，第一次现金流入发生在第4年年末，共计流入5次，最后一次现金流入发生在第8年年末。5次现金流入的现值折算在第4年年初（即第3年年末），选项B、选项C正确。

【例23】（单选）某年金在前2年无现金流入，从第3年开始连续5年每年年初现金流入300万元，则该年金按10%的年利率折现的现值为（　　）万元。

A. 300×（P/A，10%，5）×（P/F，10%，1）

B. 300×（P/A，10%，5）×（P/F，10%，2）

C. 300×（P/F，10%，5）×（P/A，10%，1）

D. 300×（P/F，10%，5）×（P/A，10%，2）

例题答案：
【例20】A
【例21】AD
【例22】BC

【解析】第 3 年开始连续 5 年每年年初现金流入 300 万元，即第 2 年开始连续 5 年每年年末现金流入 300 万元，所以该递延年金的递延期为 1 年，期数为 5 年，年金现值 =300×（*P/A*，10%，5）×（*P/F*，10%，1），选项 A 正确。

【例 24】（单选）已知（*F/P*，9%，4）=1.4116，（*F/P*，9%，5）=1.5386，（*F/A*，9%，4）=4.5731，则（*F/A*，9%，5）为（　　）。

A. 4.9847　　　　B. 5.9847

C. 5.5733　　　　D. 4.5733

【解析】（*F/A*，9%，5）=（*F/A*，9%，4）×（1+9%）+1=4.5731×1.09+1=5.9847，选项 B 正确。

知识点 2　货币时间价值的应用——债券投资

一、债券要素

【例 25】扬州包子铺为了扩大经营需要筹集资金，拟发行面值为 1 000 元 / 张的债券，票面年利率为 8%，期限 20 年，每张债券年利息 =1 000×8%（面值 × 票面利率）= 80（元），每年年末付息一次。

该债券值多少钱？——债券的估值。

如果按目前市价 980 元购买，持有到期能赚多少钱？——债券的期望收益率。

为什么债券价值会波动？——债券价值受什么因素的影响（敏感因素）。

债券要素主要包括债券面值、债券价格、债券发行期限和债券利率。

二、债券价值

典型债券：按期支付利息、到期归还本金。

债券价值（未来现金流量的现值）= 未来各期利息收入的现值合计 + 未来到期本金或售价的现值。

折现率：一般采用等风险投资的市场利率。

【例 26】扬州包子铺发行的债券面值 1 000 元，期限 20 年，每年年末支付一次利息，到期归还本金，以市场利率作为评估债券价值的折现率，目前的市场年利率为 10%。

要求：

（1）如果票面年利率为 10%，则该公司债券发行价格定为多少合适？

例题答案：
【例 23】A
【例 24】B

笔记区

（2）如果票面年利率为 8%，则该公司债券发行价格定为多少合适？

（3）如果票面年利率为 12%，则该公司债券发行价格定为多少合适？

【答案】

（1）票面年利率 10%= 市场年利率 10%。

债券价值 =1 000×10%×（P/A，10%，20）+1 000×（P/F，10%，20）

=100×8.5136+1 000×0.1486

=999.96 ≈ 1 000（元 / 张）（系数尾差所致）

当票面利率 = 市场利率时，债券平价发行。

（2）票面年利率 8% < 市场年利率 10%。

债券价值 =1 000×8%×（P/A，10%，20）+1 000×（P/F，10%，20）

=80×8.5136+1 000×0.1486=829.69（元 / 张）

当票面利率 < 市场利率时，债券折价发行。

（3）票面利率 12% > 市场利率 10%。

债券价值 =1 000×12%×（P/A，10%，20）+1 000×（P/F，10%，20）

=120×8.5136+1 000×0.1486=1 170.23（元 / 张）

当票面利率 > 市场利率时，债券溢价发行。

名师点睛

对于典型债券：

（1）票面利率 = 市场利率，债券价值 = 面值；

（2）票面利率 < 市场利率，债券价值 < 面值；

（3）票面利率 > 市场利率，债券价值 > 面值；

（4）影响债券价值的基本因素包括：面值、票面利率、债券期限、市场利率和付息频率（付息频率越快，债券价值越高）。

【例 27】（单选）根据债券估值基本模型，不考虑其他因素的影响，当市场利率上升时，固定利率债券价值的变化方向是（　　）。

A. 不变　　　　B. 不确定

C. 下降　　　　D. 上升

【解析】市场利率与债券价值呈反向变动关系。市场利率的上升会导致债券价值的下降，市场利率的下降会导致债券价值的上升。

三、债券的期望报酬率

（一）债券收益的来源

债券收益的来源有名义利息收益、利息再投资收益、价差收益（资本利得收益）。

例题答案：
【例 27】C

（二）债券的期望报酬率

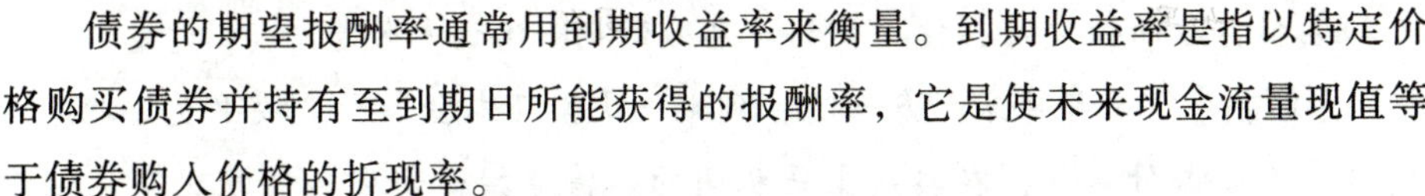

债券的期望报酬率通常用到期收益率来衡量。到期收益率是指以特定价格购买债券并持有至到期日所能获得的报酬率，它是使未来现金流量现值等于债券购入价格的折现率。

【例28】假定小美购买一份面值为1 000元、每年付息一次、到期归还本金，票面利率为12%的5年期债券，小美将该债券持有至到期日。

要求：

（1）如果债券目前购买价格为1 000元，到期收益率为多少？

（2）如果债券目前购买价格为899.46元，到期收益率为多少？

（3）如果债券目前购买价格为1 075.80元，到期收益率为多少？

【答案】

（1）令：1 000=120×（P/A，i，5）+1 000×（P/F，i，5）

则：到期收益率i=票面利率=12%

（2）令：899.46=120×（P/A，i，5）+1 000×（P/F，i，5）

设i=15%

120×（P/A，15%，5）+1 000×（P/F，15%，5）

=120×3.3522+1 000×0.4972=899.46（元）

则：到期收益率i=15%

【提示】以15%代入计算，现值刚好等于899.46元属于巧合，具体计算方法会在精讲班课程中讲解。

（3）令：1 075.8=120×（P/A，i，5）+1 000×（P/F，i，5）

设i=10%

120×（P/A，10%，5）+1 000×（P/F，10%，5）

=120×3.7908+1 000×0.6209=1 075.80（元）

则：到期收益率=10%

名师点睛

（1）平价发行的债券，到期收益率=票面利率；

（2）折价发行的债券，到期收益率>票面利率；

（3）溢价发行的债券，到期收益率<票面利率。

【例29】（多选）下列情形中，债券的到期收益率与票面利率不一致的有（　　）。

A. 债券溢价发行，每年年末付息一次，到期一次偿还本金

B. 债券折价发行，按年复利计息，到期一次还本付息

笔记区

C. 债券按面值发行，每年年末付息一次，到期一次偿还本金

D. 债券按面值发行，按年复利计息，到期一次还本付息

【解析】“每年年末付息一次，到期一次偿还本金”和“按年复利计息，到期一次还本付息”，在实质上是相同的。债券按面值发行的情况下，到期收益率与票面利率一致。溢价发行的情况下，到期收益率低于票面利率。折价发行的情况下，到期收益率高于票面利率。

例题答案：
【例 29】AB

编者备考建议

同学们，大家好！我是讲授审计科目的张恒超老师，也是你们的超哥。希望我们能通力合作，顺利通过审计这个科目的考试。当然，也希望我们能够见证彼此的成长，也能分享、分担成长路上的酸甜苦辣。

大家在学习审计的过程当中，遇到的问题主要有两个：

一、审计是有字的“天书”

很多同学反馈，虽然认识审计教材中的每个字，但就是看不懂，这是因为教材中有着诸多专业术语。我在课程当中会通过各种案例、故事去解释这些晦涩难懂的术语，能让你们在听故事的同时把专业术语装进脑子，是不是想想都开心～所以，你们要做的就只有一件事——踏踏实实地把课程学完，审计的“语言关”自然就过了。

二、课我听懂了，但就是做不对题

同学们，万里长城不是一日就能建成的。你们想想，你们现在才刚刚站在审计的大门外，好奇地观望审计的世界，这个时候你们就开始做题，正确率当然不会太高啦～当你们学完审计的二十三章，然后再经过我们系统的“不定项专训”、综合题“三步法模型”全面带练后，不仅选择题的正确率会有质的飞跃，主观题答起来也会更加行云流水，下笔有神。所以，超哥在这里发自内心地建议你们，不要焦虑，不要着急，多给自己一点儿时间，往前面再走一走，自然会柳暗花明。

在这本书里，我会带着大家学习最基本的审计概念，帮助大家用最短的时间快速入门。俗话说万事开头难，我也坚信，好的开始就是成功的一半。所以赶紧拿起书本，打开视频学起来吧！

写到这里，其实还有好多好多的话想和大家分享，那就把这些我想说的话、想分享的一个个有趣的案例和故事都放在我们的审计课程里吧。既然你们已经下定决心去为自己争取一次改变命运的机会，那么希望你们一定不要轻言放弃，毕竟乾坤未定，你我皆黑马！

加油！我们高处见！

张恒超

专题一　审计概述

知识点1　审计的产生和发展

注册会计师制度源于企业所有权和经营权的分离，简称“两权分离”。

所有者不再直接参与企业的日常经营管理，这就产生了所有者如何对经营者的行为进行监督和控制的问题，由此产生了经营者定期通过财务报表向所有者报告财务状况和经营成果的需要。

财务报表是由企业管理层编制和提供的，其自身利益通常与企业的财务状况与经营成果挂钩，需要由独立的第三方——注册会计师对财务报表进行审计，出具客观、公正的审计报告。

所有者 ⇄ 经营者（所有者→经营者：控制＋监督；经营者→所有者：报告财务状况和经营成果）

在审计发展过程中，注册会计师为了满足委托人的需要，应对审计环境的变化，持续创新审计方法。审计方法的创新经历了账项基础审计、制度基础审计到风险导向审计三个阶段。

账项基础审计（1.0）→ 制度基础审计（2.0）→ 风险导向审计（3.0）

知识点2　审计的概念和保证程度

一、财务报表审计的概念

财务报表审计是指注册会计师对财务报表是否不存在重大错报提供合理保证，以积极方式提出意见，增强除管理层之外的预期使用者对财务报表信赖的程度。

（1）审计的用户是财务报表的预期使用者，即审计可以用来有效满足财务报表预期使用者的需求。

（2）审计的目的是改善财务报表的质量，增强除管理层之外的预期使用者对财务报表的信赖程度，即以合理保证的方式提高财务报表的可信度，而不涉及为如何利用信息提供建议。

（3）合理保证是一种高水平保证。当注册会计师获取充分、适当的审计证据将审计风险降至可接受的低水平时，就获取了合理保证。由于审计存在固有限制，注册会计师据以得出结论和形成审计意见的大多数审计证据是说服性而非结论性的，因此，审计只能提供合理保证，不能提供绝对保证。

（4）审计的基础是注册会计师的独立性和专业性。注册会计师审计业务时，不仅应当具备专业胜任能力，还应当独立于被审计单位和预期使用者。

（5）审计的最终产品是审计报告。注册会计师针对财务报表是否在所有重大方面按照财务报告编制基础编制并实现公允反映发表审计意见，并以审计报告的形式予以传达。

【例1】（多选·2019）下列有关财务报表审计的说法中，正确的有（　　）。

A. 审计不涉及为如何利用信息提供建议

B. 审计的目的是增强除管理层之外的预期使用者对财务报告的信赖程度

C. 审计只提供合理保证，不提供绝对保证

D. 审计的最终产品是审计报告和已审财务报表

【解析】审计的最终产品是审计报告，不包括后附的财务报表，选项D错误。

【例2】（单选）下列关于财务报表审计的说法中，正确的是（　　）。

A. 财务报表的预期使用者不包括被审计单位的管理层

B. 审计的基础是独立性和专业性，注册会计师应当独立于被审计单位和财务报表的预期使用者

C. 审计能够满足除管理层之外的预期使用者的所有需求

D. 审计的目的是改善财务报表的质量，消除预期使用者对财务报表的疑虑

【解析】选项A错误，被审计单位的管理层是预期使用者之一，但是不是唯一的预期使用者；选项C错误，审计只能有效满足预期使用者的需求，无法满足预期使用者的所有需求；选项D错误，审计可以改善财务报表的质量，增强除管理层之外的预期使用者对财务报表的信赖程度，但是无法做到完全消除预期使用者对财务报表的疑虑。

例题答案：
【例1】ABC
【例2】B

二、注册会计师的业务

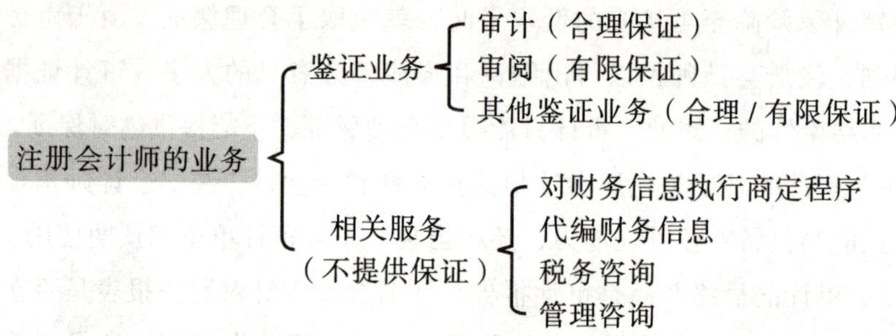

三、保证程度

项目	合理保证（财务报表审计）	有限保证（财务报表审阅）
目标	在可接受的低审计风险下，以积极方式对财务报表整体发表审计意见，提供高水平的保证	在可接受的审阅风险下，以消极方式对财务报表整体发表审阅意见，提供低于高水平的保证。该保证水平低于审计业务的保证水平
证据收集程序	检查记录或文件、检查有形资产、观察、询问、函证、重新计算、重新执行、分析程序等	证据收集程序受到有意地限制，主要采用询问和分析程序获取证据
所需证据数量	较多	较少
检查风险	较低	较高
财务报表的可信性	较高	较低
提出结论的方式	以积极方式提出结论：“我们认为，ABC公司财务报表在所有重大方面按照企业会计准则的规定编制，公允反映了ABC公司2022年12月31日的财务状况以及2022年度的经营成果和现金流量”	以消极方式提出结论：“根据我们的审阅，我们没有注意到任何事项使我们相信，ABC公司财务报表没有按照企业会计准则的规定编制，未能在所有重大方面公允反映被审阅单位的财务状况、经营成果和现金流量”

【随堂习题·判断题】

（1）财务报表审计的目的是改善财务报表的质量。（ ）

（2）审计提供合理保证，审阅和其他鉴证业务提供有限保证。（ ）

（3）合理保证以积极方式提出结论，有限保证以消极方式提出结论。（ ）

（4）财务报表审计能够提高财务报表的可信度。（ ）

（5）审阅业务主要采用询问和检查程序获取证据。（ ）

（6）合理保证业务的检查风险较低，有限保证业务的检查风险较高。（ ）

（7）对财务信息执行商定程序无须提供任何保证。（ ）

（8）对财务信息执行商定程序以消极方式提出结论。（ ）

笔记区

知识点3 审计的固有限制

由于审计存在固有限制，导致注册会计师据以得出结论和形成审计意见的大多数审计证据是说服性而非结论性的。同时，注册会计师也不可能将审计风险降至零，因此不能对财务报表不存在由于舞弊或错误导致的重大错报风险获取绝对保证。

名师点睛

审计中的困难、时间或成本等事项本身，不能作为注册会计师省略不可替代的审计程序或满足于说服力不足的审计证据的正当理由。

财务报告的性质	审计程序的性质	在合理的时间内以合理的成本完成审计的需要（财务报告的及时性和成本效益的权衡）
许多财务报表项目涉及主观决策、评估或一定程度的不确定性，并可能存在一系列可接受的解释或判断。因此某些财务报表项目的金额本身就存在一定的变动幅度，这种变动幅度不能通过实施追加的审计程序来消除	注册会计师获取审计证据的能力受到实务和法律上的限制。 （1）管理层或其他人员可能有意或无意地不提供与财务报表编制相关的或注册会计师要求的全部信息； （2）舞弊可能涉及精心策划和蓄意实施以进行隐瞒； （3）审计不是对涉嫌违法行为的官方调查	因为信息的相关性及其价值会随着时间的推移而降低，所以需要在信息的可靠性和成本之间进行权衡。财务报表使用者的期望是，注册会计师在合理时间内以合理成本完成审计工作。注册会计师有必要： （1）计划审计工作，以使审计工作以有效的方式得到执行； （2）将审计资源投向最可能存在重大错报风险的领域，并相应地在其他领域减少审计资源； （3）运用测试和其他方法检查总体中存在的错报

【例3】（多选·2018）下列选项中，属于审计的固有限制的有（ ）。

A. 许多财务报表项目涉及主观决策、评估或一定程度的不确定性，并且可能存在一系列可接受的解释或判断

B. 被审计单位管理层可能拒绝提供注册会计师要求的某些信息，即使注

随堂习题答案：
（1）√
（2）×
（3）√
（4）√
（5）×
（6）√
（7）√
（8）×

笔记区

册会计师实施了旨在保证所获取所有的相关信息的审计程序，也不能保证信息的完整性

C. 注册会计师没有被授予调查被审计单位涉嫌违法行为所必要的特定的法律权力

D. 注册会计师将审计资源投向最可能存在重大错报风险的领域，并且相应的减少其他领域的审计资源

【解析】选项 A 属于财务报告的性质，选项 B、选项 C 属于审计程序的性质，选项 D 属于财务报告的及时性和成本效益的权衡。

知识点 4　审计业务要素

审计业务要素包括审计业务的三方关系人、财务报表、财务报告编制基础、审计证据和审计报告。

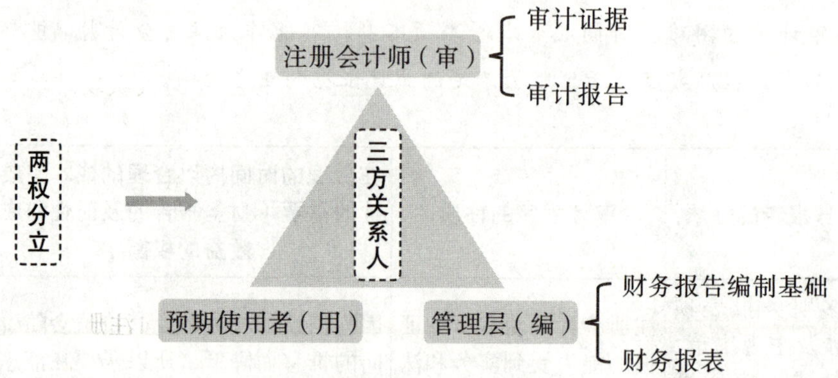

知识点 5　审计业务的三方关系人

一、审计业务的三方关系人

（1）注册会计师对由被审计单位管理层负责编制的财务报表发表审计意见，以增强除管理层之外的预期使用者对财务报表的信赖程度。（划分责任）

（2）由于审计意见有利于提高财务报表的可信性，有可能对管理层有用，因此，在这种情况下，管理层可能成为预期使用者之一，但不是唯一的预期使用者。

（3）管理层和预期使用者可能来自同一企业，但并不意味着两者就是同一方。

（4）是否存在三方关系是判断某项业务是否属于审计业务的重要标准之一。

例题答案：
【例 3】ABCD

二、注册会计师

注册会计师是指取得注册会计师证书并在会计师事务所执业的人员，通常是指项目合伙人或项目组其他成员，有时也指其所在的会计师事务所。

根据审计准则的规定，对财务报表发表审计意见是注册会计师的责任。注册会计师通过签署审计报告确认其责任。

三、被审计单位管理层

管理层是指对被审计单位经营活动的执行负有经营管理责任的人员，对财务报表编制负责。

治理层是指对被审计单位战略方向以及管理层履行经营管理责任负有监督责任的人员或组织。

与管理层和治理层责任相关的执行审计工作的前提，是指管理层和治理层（如适用）认可并理解其应当承担的下列责任，这些责任构成注册会计师按照审计准则的规定执行审计工作的基础：

（1）按照适用的财务报告编制基础编制财务报表，并使其实现公允反映（如适用）；

（2）设计、执行和维护必要的内部控制，以使财务报表不存在由于舞弊或错误导致的重大错报；

（3）向注册会计师提供必要的工作条件，包括允许注册会计师接触与编制财务报表相关的所有信息（如记录、文件和其他事项），向注册会计师提供审计所需的其他信息，允许注册会计师在获取审计证据时不受限制地接触其认为必要的内部人员和其他相关人员。

名师点睛

（1）财务报表审计并不能减轻管理层或治理层的责任。

（2）管理层和治理层应对编制财务报表承担完全责任。

（3）如果财务报表存在重大错报，而注册会计师通过审计没有能够发现，也不能因为财务报表已经被注册会计师审计这一事实而减轻管理层和治理层对财务报表的责任。

四、预期使用者

预期使用者是指预期使用审计报告和财务报表的组织或人员。

预期使用者主要是指那些与财务报表有重要和共同利益的主要利益相关者。

常见的预期使用者有股东、公司债权人、供应商、客户、证券监管机

笔记区

构等。

如果审计业务是服务于特定的预期使用者或具有特殊目的，注册会计师则可以比较容易地识别预期使用者。注册会计师应当根据法律法规的规定或者与委托人签订的协议识别预期使用者。

【例 4】（单选 · 2022）下列有关审计报告和财务报表预期使用者的说法中，错误的是（　　）。

A. 对于上市公司而言，预期使用者是指上市公司的全体股东

B. 审计报告的收件人通常为预期使用者

C. 预期使用者可能是组织，也可能是个人

D. 注册会计师可能无法识别所有的预期使用者

【解析】在上市公司财务报表审计中，预期使用者主要是指上市公司的股东，但是除了股东，还包括公司债权人、供应商、客户和证券监管机构，选项 A 错误。

【例 5】（单选 · 2020）下列有关审计报告预期使用者的说法中，错误的是（　　）。

A. 预期使用者不包括被审计单位的管理层

B. 预期使用者可能不是审计业务的委托人

C. 预期使用者不包括执行审计业务的注册会计师

D. 注册会计师可能无法识别所有的预期使用者

【解析】由于审计意见有利于提高财务报表的可信性，有可能对管理层有用，因此，在这种情况下，管理层可能成为预期使用者，但不是唯一的预期使用者，选项 A 错误。

【例 6】（多选）下列有关审计业务三方关系人的说法中，错误的有（　　）。

A. 管理层是预期使用者之一，注册会计师的审计意见也需要向管理层提供

B. 预期使用者只包含那些与财务报表有重要和共同利益的主要利益相关者

C. 责任方和预期使用者可能来自同一企业，那么责任方和预期使用者是同一方

D. 审计业务的三方关系人分别是注册会计师、被审计单位管理层和责任方

【解析】选项 B 错误，预期使用者除主要的利益相关者以外，还包括监管机构等。选项 C 错误，管理层（责任方）和预期使用者可能来自同一企业，

例题答案：
【例 4】A
【例 5】A

但并不意味着两者就是同一方。选项D错误，审计业务的三方关系人分别是注册会计师、被审计单位管理层（责任方）和预期使用者。

知识点6 认定

一、认定的概念

认定，是指管理层针对财务报表要素的确认、计量和列报（包括披露）作出一系列明确或暗含的意思表达。

认定与具体审计目标密切相关，注册会计师的基本职责就是确定被审计单位管理层对财务报表的认定是否恰当（即是否存在重大错报）。注册会计师了解认定，才能相对应地确定每个项目的具体审计目标。

注册会计师在识别、评估和应对重大错报风险的过程中，将管理层的认定用于考虑可能发生的不同类型的错报。对于管理层对财务报表各组成要素作出的认定，注册会计师的审计工作就是要确定管理层的认定是否恰当。

当管理层声明财务报表已按照适用的财务报告编制基础进行编制，在所有重大方面作出了公允反映时，就意味着管理层对各类交易和事项、账户余额以及披露的确认、计量和列报作出了认定。

管理层在财务报表上的认定有些是明确表达的，有些则是暗含的。例如，管理层在资产负债表中列报存货及其金额，意味着作出下列明确的认定：

（1）记录的存货是存在的；

（2）存货以恰当的金额包括在财务报表中，与之相关的计价或分摊调整已恰当记录。

同时，管理层也作出下列暗含的认定：

（1）所有应当记录的存货均已记录；

（2）记录的存货都由被审计单位所有。

二、关于所审计期间各类交易、事项及相关披露的认定

关于所审计期间各类交易、事项及相关披露的认定通常分为下列类别：

（1）发生：记录或披露的交易和事项已发生，且这些交易和事项与被审计单位有关。

由“发生”认定推导的审计目标是确认已记录的交易是真实的。例如，如果没有发生销售交易，但在销售日记账中记录了一笔销售，则违反了该目标。

“发生”认定所要解决的问题是管理层是否把那些不曾发生的项目列入财务报表，它主要与财务报表组成要素的高估有关。

例题答案：
【例6】BCD

（2）完整性：所有应当记录的交易和事项均已记录，所有应当包括在财务报表中的相关披露均已包括。

由“完整性”认定推导的审计目标是确认已发生的交易确实已经记录，所有应包括在财务报表中的相关披露均已包括。例如，如果发生了销售交易，但没有在销售明细账和总账中记录，则违反了该目标。

“发生”和“完整性”两者强调的是不同的关注点。发生目标针对多记、虚构交易（高估），而完整性目标则针对漏记交易（低估）。

（3）准确性：与交易和事项有关的金额及其他数据已恰当记录，相关披露已得到恰当计量和描述。

由“准确性”认定推导出的审计目标是确认已记录的交易是按正确金额反映的，相关披露已得到恰当计量和描述。例如，如果在销售交易中，发出商品的数量与账单上的数量不符，或是开账单时使用了错误的销售价格，或是账单中的乘积或加总有误，或是在销售明细账中记录了错误的金额，则违反了该目标。

“准确性”与“发生”“完整性”之间存在区别。例如，若已记录的销售交易是不应当记录的（如发出的商品是寄销商品），则即使发票金额是准确计算的，仍违反了发生目标。再如，若已入账的销售交易是对正确发出商品的记录，但金额计算错误，则违反了准确性目标，而没有违反发生目标。在完整性与准确性之间也存在同样的关系。

（4）截止：交易和事项已记录于正确的会计期间。

由“截止”认定推导出的审计目标是确认接近于资产负债表日的交易记录于恰当的期间。例如，如果本期交易推到下期，或下期交易提到本期，均违反了截止目标。

（5）分类：交易和事项已记录于恰当的账户。

由“分类”认定推导出的审计目标是确认被审计单位记录的交易经过适当分类。例如，如果将出售经营性固定资产所得的收入记录为营业收入，则导致交易分类的错误，违反了分类的目标。

（6）列报：交易和事项已被恰当地汇总或分解且表述清楚，相关披露在适用的财务报告编制基础下是相关的、可理解的。

由“列报”认定推导出的审计目标是确认被审计单位的交易和事项已被恰当地汇总或分解且表述清楚，相关披露在适用的财务报告编制基础下是相关的、可理解的。

三、关于期末账户余额及相关披露的认定

关于期末账户余额及相关披露的认定通常分为下列类别：

（1）存在：记录的资产、负债和所有者权益是存在的。

由“存在”认定推导的审计目标是确认记录的金额确实存在。例如，如果不存在某客户的应收账款，在应收账款明细表中却列入了对该客户的应收账款，则违反了存在目标。

（2）权利和义务：记录的资产由被审计单位拥有或控制，记录的负债是被审计单位应当履行的偿还义务。

由“权利和义务”认定推导的审计目标是确认资产归属于被审计单位，负债属于被审计单位的义务。例如，将他人寄售商品列入被审计单位的存货中，违反了权利目标；将不属于被审计单位的债务记入账内，违反了义务目标。

（3）完整性：所有应当记录的资产、负债和所有者权益均已记录，所有应当包括在财务报表中的相关披露均已包括。

由“完整性”认定推导的审计目标是确认已存在的金额均已记录，所有应包括在财务报表中的相关披露均已包括。例如，如果存在某客户的应收账款，而应收账款明细表中却没有列入，则违反了完整性目标。

（4）准确性、计价和分摊：资产、负债和所有者权益以恰当的金额包括在财务报表中，与之相关的计价或分摊调整已恰当记录，相关披露已得到恰当计量和描述。

（5）分类：资产、负债和所有者权益已记录于恰当的账户。

（6）列报：资产、负债和所有者权益已被恰当地汇总或分解且表述清楚，相关披露在适用的财务报告编制基础下是相关的、可理解的。

知识点 7　审计的基本要求

审计的基本要求
- 遵守审计准则
- 遵守职业道德守则
- 保持职业怀疑
- 运用职业判断

【例 7】（多选·2018）下列选项中，属于审计基本要求的有（　　）。

A. 遵守审计准则　　B. 遵守职业道德守则

C. 保持职业怀疑　　D. 运用职业判断

例题答案：
【例 7】ABCD

知识点8 保持职业怀疑

一、职业怀疑的概念

职业怀疑，是指注册会计师执行审计业务的一种态度，包括采取质疑的思维方式，对可能表明由于舞弊或错误导致错报的情况保持警觉，以及对审计证据进行审慎评价。

职业怀疑应当从下列四方面理解：

（1）职业怀疑在本质上要求秉持一种质疑的理念。

职业怀疑与职业道德基本原则相互关联，保持独立性可以增强注册会计师在审计中保持职业怀疑的能力。

名师点睛

摒弃“存在即合理”的逻辑思维，寻求事物的真实情况。

（2）职业怀疑要求对引起疑虑的情形保持警觉。

①相互矛盾的审计证据；

②引起对文件记录、对询问的答复的可靠性产生怀疑的信息；

③表明可能存在舞弊的情况；

④表明需要实施除审计准则规定外的其他审计程序的情形。

（3）职业怀疑要求审慎评价审计证据。

①审计证据包括支持和印证管理层认定的信息，也包括与管理层认定相互矛盾的信息。

②审慎评价审计证据是指质疑相互矛盾的审计证据的可靠性。

③在怀疑信息的可靠性或存在舞弊迹象时，注册会计师需要作出进一步调查，并确定需要修改哪些审计程序或追加哪些审计程序。

④注册会计师需要在审计成本与信息的可靠性之间进行权衡，但审计中的困难、时间或成本等事项本身，不能作为省略不可替代的审计程序或满足于说服力不足的审计证据的理由。

名师点睛

注册会计师不应不假思索地全盘接受被审计单位提供的证据和解释。

（4）职业怀疑要求客观评价管理层和治理层。

注册会计师不应依赖以往对管理层和治理层诚信形成的判断。即使注册会计师认为管理层和治理层是正直、诚实的，也不能降低保持职业怀疑的要求，不允许在获取合理保证的过程中满足于说服力不足的审计证据。

【例8】(多选)下列有关职业怀疑的说法中，错误的有(　　)。

A. 保持职业怀疑可以使注册会计师发现所有由于舞弊导致的错报

B. 注册会计师可以假定管理层和治理层不诚信并以此为前提计划审计工作

C. 职业怀疑与所有职业道德基本原则密切相关

D. 职业怀疑要求注册会计师针对明显不符合商业情理的交易发表非无保留意见

【解析】选项A错误，保持职业怀疑有利于注册会计师发现舞弊导致的错误，但是不能保证注册会计师可以发现所有由于舞弊导致的错报；选项B错误，注册会计师应当客观公正的评价管理层和治理层以及取得的所有审计证据，职业怀疑并不要求注册会计师假定管理层和治理层不诚信；选项D错误，注册会计师针对明显不符合商业情理的交易或安排，应当保持警觉，作出进一步调查，并确定需要修改哪些审计程序或追加实施哪些审计程序。

二、职业怀疑的作用

在审计过程中，保持职业怀疑的作用包括：

(1)保持职业怀疑有助于注册会计师有效识别和评估重大错报风险。

(2)保持职业怀疑有助于注册会计师针对评估出的重大错报风险，恰当设计进一步审计程序的性质、时间安排和范围，降低选取不适当的审计程序的风险；有助于注册会计师对已获取的审计证据表明可能存在未识别的重大错报风险的情形保持警觉，并作出进一步调查。

(3)保持职业怀疑有助于注册会计师评价是否已获取充分、适当的审计证据以及是否还需要执行更多的工作；有助于注册会计师审慎评价审计证据，纠正仅获取最容易获取的审计证据，忽视存在相互矛盾的审计证据的偏向。

(4)保持职业怀疑对于注册会计师发现舞弊、防止审计失败至关重要。

【例9】(单选·2021)下列有关注册会计师保持职业怀疑的说法中，错误的是(　　)。

A. 职业怀疑要求注册会计师在评价管理层和治理层时，不依赖以往对管理层和治理层诚信形成的判断

B. 保持职业怀疑有助于注册会计师恰当运用职业判断

C. 职业怀疑要求注册会计师质疑相互矛盾的证据的可靠性

D. 保持职业怀疑可以增强注册会计师在审计中保持独立性的能力

【解析】保持独立性可以增强注册会计师在审计中保持职业怀疑的能力，选项D错误。

例题答案：
【例8】ABD
【例9】D

笔记区

知识点9 运用职业判断

职业判断是注册会计师执业的精髓，涉及执业的各个环节。

注册会计师是职业判断的主体，职业判断能力是注册会计师的核心胜任能力。职业判断，是指在审计准则、财务报告编制基础和职业道德要求的框架下，注册会计师综合运用相关知识、技能和经验，作出适合审计业务具体情况、有根据的行动决策。如果有关决策不被该业务的具体事实和情况所支持或者缺乏充分、适当的审计证据，职业判断并不能作为不恰当决策的理由。

职业判断贯穿注册会计师执业的始终，从决定是否接受业务委托，到出具业务报告，注册会计师都需要作出职业判断。

职业判断涉及注册会计师执业中的各类决策，包括与具体会计处理相关的决策、与审计程序相关的决策，以及与遵守职业道德要求相关的决策。

名师点睛

职业判断在时间上贯穿始终，在空间上包罗万象。

职业判断对于作出下列决策尤为重要：

（1）确定重要性，识别和评估重大错报风险；

（2）确定所需实施的审计程序的性质、时间安排和范围；

（3）评价是否已获取充分、适当的审计证据以及是否还需执行更多的工作；

（4）评价管理层在运用适用的财务报告编制基础时作出的判断；

（5）根据已获取的审计证据得出结论，如评价管理层在编制财务报表时作出的会计估计的合理性；

（6）运用职业道德概念框架识别、评估和应对影响职业道德基本原则的不利因素。

注册会计师具有下列特征可能有助于提高职业判断的质量：

（1）丰富的知识、经验和良好的专业技能；

（2）独立、客观和公正；

（3）保持职业怀疑。

【例10】（多选·2017）下列各项中，通常需要注册会计师运用职业判断的有（　　）。

A. 确定财务报表整体的重要性

B. 确定审计工作底稿归档的最晚日期

C. 确定是否利用被审计单位的内部审计工作

D. 评价审计抽样的结果

【解析】选项B错误，审计准则对审计工作底稿的归档期限有原则要求，不需要运用职业判断。

知识点10 衡量职业判断质量

方面	解释
准确性或意见一致性	即职业判断结论与特定标准或客观事实的相符程度，或者不同职业判断主体针对同一职业判断问题所作判断彼此认同的程度
决策一贯性和稳定性	即同一注册会计师针对同一项目的不同判断问题，所作出的判断之间是否符合应有的内在逻辑，以及同一注册会计师针对相同的职业判断问题，在不同时点所作出的判断是否结论相同或相似
可辩护性	即注册会计师是否能够证明自己的工作，通常，理由的充分性、思维的逻辑性和程序的合规性是可辩护性的基础

【例11】（多选）下列各项中，衡量职业判断质量的因素有（　　）。

A. 决策的独立性和客观性　　B. 准确性或意见一致性

C. 决策一贯性和稳定性　　D. 可辩护性

【解析】衡量职业判断质量可以基于下列三个方面：（1）准确性或意见一致性（选项B）；（2）决策一贯性和稳定性（选项C）；（3）可辩护性（选项D）。

注册会计师需要对职业判断作出适当的书面记录，对下列事项进行书面记录，有利于提高职业判断的可辩护性：

（1）对职业判断问题和目标的描述；

（2）解决职业判断相关问题的思路；

（3）收集到的相关信息；

（4）得出的结论以及得出结论的理由；

（5）就决策结论与被审计单位进行沟通的方式和时间。

【例12】（多选·2022）注册会计师需要对职业判断作出适当的书面记录，下列各项中，对其进行书面记录有利于提高职业判断的可辩护性的有（　　）。

A. 注册会计师对职业判断问题和目标的描述

B. 注册会计师收集到的相关信息

C. 注册会计师就决策结论与被审计单位进行沟通的方式和时间

例题答案：

【例10】ACD

【例11】BCD

D. 注册会计师解决职业判断相关问题的思路

【例 13】（多选）下列关于职业判断的说法中，正确的有（　　）。

A. 因为职业判断贯穿注册会计师执业的始终，并涉及审计的各个环节，所以不必将职业判断全部记录于审计工作底稿中

B. 同一注册会计师针对相同问题的职业判断，在不同的时间点作出的判断互相矛盾，有可能是职业判断准确性或意见一致性的例外情况

C. 不同注册会计师针对同一职业判断问题所作出的判断能够彼此认同，可以增强职业判断的可辩护性

D. 高质量的职业判断通常得益于适当的职业怀疑

【解析】选项 B 错误，同一注册会计师针对相同的职业判断问题，在不同时点所作出的判断是否结论相同或相似，是决策稳定性的特点；选项 C 错误，不同职业判断主体针对同一职业判断问题所作判断彼此认同的程度，是意见一致性的特点。

知识点 11　审计风险

审计风险，是指当财务报表存在重大错报时，注册会计师发表不恰当审计意见的可能性，并不是指注册会计师执行业务的法律后果。

审计风险取决于重大错报风险和检查风险。

知识点 12　重大错报风险

重大错报风险是指财务报表在审计前存在重大错报的可能性。重大错报风险与被审计单位的风险相关，且独立于财务报表审计而存在。注册会计师应当从财务报表层次和各类交易、账户余额和披露认定层次方面考虑重大错报风险。

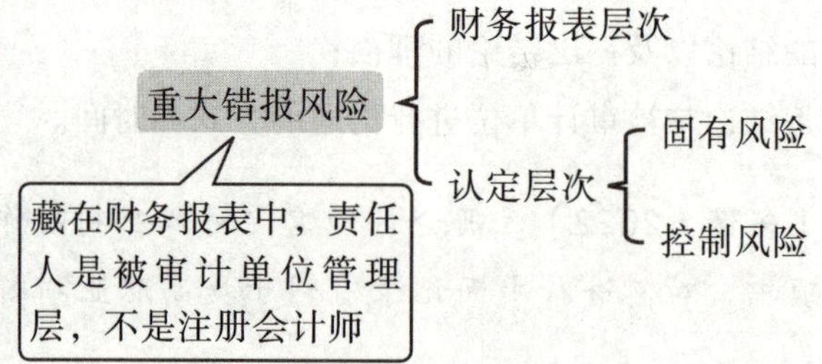

财务报表层次重大错报风险与财务报表整体存在广泛联系，可能影响多项认定。此类风险通常与控制环境有关，如经济萧条。此类风险难以界定于某类交易、账户余额和披露的具体认定。此类风险增大了认定层次发生重大

例题答案：
【例 12】ABCD
【例 13】AD

错报的可能性，与注册会计师考虑由舞弊引起的风险尤其相关。

注册会计师同时还需要考虑各类交易、账户余额和披露认定层次的重大错报风险，考虑的结果直接有助于注册会计师确定认定层次上实施的进一步审计程序的性质、时间安排和范围。注册会计师在各类交易、账户余额和披露认定层次获取审计证据，以便能够在审计工作完成时，以可接受的低审计风险水平对财务报表整体发表审计意见。

【例 14】（单选·2021） 下列有关财务报表层次重大错报风险的说法中，错误的是（　　）。

A. 财务报表层次重大错报风险可能影响多项认定

B. 财务报表层次重大错报风险通常与控制环境有关

C. 财务报表层次重大错报风险增大了认定层次发生重大错报风险的可能性

D. 财务报表层次重大错报风险的评估结果直接有助于注册会计师确定认定层次上实施的进一步审计程序的性质、时间安排和范围

【解析】 针对各类交易、账户余额和披露认定层次的重大错报风险，注册会计师考虑的结果直接有助于确定认定层次上实施的进一步审计程序的性质、时间安排和范围，选项 D 错误。

【例 15】（多选） 下列情形中，通常可能导致财务报表层次的重大错报风险的有（　　）。

A. 被审计单位新聘任的财务总监缺乏必要的胜任能力

B. 被审计单位从事复杂的金融工具投资

C. 被审计单位管理层缺乏诚信

D. 被审计单位资金的流动性出现问题

【解析】 选项 A 正确，财务总监缺乏必要的胜任能力，可能导致财务报表层次重大错报风险；选项 B 错误，被审计单位从事复杂的金融工具投资可能导致认定层次的重大错报风险（交易性金融资产、投资收益相关）；选项 C、选项 D 正确，某些重大错报风险可能与财务报表整体广泛相关，进而影响多项认定。例如，管理层缺乏诚信或承受异常的压力可能引发舞弊风险、被审计单位资金链出现问题等，这些风险与财务报表整体相关。

知识点 13　固有风险和控制风险

认定层次的重大错报风险又可以进一步细分为固有风险和控制风险。用数学模型表示如下：

例题答案：
【例 14】D
【例 15】ACD

重大错报风险 = 固有风险 × 控制风险

固有风险是指在不考虑控制的情况下，某类交易、账户余额或披露的某一认定易于发生错报（该错报单独或连同其他错报可能是重大的）的可能性。例如：复杂的计算、受重大计量不确定性影响的会计估计、技术进步导致的某项存货的滞销减值、企业缺乏维持经营的流动资金、被审计单位处于夕阳行业等。

控制风险是指某类交易、账户余额或披露的某一认定发生错报，该错报单独或连同其他错报是重大的，但没有被内部控制及时防止或发现并纠正的可能性。控制风险取决于与财务报表编制有关的内部控制的设计和运行的有效性。由于控制的固有局限性，某种程度的控制风险始终存在。

名师点睛

虽然固有风险和控制风险有时难以分割地交织在一起，但审计准则规定，对于识别出的认定层次重大错报风险，注册会计师应当分别评估固有风险和控制风险。对于识别出的财务报表层次重大错报风险，审计准则未明确规定，是应当分别评估固有风险和控制风险，还是合并评估。

【例 16】（单选 · 2020 改编）下列有关重大错报风险的说法中，错误的是（　　）。

A. 所有被审计单位的财务报表都可能存在财务报表层次的重大错报风险和认定层次的重大错报风险

B. 财务报表层次的重大错报风险通常是舞弊导致的，认定层次的重大错报风险通常是错误导致的

C. 财务报表层次的重大错报风险增大了认定层次发生重大错报的可能性

D. 财务报表层次的重大错报风险和认定层次的重大错报风险均可能构成特别风险

【解析】财务报表层次的重大错报风险和认定层次的重大错报风险都可能是由于错误或舞弊导致的，选项 B 错误。

【例 17】（单选）下列有关固有风险和控制风险的说法中，正确的是（　　）。

A. 技术进步导致的某项存货易于发生高估错报的风险属于固有风险

B. 财务报表层次和认定层次的重大错报风险可以细分为固有风险和控制风险

C. 注册会计师无法单独对固有风险和控制风险进行评估

例题答案：
【例 16】B

D. 固有风险始终存在，而控制风险可以被运行有效的内部控制消除

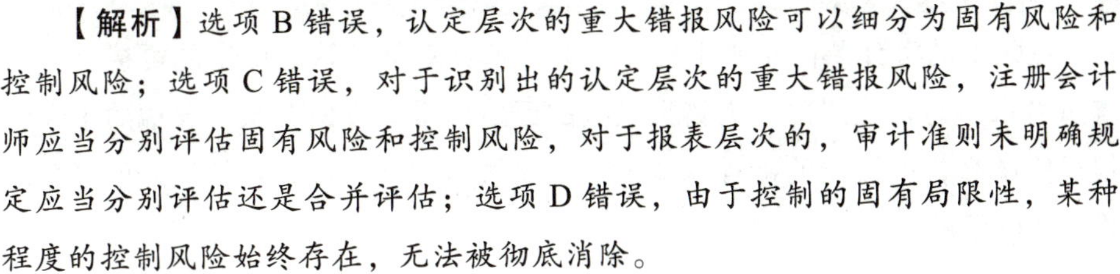

【解析】选项 B 错误，认定层次的重大错报风险可以细分为固有风险和控制风险；选项 C 错误，对于识别出的认定层次的重大错报风险，注册会计师应当分别评估固有风险和控制风险，对于报表层次的，审计准则未明确规定应当分别评估还是合并评估；选项 D 错误，由于控制的固有局限性，某种程度的控制风险始终存在，无法被彻底消除。

知识点 14 检查风险

检查风险是指如果存在某一错报，该错报单独或连同其他错报可能是重大的，注册会计师为将审计风险降至可接受的低水平而实施程序后没有发现这种错报的风险。检查风险取决于审计程序设计的合理性和执行的有效性。

名师点睛

检查风险是注册会计师的“锅”，不可能降低为零。

检查风险不能降低为零（彻底消除）的原因：

（1）注册会计师通常不对所有的交易、账户余额和披露进行检查；

（2）注册会计师可能选择了不恰当的审计程序；

（3）注册会计师可能在审计过程中执行不当；

（4）注册会计师可能错误解读了审计结论。

【例 18】（多选）下列关于检查风险的说法中，错误的有（　　）。

A. 保持职业怀疑有助于降低检查风险

B. 检查风险是指注册会计师未能通过审计程序发现错报，因而发表不恰当审计意见的风险

C. 检查风险的高低取决于审计程序设计的合理性和执行的有效性

D. 检查风险通常不可能降低为零，但是注册会计师如果做到了合理设计审计程序的性质、时间安排和范围，并有效执行审计程序、审慎评价审计证据，加强对已执行审计工作的监督和复核，检查风险是可以降低为零的

【解析】选项 B 错误，检查风险是指如果存在某一错报，该错报单独或连同其他错报可能是重大的，注册会计师实施程序后没有发现这种错报的风险；选项 D 错误，因为注册会计师通常并不对所有的交易、账户余额和披露进行检查，也可能选择了不恰当的审计程序，或在审计过程中执行不当，以及可能错误解读了审计结论等，这些情况都无法绝对避免，所以检查风险不可能降低为零。

例题答案：
【例 17】A
【例 18】BD

笔记区

知识点 15　检查风险与重大错报风险的关系

在既定的审计风险水平下，注册会计师针对某一认定确定的可接受的检查风险水平与认定层次重大错报风险的评估结果呈反向关系。评估的重大错报风险越高，可接受的检查风险越低；评估的重大错报风险越低，可接受的检查风险就越高。

实务中，注册会计师不一定用绝对数量表达这些风险水平，而是选用“高”“中”“低”等文字进行定性描述。

审计风险模型：“一定”“两反”。

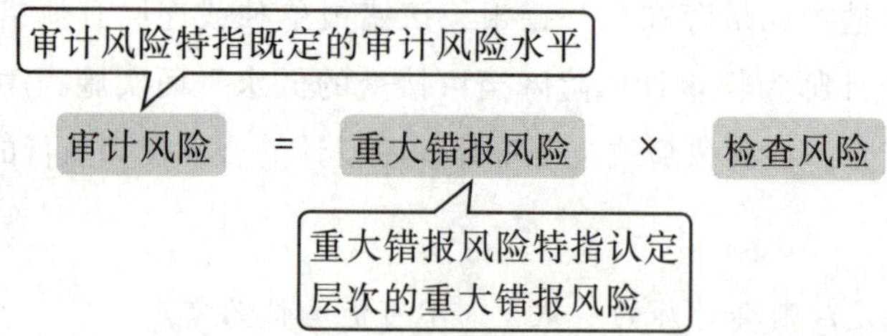

【例 19】（单选·2021）下列有关检查风险的说法中，错误的是（　）。

A. 检查风险取决于审计程序设计的合理性和执行的有效性

B. 在既定的审计风险水平下，评估的重大错报风险越低，可接受的检查风险越高

C. 抽样风险通常不会导致检查风险

D. 检查风险不可能降低为零

【解析】抽样风险和非抽样风险都有可能导致检查风险，选项 C 错误。

【例 20】（多选）下列有关审计风险模型的表述中，错误的有（　）。

A. 注册会计师应当定量表达重大错报风险

B. 保持职业怀疑有助于降低重大错报风险

C. 在既定的审计风险水平下，可接受的检查风险与财务报表层次重大错报风险的评估结果呈反向关系

D. 审计风险与所需的审计证据数量是正向关系

【解析】选项 A 错误，实务中，注册会计师不一定用绝对量表达这些风险水平，而是选用“高”“中”“低”等文字进行定性描述；选项 B 错误，重大错报风险与被审计单位的风险相关，且独立于财务报表审计而存在，注册会计师不能降低重大错报风险；选项 C 错误，在既定的审计风险水平下，可接受的检查风险与认定层次重大错报风险的评估结果呈反向关系；选项 D

例题答案：
【例 19】C

错误，审计风险是既定的，当评估的重大错报风险越高，可接受的检查风险越低，所需的审计证据的数量可能越多；当评估的重大错报风险越低，可接受的检查风险越高，所需的审计证据的数量可能越少。

【例 21】（单选）下列关于审计风险的说法中，错误的是（　　）。

A. 注册会计师通过控制检查风险来降低重大错报风险，从而将审计风险控制在可接受的低水平

B. 如果注册会计师将某一认定的可接受审计风险设定为 10%，评估的认定层的重大错报风险为 50%，则可接受的检查风险为 20%

C. 审计风险不是指注册会计师执行业务的法律后果

D. 实务中，注册会计师不一定用绝对数量表达审计风险水平，可选用文字进行定性表述

【解析】重大错报风险是指财务报表审计前存在重大错报的可能性，与被审计单位的风险相关，且独立于财务报表审计，选项 A 错误。

例题答案：
【例 20】ABCD
【例 21】A

专题二　审计计划

知识点1　初步业务活动的目的和内容

目的	内容
（1）具备执行业务所需的独立性和能力； （2）不存在因管理层诚信问题而可能影响注册会计师保持该项业务的意愿的事项； （3）与被审计单位之间不存在对业务约定条款的误解	（1）针对保持客户关系和具体审计业务实施相应的质量管理程序； （2）评价遵守相关职业道德要求的情况； （3）就审计业务约定条款达成一致意见

名师点睛

虽然保持客户关系及具体审计业务和评价职业道德的工作贯穿审计业务的全过程，但是这两项活动需要安排在其他审计工作之前，以确保注册会计师已具备执行业务所需要的独立性和专业胜任能力，且不存在因管理层诚信问题而影响注册会计师保持该项业务的意愿等情况。

在作出接受或保持客户关系及具体审计业务的决策后，注册会计师应当按照审计准则的规定，在审计业务开始前，与被审计单位就审计业务约定条款达成一致意见，签订或修改审计业务约定书，以避免双方对审计业务的理解产生分歧。

知识点2　审计业务约定书

审计业务约定书通常是指会计师事务所与被审计单位签订的，用以记录和确认审计业务的委托与受托关系、审计目标和范围、双方的责任以及报告的格式等事项的书面协议。

会计师事务所承接任何审计业务，都应与被审计单位签订审计业务约定书。

一、审计业务约定书的基本内容

审计业务约定书的具体内容和格式可能因被审计单位的不同而不同，但

应当包括以下主要内容：

（1）财务报表审计的目标与范围；

（2）注册会计师的责任；

（3）管理层的责任；

（4）指出用于编制财务报表所适用的财务报告编制基础；

（5）提及注册会计师拟出具的审计报告的预期形式和内容，以及对在特定情况下出具的审计报告可能不同于预期形式和内容的说明。

二、审计业务约定书的特殊考虑

（一）组成部分的审计

如果母公司的注册会计师同时也是组成部分的注册会计师，需要考虑下列因素，决定是否向组成部分单独致送审计业务约定书：

（1）组成部分注册会计师的委托人；

（2）是否对组成部分单独出具审计报告；

（3）与审计委托相关的法律法规的规定；

（4）母公司占组成部分的所有权份额；

（5）组成部分管理层相对于母公司的独立程度。

名师点睛

不强制要求单独致送，组成部分越独立，单独致送的可能性越大。

（二）连续审计

对于连续审计，注册会计师应当根据具体情况评估是否需要对审计业务约定条款作出修改，以及是否需要提醒被审计单位注意现有的条款。

注册会计师可以决定不在每期都致送新的审计业务约定书或其他书面协议。

下列因素可能导致注册会计师修改审计业务约定条款或提醒被审计单位注意现有的业务约定条款：

（1）有迹象表明被审计单位误解审计目标和范围；

（2）需要修改约定条款或增加特别条款；

（3）被审计单位高级管理人员近期发生变动；

（4）被审计单位所有权发生重大变动；

（5）被审计单位业务的性质或规模发生重大变化；

（6）法律法规的规定发生变化；

（7）编制财务报表采用的财务报告编制基础发生变更；

（8）其他报告要求发生变化。

【例 1】（多选）在连续审计业务中，通常情况不需要提醒被审计单位管理层关注或修改现有审计业务约定条款的有（　　）。

A. 被审计单位的两名出纳人员离职后，招聘了新的出纳人员

B. 注册会计师更换了项目组中的部分审计助理人员

C. 被审计单位对上期财务报表作出重述

D. 被审计单位财务总监近期发生变动

【解析】注册会计师可以决定不在每期都致送新的审计业务约定书或其他书面协议。下列因素可能导致注册会计师修改审计业务约定条款或提醒被审计单位注意现有的业务约定条款：（1）有迹象表明被审计单位误解审计目标和范围；（2）需要修改约定条款或增加特别条款；（3）被审计单位高级管理人员近期发生变动（选项 D）；（4）被审计单位所有权发生重大变动；（5）被审计单位业务的性质或规模发生重大变化；（6）法律法规的规定发生变化；（7）编制财务报表采用的财务报告编制基础发生变更；（8）其他报告要求发生变化。

（三）审计业务约定条款的变更

变更审计业务约定条款 —导致变更的原因→
- 环境变化对审计服务的需求产生影响（合理）
- 对原来要求的审计业务的性质存在误解（合理）
- 无论是管理层施加的还是其他情况引起的审计范围受到限制（不合理）

在完成审计业务前，如果被审计单位或委托人要求将审计业务变更为保证程度较低的业务，注册会计师应当确定是否存在合理理由予以变更。

（1）变更业务存在合理理由：

①如果注册会计师认为将审计业务变更为审阅业务或相关服务业务具有合理理由，截至变更日已执行的审计工作可能与变更后的业务相关，相应地，注册会计师需要执行的工作和出具的报告会适用于变更后的业务。

②为避免引起报告使用者的误解，对相关服务业务出具的报告不应提及原审计业务和在原审计业务中已执行的程序。

③只有将审计业务变更为执行商定程序业务，注册会计师才可在报告中提及已执行的程序。

例题答案：
【例 1】ABC

（2）变更业务没有合理理由：

如果没有合理理由，注册会计师不应同意变更业务。

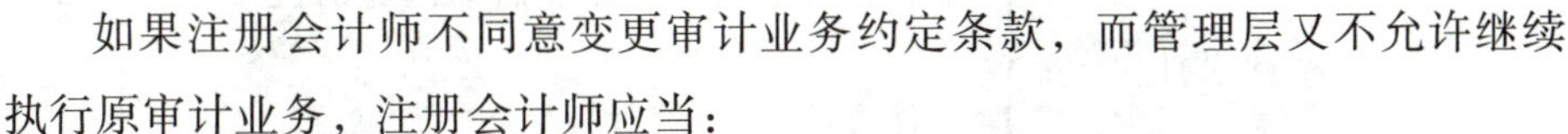

如果注册会计师不同意变更审计业务约定条款，而管理层又不允许继续执行原审计业务，注册会计师应当：

①在适用的法律法规允许的情况下，解除审计业务约定；

②确定是否有约定义务或其他义务向治理层、所有者或监管机构等报告该事项。

【例 2】（多选）在完成审计业务前，如果甲公司提出要求要将审计业务变更为保证程度较低的鉴证业务或者相关服务，注册会计师认为合理的理由有（　　）。

A. 甲公司因资金状况缓解，暂时不需要向银行申请贷款

B. 甲公司因财务总监和核心会计人员离职，导致暂时无法按照要求提供审计业务需要的信息

C. 甲公司因国家信贷政策调整，导致资金困难无法支付原计划的审计费用

D. 甲公司因未通过信息安全审查的要求，被证券监管部门要求暂停 IPO 计划

【解析】下列原因可能导致被审计单位要求变更业务，包括将审计业务变更为保证程度较低的业务或相关服务业务：（1）环境变化对审计服务的需求产生影响（选项 A、选项 D）；（2）对原来要求的审计业务的性质存在误解；（3）无论是管理层施加的还是其他情况引起的审计范围受到限制。上述第（1）和第（2）项通常被认为是变更业务的合理理由，但如果有迹象表明该变更要求与错误的、不完整的或者不能令人满意的信息有关，注册会计师不应认为该变更是合理的。

知识点 3　总体审计策略

审计计划分为总体审计策略和具体审计计划两个层次。虽然制定总体审计策略的过程通常在具体审计计划之前，但是两项计划具有内在紧密联系，对其中一项的决定可能会影响甚至改变对另外一项的决定。注册会计师可能会在具体审计计划中制定相应的审计程序，并相应调整总体审计策略的内容。

注册会计师应当为审计工作制定总体审计策略。总体审计策略用以确定审计范围、时间安排和方向，并指导具体审计计划的制定。

例题答案：

【例 2】AD

总体审计策略
- 审计范围
- 报告目标、时间安排及所需沟通的性质
- 审计方向
- 审计资源

一、审计范围

在确定审计范围时，需要考虑下列具体事项：

（1）编制拟审计的财务信息所依据的财务报告编制基础，包括是否需要将财务信息调整至按照其他财务报告编制基础编制；

（2）特定行业的报告要求，如某些行业监管机构要求提交的报告；

（3）预期审计工作涵盖的范围，包括应涵盖的组成部分的数量及所在地点；

（4）母公司和集团组成部分之间存在的控制关系的性质，以确定如何编制合并财务报表；

（5）由组成部分注册会计师审计组成部分的范围；

（6）拟审计的经营分部的性质，包括是否需要具备专门知识；

（7）外币折算，包括外币交易的会计处理、外币财务报表的折算和相关信息的披露；

（8）除为合并目的执行的审计工作之外，对个别财务报表进行法定审计的需求；

（9）内部审计工作的可获得性及注册会计师拟信赖内部审计工作的程度；

（10）被审计单位使用服务机构的情况，及注册会计师如何取得有关服务机构内部控制设计和运行有效性的证据；

（11）对利用在以前审计工作中获取的审计证据（如获取的与风险评估程序和控制测试相关的审计证据）的预期；

（12）信息技术对审计程序的影响，包括数据的可获得性和对使用计算机辅助审计技术的预期；

（13）协调审计工作与中期财务信息审阅的预期涵盖范围和时间安排，以及中期审阅所获取的信息对审计工作的影响；

（14）与被审计单位人员的时间协调和相关数据的可获得性。

二、报告目标、时间安排及所需沟通的性质

为计划报告目标、时间安排和所需沟通，需要考虑下列事项：

（1）被审计单位对外报告的时间表，包括中间阶段和最终阶段；

（2）与管理层和治理层举行会谈，讨论审计工作的性质、时间安排和范围；

（3）与管理层和治理层讨论注册会计师拟出具的报告的类型和时间安排以及沟通的其他事项（口头或书面沟通），包括审计报告、管理建议书和向治理层通报的其他事项；

（4）与管理层讨论预期就整个审计业务中审计工作的进展进行的沟通；

（5）与组成部分注册会计师沟通拟出具的报告的类型和时间安排，以及与组成部分审计相关的其他事项；

（6）项目组成员之间沟通的预期性质和时间安排，包括项目组会议的性质和时间安排，以及复核已执行工作的时间安排；

（7）预期是否需要和第三方进行其他沟通，包括与审计相关的法定或约定的报告责任。

三、审计方向

总体审计策略的制定应当包括考虑影响审计业务的重要因素，以确定项目组工作方向，包括确定适当的重要性水平，初步识别可能存在较高的重大错报风险的领域，初步识别重要的组成部分和账户余额，评价是否需要针对内部控制的有效性获取审计证据，识别被审计单位、所处行业、财务报告要求及其他相关方面最近发生的重大变化等。

名师点睛

哪里重要审哪里，哪里风险高审哪里。

在确定审计方向时，注册会计师需要考虑下列事项：

（1）重要性方面。具体包括：

①为计划目的确定重要性；

②为组成部分确定重要性且与组成部分的注册会计师沟通；

③在审计过程中重新考虑重要性；

④识别重要的组成部分和账户余额。

（2）重大错报风险较高的审计领域。

（3）评估的财务报表层次的重大错报风险对指导、监督及复核的影响。

（4）项目组人员的选择（在必要时包括项目质量复核人员）和工作分

工，包括向重大错报风险较高的审计领域分派具备适当经验的人员。

（5）项目预算，包括考虑为重大错报风险可能较高的审计领域分配适当的工作时间。

（6）如何向项目组成员强调在收集和评价审计证据过程中保持职业怀疑的必要性。

（7）以往审计中对内部控制运行有效性进行评价的结果，包括所识别的控制缺陷的性质及应对措施。

（8）管理层重视设计和实施健全的内部控制的相关证据，包括这些内部控制得以适当记录的证据。

（9）业务交易量规模，以基于审计效率的考虑确定是否依赖内部控制。

（10）对内部控制重要性的重视程度。

（11）管理层用于识别和编制适用的财务报告编制基础所要求的披露（包括从总账和明细账之外的其他途径获取的信息）的流程。

（12）影响被审计单位经营的重大发展变化，包括信息技术和业务流程的变化，关键管理人员变化，以及收购、兼并和分立。

（13）重大的行业发展情况，如行业法规变化和新的报告规定。

（14）会计准则及会计制度的变化，该变化可能涉及作出重大的新披露或对现有披露作出重大修改。

（15）其他重大变化，如影响被审计单位的法律环境的变化。

四、审计资源

注册会计师应当在总体审计策略中清楚地说明审计资源的规划和调配，包括确定执行审计业务所必需的审计资源的性质、时间安排和范围。

（1）向具体审计领域调配的资源，包括向高风险领域分派有适当经验的项目组成员，就复杂的问题利用专家的工作等；

（2）向具体审计领域分配资源的多少，包括分派到重要地点进行存货监盘的项目组成员的人数，在集团审计中复核组成部分注册会计师工作的范围，向高风险领域分配的审计时间预算等；

（3）何时调配这些资源，包括是在期中审计阶段还是在关键的截止日期调配资源等；

（4）如何管理、指导、监督这些资源，包括预期何时召开项目组预备会和总结会，预期项目合伙人和经理如何进行复核，是否需要实施项目质量复核等。

【例 3】（多选）在制定总体审计策略时，注册会计师应当考虑的因素有（　　）。

A. 由组成部分注册会计师审计组成部分的范围

B. 委托人要求的提交管理建议书初稿的时间

C. 以前年度审计中识别的内部控制缺陷的性质和应对措施

D. 分派到重要地点进行存货监盘的项目组成员的人数

【解析】在制定总体审计策略时，应当考虑以下主要事项：（1）审计范围（选项A）；（2）报告目标、时间安排及所需沟通的性质（选项B）；（3）审计方向（选项C）；（4）审计资源（选项D）。

知识点4 具体审计计划

注册会计师应当为审计工作制定具体审计计划。

具体审计计划比总体审计策略更加详细，其内容包括为获取充分、适当的审计证据以将审计风险降至可接受的低水平，项目组成员拟实施的审计程序的性质、时间安排和范围。

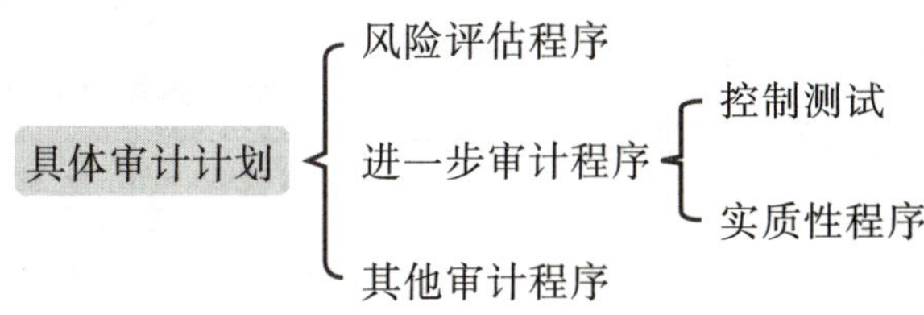

（1）具体审计计划应当包括为了充分识别和评估财务报表重大错报风险，注册会计师计划实施的风险评估程序的性质、时间安排和范围。

（2）具体审计计划应当包括针对评估的认定层次的重大错报风险，注册会计师计划实施的进一步审计程序的性质、时间安排和范围。进一步审计程序包括控制测试和实质性程序。

（3）具体审计计划应当包括根据审计准则的规定，注册会计师针对审计业务需要实施的其他审计程序。计划的其他审计程序可以包括上述进一步审计程序的计划中没有涵盖的、根据其他审计准则的要求注册会计师应当执行的既定程序。

名师点睛

具体审计计划的核心是审计程序。

【例4】（单选·2015）下列有关审计计划的说法中，正确的是（　　）。

A. 具体审计计划的核心是确定审计的范围和审计方案

B. 总体审计策略不受具体审计计划的影响

C. 制定审计计划的工作应当在实施进一步审计程序之前完成

笔记区

例题答案：
【例3】ABCD

D. 制定总体审计策略的过程通常在具体审计计划之前

【解析】选项A错误，具体审计计划的核心是确定审计程序的性质、时间安排和范围。选项B错误，总体审计策略通常在具体审计计划之前制定，但这两项计划具有内在联系，相互影响。选项C错误，审计计划随着对被审计单位进一步的了解和审计程序的深入，会进行调整。

【例5】（多选·2016）下列各项中，属于具体审计计划活动的有（　　）。

A. 确定重要性

B. 确定进一步审计程序的性质、时间安排和范围

C. 确定风险评估程序的性质、时间安排和范围

D. 确定是否需要实施项目质量复核

【解析】选项A错误，确定重要性属于总体审计策略中，在确定审计方向时需要考虑的因素；选项D错误，确定是否需要实施项目质量复核是属于总体审计策略中，确定审计资源的规划和调配时需要考虑的因素。

程序	风险评估程序	进一步审计程序	
		控制测试	实质性程序
检查	√	√	√
观察	√	√	√
询问	√	√	√
函证	—	—	√
重新计算	—	—	√
重新执行	—	√	—
分析程序	√	—	√

通常，注册会计师计划的进一步审计程序可以分为进一步审计程序的总体方案和拟实施的具体审计程序（包括进一步审计程序的具体性质、时间安排和范围）两个层次。

进一步审计程序的总体方案主要是指注册会计师针对各类交易、账户余额和披露决定采用的总体方案（包括实质性方案和综合性方案）。具体审计程序则是对进一步审计程序的总体方案的延伸和细化，它通常包括控制测试和实质性程序的性质、时间安排和范围。

例题答案：
【例4】D
【例5】BC

知识点5 错报

一、错报的概念

错报，是指某一财务报表项目的金额、分类或列报，与按照适用的财务报告编制基础应当列示的金额、分类或列报之间存在的差异；或根据注册会计师的判断，为使财务报表在所有重大方面实现合法、公允反映，需要对金额、分类或列报作出的必要调整。错报可能是由于错误或舞弊导致的。

错报可能由下列事项导致：

（1）收集或处理用以编制财务报表的数据时出现错误；

（2）遗漏某项金额或披露，包括不充分或不完整的披露，以及为满足特定财务报告编制基础的披露目标而被要求作出的披露（如适用）；

（3）由于疏忽或明显误解有关事实导致作出不正确的会计估计；

（4）注册会计师认为管理层对会计估计作出不合理的判断或对会计政策作出不恰当的选择和运用；

（5）信息的分类、汇总或分解不恰当。

名师点睛

错报可能不会孤立发生，一项错报的发生还可能表明存在其他错报。

二、错报的分类

为了帮助注册会计师评价审计过程中累积的错报的影响以及与管理层和治理层沟通错报事项，将错报区分为事实错报、判断错报和推断错报。

（一）事实错报

事实错报是毋庸置疑的错报。这类错报产生于被审计单位收集和处理数据的错误，对事实的忽略或误解，或故意舞弊行为。例如，注册会计师在审计中发现购入存货的实际价值为15 000元，但账面记录的金额却为10 000元。因此，存货和应付账款分别被低估了5 000元，这里被低估的5 000元就是已识别的对事实的具体错报。

（二）判断错报

由于注册会计师认为管理层对财务报表中的确认、计量和列报（包括对会计政策的选择或运用）作出不合理或不恰当的判断而导致的差异。这类错报产生于两种情况：

（1）管理层和注册会计师对会计估计值的判断差异。例如，由于包含在财务报表中的管理层作出的估计值超出了注册会计师确定的一个合理范围，导致出现判断差异。

笔记区

（2）管理层和注册会计师对选择和运用会计政策的判断差异。由于注册会计师认为管理层选用会计政策造成错报，管理层却认为选用会计政策适当，导致出现判断差异。

（三）推断错报

推断错报通常是指通过测试样本估计出的总体错报减去在测试中发现的已经识别的具体错报。

注册会计师对总体存在的错报作出的最佳估计数，涉及根据在审计样本中识别出的错报来推断总体的错报。

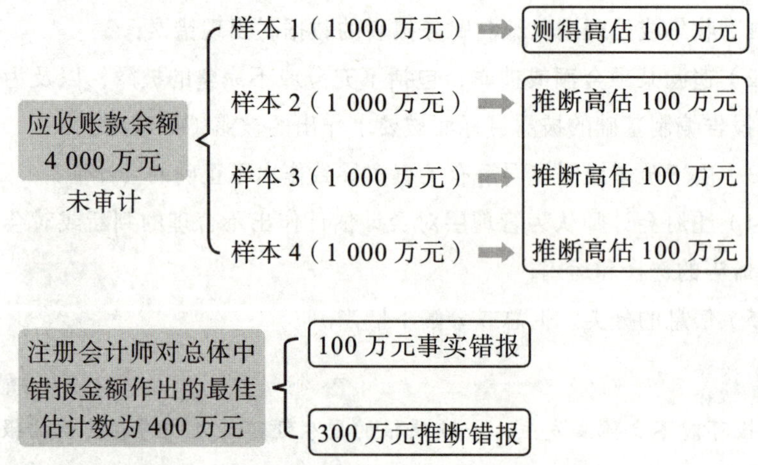

【例 6】（多选）下列关于错报的说法中，错误的有（　　）。

A. 事实错报是毋庸置疑的错报

B. 推断错报是指注册会计师对总体存在的错报作出的最佳估计数

C. 错报仅指某一财务报表项目金额与按照财务报告编制基础应当列式的金额之间的差异

D. 错报不会孤立发生，一项错报的发生表明还存在其他错报

【解析】选项 B 错误，推断错报通常是指通过测试样本估计出的总体的错报减去在测试中发现的已经识别的具体错报；选项 C 错误，错报不仅仅是指金额之间的差异，还有分类、列报之间的差异；选项 D 错误，错报可能不会孤立发生，一项错报的发生还可能表明存在其他错报，并不绝对表明一定还有其他错报。

例题答案：
【例 6】BCD

专题三　审计证据

知识点1　审计证据的概念

审计证据是指注册会计师为了得出审计结论、形成审计意见而使用的所有信息。审计证据包括构成财务报表基础的会计记录所含有的信息和其他的信息。

注册会计师必须在每项审计工作中获取充分、适当的审计证据，以满足发表审计意见的要求。

依据会计记录编制财务报表是被审计单位管理层的责任，注册会计师应当测试会计记录以获取审计证据。

会计记录中含有的信息本身并不足以提供充分的审计证据作为对财务报表发表审计意见的基础，注册会计师还应当获取用作审计证据的其他的信息。

注册会计师将不同来源和不同性质的审计证据综合起来考虑，这样能够反映出结果的一致性，从而佐证会计记录中记录的信息。

如果审计证据不一致，而且这种不一致可能是重大的，注册会计师应当扩大审计程序的范围，直到不一致得到解决，并针对账户余额或各类交易获得必要保证。

知识点2　审计证据的充分性和适当性

一、审计证据的充分性

（1）审计证据的充分性是对审计证据数量的衡量。

（2）充分性主要与注册会计师确定的样本量有关。

（3）评估的重大错报风险越高，注册会计师需要的审计证据可能越多。

（4）审计证据的质量越高，注册会计师需要的审计证据的数量可能越少。

（5）注册会计师仅靠获取更多的审计证据可能无法弥补其质量上的缺陷。

【例1】（单选）下列有关审计证据充分性的说法中，错误的是（　　）。

笔记区

A. 评估的重大错报风险越高，需要的审计证据可能越多

B. 计划从实质性程序中获取的保证程度越高，需要的审计证据可能越多

C. 审计证据质量越高，需要的审计证据可能越少

D. 初步评估的控制风险越低，需要通过控制测试获取的审计证据可能越少

【解析】控制的风险越低，注册会计师会越倾向于依赖内控，所以通过控制测试获取的审计证据可能越多，选项D错误。

二、审计证据的适当性

（1）审计证据的适当性是对审计证据质量的衡量。

（2）相关性和可靠性是审计证据适当性的核心内容，只有相关且可靠的审计证据才是高质量的。

（3）相关性是指用作审计证据的信息与审计程序的目的和所考虑的相关认定之间的逻辑联系。

名师点睛

用作审计证据的信息的相关性可能受测试方向的影响。

顺查——查低估、查遗漏，评价完整性认定。

逆查——查高估、查虚构，评价发生、存在认定。

（4）特定的审计程序可能只为某些认定提供相关的审计证据，而与其他认定无关。

（5）有关某一特定认定的审计证据，不能替代与其他认定相关的审计证据。

（6）不同来源或不同性质的审计证据可能与同一认定相关。

（7）审计证据的可靠性是指证据的可信程度。

（8）审计证据的可靠性受其来源和性质的影响，并取决于获取审计证据的具体环境。

（9）从外部独立来源获取的审计证据比从其他来源获取的审计证据更可靠。

（10）内部控制有效时内部生成的审计证据比内部控制薄弱时内部生成的审计证据更可靠。

（11）直接获取的审计证据比间接获取或推论得出的审计证据更可靠。

（12）以文件、记录形式（纸质、电子或其他介质）存在的审计证据比口头形式的审计证据更可靠。

例题答案：
【例1】D

（13）从原件获取的审计证据比从传真件或复印件获取的审计证据更可靠。

（14）充分性和适当性是审计证据的两个重要特征，只有充分且适当的审计证据才是有证明力的。

（15）审计证据的适当性会影响审计证据的充分性，审计证据质量越高，需要的审计证据数量可能越少。

（16）如果审计证据的质量存在缺陷，那么注册会计师仅靠获取更多的审计证据可能无法弥补其质量上的缺陷。

【例2】（单选·2019）下列有关审计证据的充分性和适当性的说法中，错误的是（　　）。

A. 审计证据的充分性和适当性分别是对审计证据的数量和质量的衡量

B. 只有充分且适当的审计证据才有证明力

C. 审计证据的充分性会影响审计证据的适当性

D. 审计证据的适当性会影响审计证据的充分性

【解析】尽管审计证据的充分性和适当性相关，但如果审计证据的质量存在缺陷，那么注册会计师仅靠获取更多的审计证据可能无法弥补其质量上的缺陷。如果注册会计师获取的证据不相关或者不可靠，那么证据数量再多也难以起到证明作用。选项C错误。

【例3】（单选·2019）下列各项中，不影响审计证据可靠性的是（　　）。

A. 被审计单位内部控制是否有效

B. 用作审计证据的信息与相关认定之间的关系

C. 审计证据的来源

D. 审计证据的存在形式

【解析】用作审计证据的信息与相关认定之间的关系，指的是审计证据的相关性，不影响可靠性。注册会计师在判断审计证据的可靠性时，通常会考虑下列原则：（1）从外部独立来源获取的审计证据比从其他来源获取的审计证据更可靠（选项C）；（2）内部控制有效时内部生成的审计证据比内部控制薄弱时内部生成的审计证据更可靠（选项A）；（3）直接获取的审计证据比间接推论出的审计证据更可靠；（4）以文件、记录形式（纸质、电子或其他介质）存在的审计证据比口头形式的审计证据更可靠（选项D）；（5）从原件获取的审计证据比从传真件或复印件获取的审计证据更可靠。

例题答案：
【例2】C
【例3】B

三、评价充分性和适当性时的特殊考虑

（一）对文件记录可靠性的考虑

审计工作通常不涉及鉴定文件记录的真伪，注册会计师也不是鉴定文件记录真伪的专家，但应当考虑用作审计证据的信息的可靠性，并考虑与这些信息生成和维护相关控制的有效性。

如果在审计过程中识别出的情况使其认为文件记录可能是伪造的，或文件记录中的某些条款已发生变动，注册会计师应当作出进一步调查，包括直接向第三方询证，或考虑利用专家的工作以评价文件记录的真伪。

（二）使用被审计单位生成信息时的考虑

注册会计师为获取可靠的审计证据，实施审计程序时使用的被审计单位生成的信息要足够完整和准确。

（三）证据相互矛盾时的考虑

如果针对某项认定从不同来源获取的审计证据或获取的不同性质的审计证据能相互印证，与该项认定相关的审计证据则具有更强的说服力。

如果从不同来源获取的审计证据或获取的不同性质的审计证据不一致，表明某项审计证据可能不可靠，注册会计师应当追加必要的审计程序。

（四）获取审计证据时对成本的考虑

注册会计师可以考虑获取审计证据的成本与所获取信息的有用性之间的关系，但不应以获取审计证据的困难和成本为由减少不可替代的审计程序。

【例 4】（单选）下列有关审计证据的说法中，正确的是（　　）。

A. 外部证据与内部证据矛盾时，注册会计师应当采用外部证据

B. 审计证据不包括会计师事务所接受与保持客户或业务时实施质量管理程序获取的信息

C. 注册会计师可以考虑获取审计证据的成本与所获取信息的有用性之间的关系

D. 为保持职业谨慎，注册会计师应当鉴定作为审计证据的文件记录的真伪

【解析】选项 A 错误，如果从不同来源获取的审计证据或获取的不同性质的审计证据不一致，表明某项审计证据可能不可靠，注册会计师应当追加必要的审计程序来确定其可靠性；选项 B 错误，审计证据包括会计师事务所接受与保持客户或业务时实施质量管理程序获取的信息；选项 D 错误，审计工作通常不涉及鉴定文件记录的真伪，注册会计师也不是鉴定文件记录真伪的专家，但在发现异常或可疑迹象时，应当考虑用作审计证据的信息的可靠性。

例题答案：
【例 4】C

编者备考建议

各位同学大家好，我是讲授公司战略与风险管理科目的张汶汶老师。

大家可能隐约听说过：“战略”很抽象，不好理解；“战略”很简单，只要背了就能过；“战略”难度上升，近年通过率下降了等等。在和“战略”见面之前，大家听说了很多，不如来听听我这个主讲老师怎么说吧。

一、什么是“战略”？

“战略”就是决策，对于一个企业而言，不仅要做出决策，更要做对的决策，帮助企业选择经营方向，做正确的事！

“战略”是一门有关“管理”的学问，大家可能没有实务经验，难以理解其核心奥义，但仅从应试角度而言，并不要求各位同学成为商业能手。通过课上实务案例的理解，掌握基础原理和解题技巧，通过考试肯定没有问题！

二、应该怎么学公司战略与风险管理？

公司战略与风险管理科目考试中“重点恒重”的特点是非常突出的，不管如何出题，战略分析和战略选择这两章在历年考试的分值约60分，是本科目的重点章节。

对于公司战略与风险管理中需要大家背记的内容，有“阿汶口诀”辅助记忆，并在基础、强化、冲刺三个环节不断总结，巩固提升；大家只要打牢基础、背记要点和习题训练，必然能够奇兵制胜！

打开本书，“战略”之旅即将启程，准备好了吗？我将带领大家从起始站“战略概念”出发，到达第二站“战略分析”，大家可以了解环境分析的各类工具；紧接着第三站是“战略选择”，大家可以学习如何选择战略方案。通过这次旅程，大家将掌握“战略”学习的思路与方法，建立“公司战略”这部分内容的学习框架，为后续的学习打下坚实的基础。

我们终其一生都在追寻更多的自由，希望尽可能将命运掌握在自己手中。如果通过这个考试能帮助你拥有更多的选择权和主动权，请坚持吧，沉淀的日子必然孤独且漫长，但一定值得。

再回首，轻舟已过万重山！

张汶汶

专题一 战略概述

知识点1 公司战略的定义

一、公司战略的定义

思考：什么是战略？

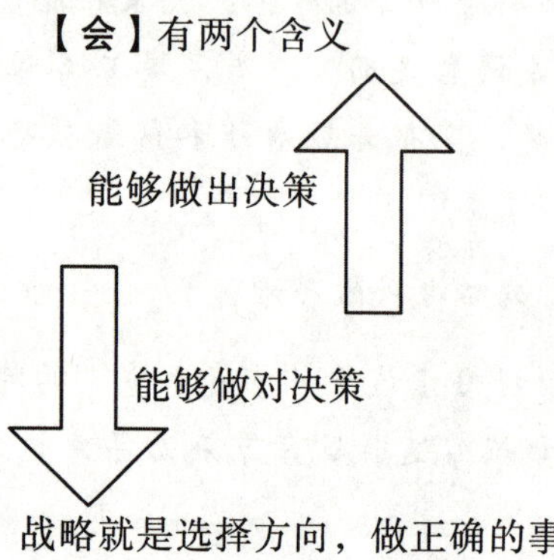

战略就是选择方向，做正确的事！

二、公司战略的概念

传统概念	美国哈佛大学教授波特	“战略是公司为之奋斗的终点与公司为达到它们而寻求的途径的结合物。” 公司战略的重要属性——计划性、全局性和长期性
现代概念	加拿大学者明茨伯格	“一系列或整套的决策或行动方式。”这套方式包括刻意安排的（即计划性）战略和任何临时出现的（即非计划性）战略。 更强调公司战略的另一方面属性——应变性、竞争性和风险性

名师点睛

公司战略的特点，如下图所示。

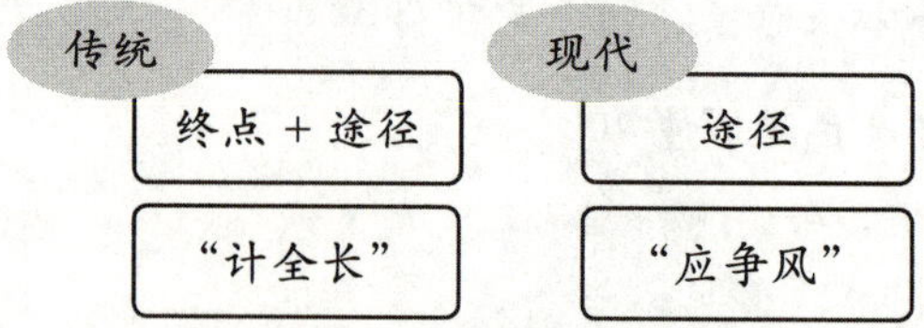

笔记区

【例】（多选）公司战略的现代概念强调战略的（　　）。

A. 全局性　　B. 风险性

C. 应变性　　D. 竞争性

【解析】战略的传统概念强调公司战略的计划性、全局性和长期性；战略的现代概念强调战略的应变性、竞争性和风险性。

知识点 2　公司战略的层次

一、公司管理的层次

思考：谁来做决策？

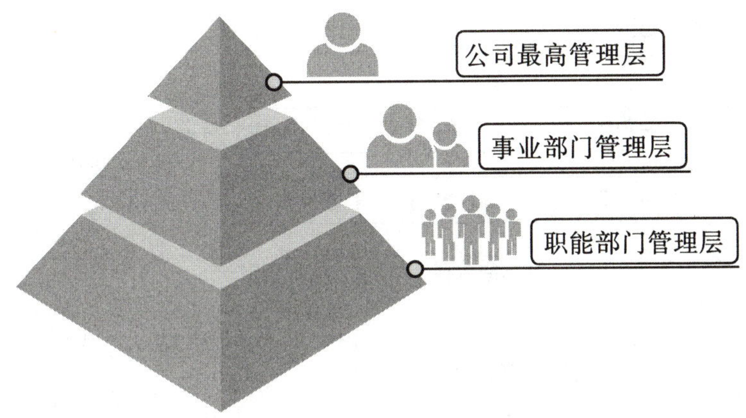

二、公司战略的结构层次

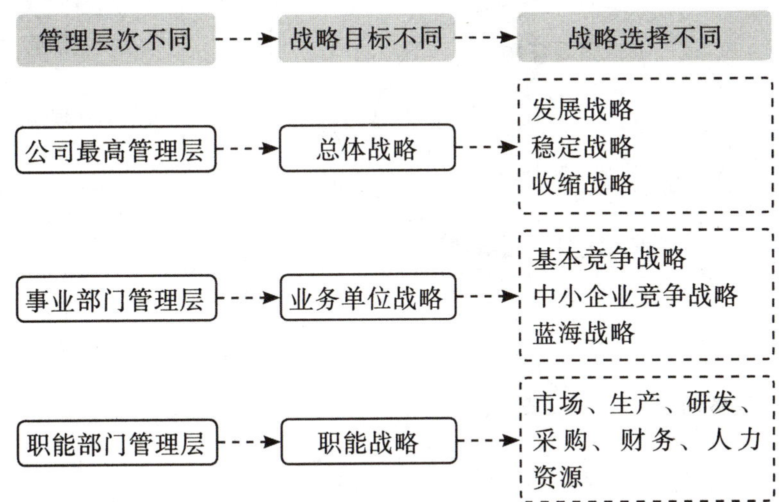

例题答案：

【例】BCD

专题二 战略分析

思考：如何做出对的决策？

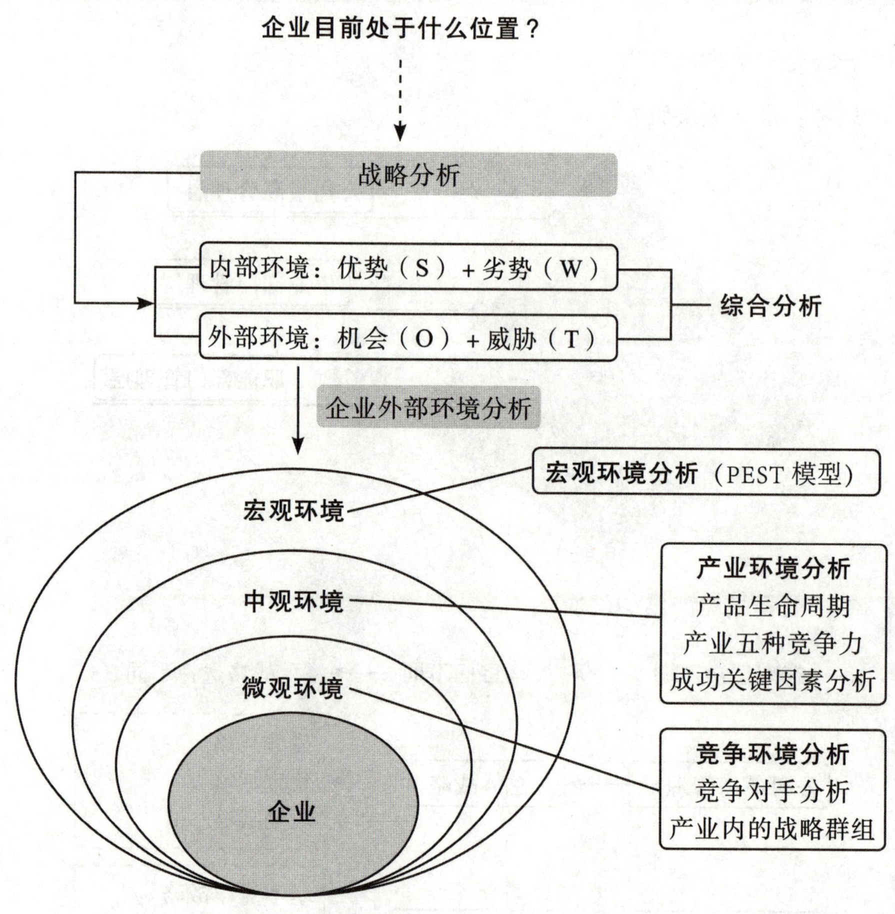

知识点1 外部环境分析——宏观环境分析（PEST模型）

政治和法律因素（P）
· 政局稳定状况
· 政府行为
· 法律法规

经济因素（E）
· 社会经济结构
· 经济发展水平与状况
· 经济体制

企业

技术因素（T）
· 科技水平
· 科技体制
· 科技发展趋势

社会和文化因素（S）
· 人口因素
· 社会流动性
· 消费心理

【例1】（单选·2019）国家出台“每对夫妻可生育两个子女”的政策后，少儿智能学习机制造商龙华公司预测其产品的市场需求将明显增长，于是制定并实施了新的发展战略，扩大投资，提高生产能力，同时采用新智能技术实现产品升级。龙华公司外部环境分析所采用的主要方法是（ ）。

A. 五种竞争力分析　　B. 成功关键因素

C. PEST 分析　　D. 产品生命周期分析

【解析】本题考查“PEST 分析”。国家出台“二孩”政策，该公司根据政策出台预测其产品需求会增长，属于 PEST 分析中的政治和法律因素对企业的影响；“采用新智能技术实现产品升级”体现的是技术因素，选项 C 正确。

【例2】（多选）甲公司为国内上市的电信公司。甲公司正在研究收购某发展中国家的乙移动通信公司。下列各项因素中，属于甲公司在 PEST 分析中应当考虑的有（ ）。

A. 甲公司具有较强的财务实力收购乙移动通信公司

B. 乙移动通信公司所在国政府历来对企业实施高税收政策

C. 甲公司在国内提供电信服务积累的经验与技术有助于管理乙移动通信公司的业务

D. 乙移动通信公司所在国的电信产业十年来发展迅速，移动通信业务过去 10 年增长了 300 倍

【解析】选项 A、选项 C 是关于甲公司的自身实力的表述，不属于 PEST 分析。

例题答案：
【例1】C
【例2】BD

知识点2　外部环境分析——产业环境分析

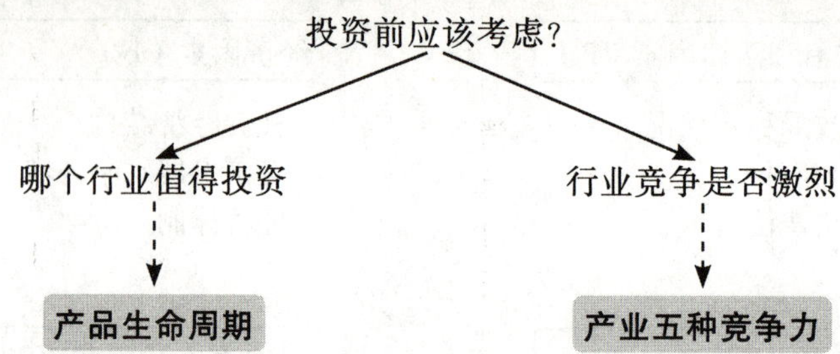

【案例】曾经的全球手机巨头诺基亚市值最高达到 1 151 亿美元，但在用户热衷于追求新一代手机的"触摸屏，超大屏幕"潮流时，诺基亚却还在坚持使用老旧的按键手机，不堪与市场上新崛起的手机品牌之间的竞争压力，市场份额持续下降，最终被微软公司以 72 亿美元收购，一代手机帝国崩得猝不及防。

一、产品生命周期

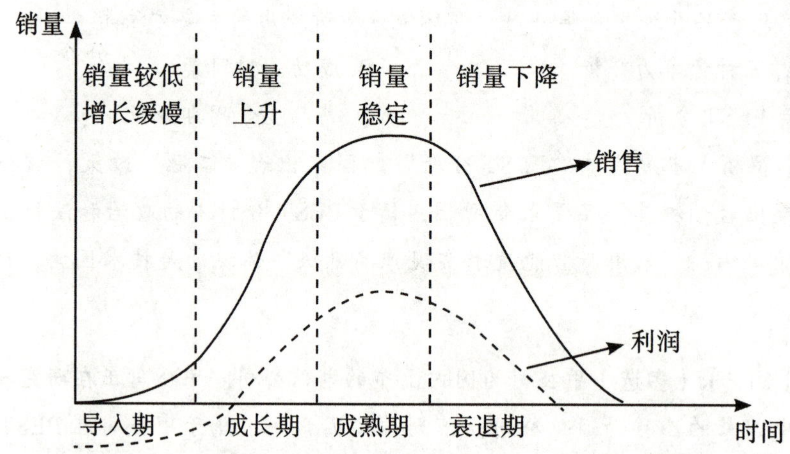

【提示】产品生命周期各阶段以产业销售额增长率曲线的拐点划分。

（一）各阶段的特征

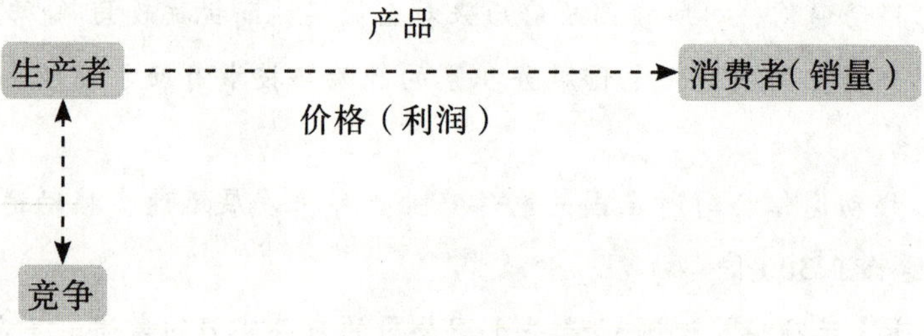

项目	导入期	成长期	成熟期	衰退期
产品	产品质量有待提高（不成熟），产品类型、特点、性能和目标市场等方面尚在不断变化当中	产品在技术和性能方面有较大差异；消费者会接受参差不齐的质量，对质量的要求不高	产品逐步标准化，差异不明显，技术和质量改进缓慢	技术被模仿后出现的替代品充斥市场。为降低成本，产品质量可能出现问题
消费者	用户很少，高收入者购买（销量小）	产品的客户群已经扩大，产品销量节节攀升是成长期的标志	新的客户减少，主要靠老客户的重复购买支撑	客户挑剔，追求性价比
价格	价格弹性较小，高价格、高毛利，净利润较低	此时产品价格最高，单位产品净利润也最高	产品价格开始下降，毛利率和净利率都下降，利润空间适中	价格进一步降低，部分企业出局，价格有望提升
竞争	只有很少的竞争对手，营销成本高，广告费用大	竞争者涌入，企业之间开始争夺人才和资源；市场营销成本较高	市场基本饱和；竞争者之间出现挑衅性的价格竞争是成熟期开始的标志	市场需求减小，产能严重过剩，有些竞争者先于产品退出市场
战略目标	扩大市场份额，争取成为“领头羊”	争取最大市场份额，并坚持到成熟期的到来	在巩固市场份额的同时提高投资报酬率	首先是防御，获取最后的现金流
战略路径	投资研发，提高质量	市场营销，改变价格形象和质量形象	提高效率，降低成本	控制成本，以求能维持正的现金流量

（二）各阶段的经营风险

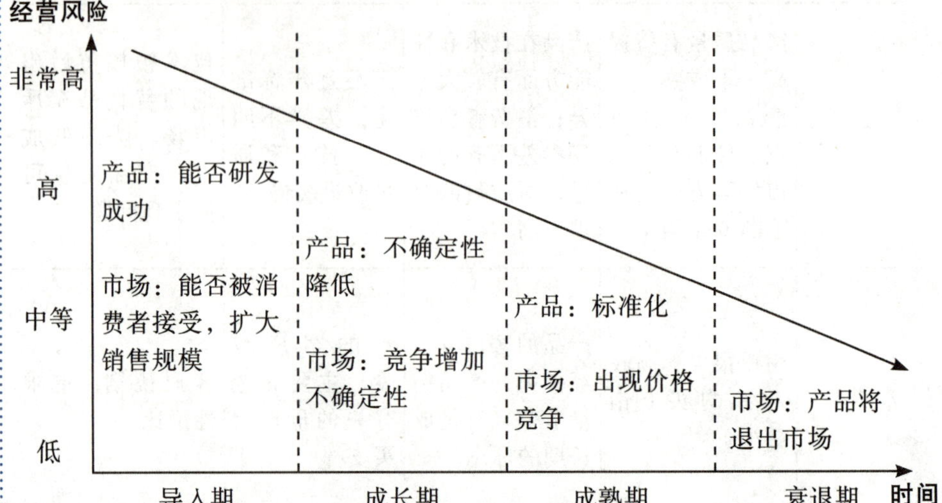

名师点睛

产品生命周期各阶段特征，如下表所示。

现状	导入期	成长期	成熟期	衰退期
产品	不成熟	差异化	标准化	差别小
销量	小，增长慢	销售增长速度快	稳定基本饱和	下降
竞争	企业数量少	竞争加剧	价格竞争（最激烈）	有些竞争者先于产品退出市场
利润	净利润较低	单位产品净利润最高	毛利率和净利润率都下降利润空间适中	产品的价格、毛利都很低
经营风险	非常高	高	中	低

【例3】（单选·2020）宝灵公司是一家牙膏生产企业。目前牙膏行业的销售额达到前所未有的规模，各个企业生产的不同品牌的牙膏在质量和功效等方面差别不大，价格竞争十分激烈。在上述情况下，宝灵公司的战略重点应是（　　）。

A. 扩大市场份额

B. 在巩固市场份额的同时提高投资报酬率

C. 提高投资报酬率

D. 争取最大市场份额

【解析】“目前牙膏行业的销售额达到前所未有的规模，各个企业生产

的不同品牌的牙膏在质量和功效等方面差别不大，价格竞争十分激烈”表明宝灵公司目前所在的行业处于成熟期。成熟期的战略重点是在巩固市场份额的同时提高投资报酬率，选项B正确。

【例4】（单选·2019）专为商业零售企业提供管理咨询服务的智信公司于2015年预测中国的实体百货零售业已进入衰退期。该公司做出上述预测的依据应是（　　）。

A. 实体百货零售业投资额增长率曲线的拐点

B. 实体百货零售业利润额增长率曲线的拐点

C. 实体百货零售业工资额增长率曲线的拐点

D. 实体百货零售业销售额增长率曲线的拐点

【解析】产业发展要经过四个阶段：导入期、成长期、成熟期和衰退期。这些阶段是以产业销售额增长率曲线的拐点划分。选项D正确。

【例5】（单选·2018）近年来，国产品牌智能手机企业强势崛起，出货量迅猛增长，与国际品牌智能手机在市场上平分秋色。中低端智能手机市场基本被国产智能手机占领，新进入者难以获得市场地位。同时，由于运营商渠道调整，电商等渠道比重加大，产品“同质化”现象加剧，“价格战”日趋激烈。根据上述情况，国内智能手机产业目前所处的生命周期阶段是（　　）。

A. 导入期　　B. 成长期

C. 成熟期　　D. 衰退期

【解析】“中低端智能手机市场基本被国产智能手机占领，新进入者难以获得市场地位”“产品‘同质化’现象加剧，‘价格战’日趋激烈”均体现的是产品生命周期成熟期的特点，选项C正确。

二、产业五种竞争力

【案例】贵州茅台VS五粮液

酱香酒领域的“王者”茅台收购“习酒”，借以进入浓香白酒的领域，并准备将“习酒”打造为第二家上市公司；浓香型老大五粮液高调推出永福酱酒，杀入酱香白酒的领域，双方互有攻伐。

（一）产业五种竞争力的概念

波特认为，在每一个产业中都存在五种基本竞争力量。这五种力量共同决定产业竞争的强度及产业利润率。

思考：企业战略的行为逻辑是什么？

例题答案：
【例3】B
【例4】D
【例5】C

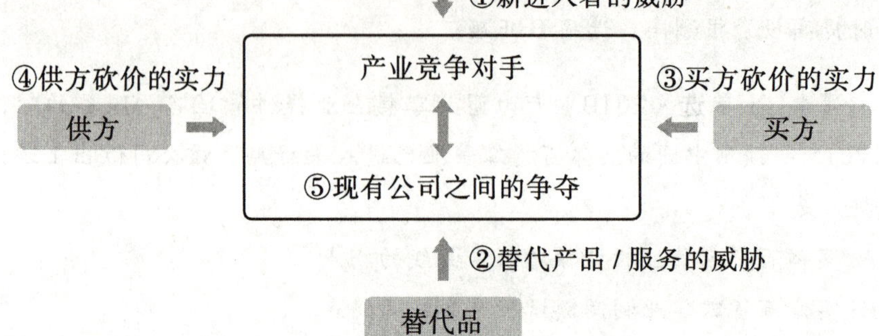

（二）潜在进入者的威胁

1. 什么是潜在进入者

【案例】美团 VS 滴滴

2018 年 3 月 21 日，美团打车宣布进入上海，上线快车、出租车业务，美团打车针对在上海注册的上万名车主，前三个月免提成，只收取每单 5 毛钱的信息费。另外在大量用户优惠券的冲击下，美团打车的订单量飙升。2018 年 3 月滴滴外卖宣布将进入全国九大城市，到 4 月 9 日正式在无锡上线，6 月 1 日宣布在南京上线。

2. 潜在进入者的威胁

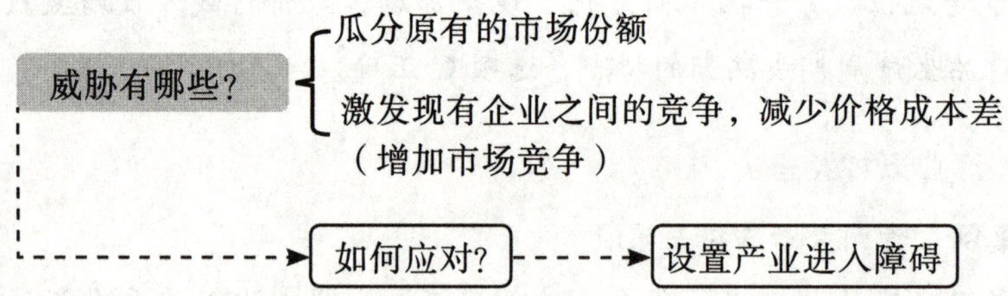

3. 进入障碍的类型

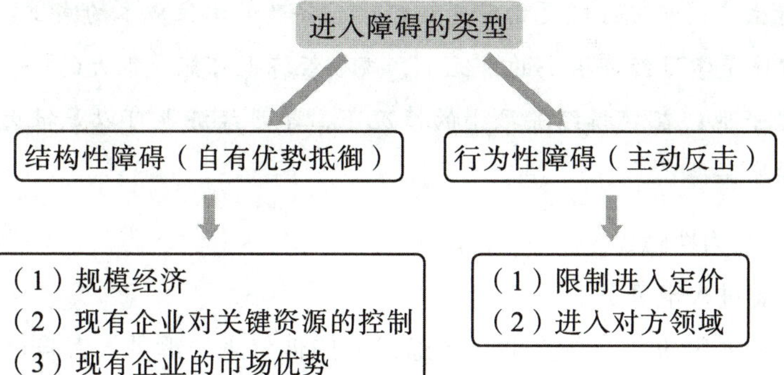

（1）结构性障碍。

结构性障碍	规模经济	
	现有企业对关键资源的控制	①资金、专利或专有技术； ②原材料供应、分销渠道； ③学习曲线； ④资源使用方法的积累与控制
	现有企业的市场优势	①品牌优势； ②政府政策

名师点睛

（1）学习曲线（又称经验曲线），是指当某一产品累积生产量增加时，由于经验和专有技术的积累所带来的产品单位成本的下降。

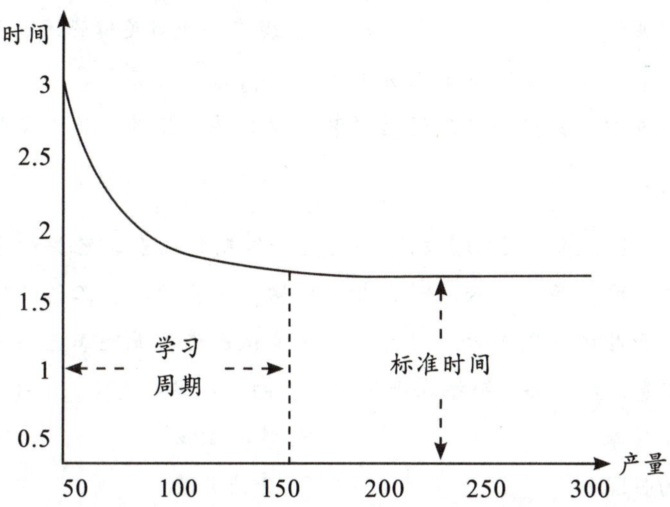

（2）规模经济：指在一定时期内，企业所生产的产品或劳务的绝对量增加时，其单位成本趋于下降。如生产一台手机与生产十万台手机，其单位成本天差地别！

①规模经济使得当经济活动处于一个比较大的规模时，能以较低的单位成本进行生产；学习经济是由于累积经验而导致的单位成本的减少。

②即使是学习经济很小的情况下，规模经济也可能是很大的——简单的资本密集型产业；在规模经济很小的情况下，学习经济也可以是很大的——复杂的劳动密集型产业。

（2）行为性障碍。

①限制进入定价。

限制进入定价是在位企业试图通过实施低价来告诉进入者自己是低成本的，进入将无利可图。例如，速冻水饺由于品牌较为集中，产品同质化严重；三全、思念、湾仔码头等企业一度调低产品售价，产品毛利进一步降低，使得该行业很长一段时间内没有新的进入者。

②进入对方领域。

进入对方领域是寡头垄断市场上常见的一种报复行为，其目的在于抵消进入者首先采取行动可能带来的优势，避免对方的行动给自己带来的风险。如美团进入打车领域，滴滴进入外卖领域。

【例6】（单选·2020）山野公司是国际著名的户外运动服装设计和生产商。该公司的产品广受消费者喜爱，被誉为户外运动服装行业的第一品牌。不少企业试图进入该行业并挑战山野公司的市场地位，但都未获成功。山野公司为潜在进入者设置的结构性障碍是（　　）。

A. 规模经济　　B. 现有企业的市场优势

C. 学习曲线　　D. 现有企业对关键资源的控制

【解析】现有企业的市场优势主要表现在品牌优势上。"该公司的产品广受消费者喜爱，被誉为户外运动服装行业的第一品牌"属于品牌优势，选项B正确。

【例7】（单选·2019）龙苑公司是一家制作泥塑工艺品的家族企业。该公司成立100多年来，经过世代相传积累了丰富的泥塑工艺品制作经验和精湛技艺，产品远销国内外。目前一些企业试图进入泥塑工艺品制作领域。根据上述信息，龙苑公司给潜在进入者设置的进入障碍是（　　）。

A. 资金需求　　B. 学习曲线

C. 行为性障碍　　D. 分销渠道

【解析】"经过世代相传积累了丰富的泥塑工艺品制作经验和精湛技艺，产品远销国内外"体现的是学习曲线，选项B正确。

例题答案：
【例6】B
【例7】B

知识点 3 竞争环境分析——战略群组

一、战略群组的含义

一个战略群组是指某一个产业中在某一战略方面采用相同或相似战略，或具有相同战略特征的各公司组成的集团。

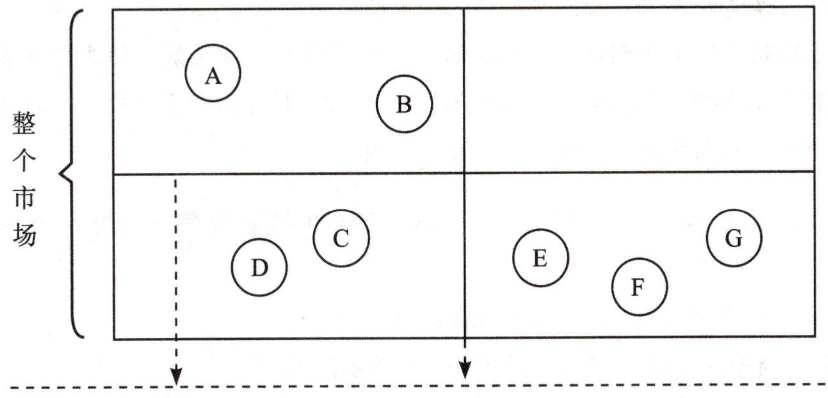

划分标准：
（1）产品 / 服务差异化的程度
（2）各地区交叉的程度
（3）细分市场的数目
（4）所使用的分销渠道
（5）……

【注意】
不是所有差异都可作为划分的标准，划分时必须选择 2 ～ 3 项，考试中案例会给出划分标准

二、战略群组划分的意义

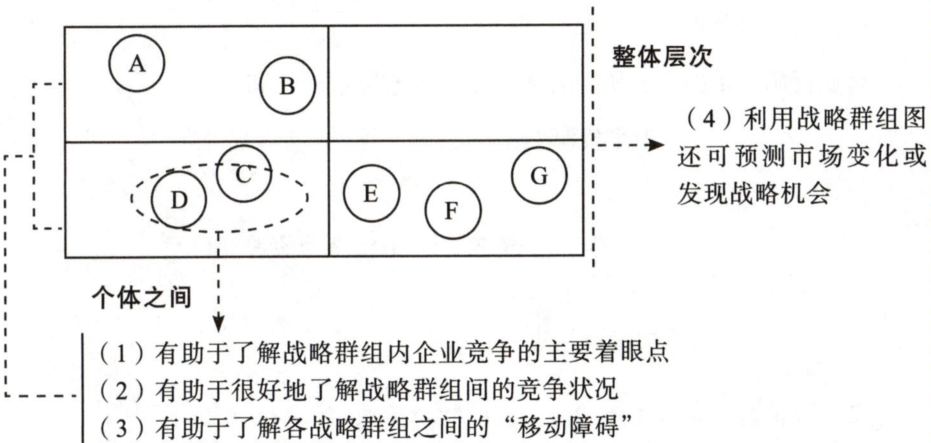

（4）利用战略群组图还可预测市场变化或发现战略机会

（1）有助于了解战略群组内企业竞争的主要着眼点
（2）有助于很好地了解战略群组间的竞争状况
（3）有助于了解各战略群组之间的“移动障碍”

【例 8】（单选 · 2019）七彩公司以“文化娱乐性”和“观光游览性”为两维坐标，将旅游业分为不同的战略群组，并将“文化娱乐性高、观光游览性低”的文艺演出与“文化娱乐性低、观光游览性高”的实景旅游两类功能结合起来，率先创建了“人物山水”旅游项目，它将震撼的文艺演出置于

秀丽山水之中，让观众在观赏歌舞演出的同时将身心融于自然。七彩公司采用战略群组分析的主要思路是（　　）。

A. 了解战略群组间的竞争状况

B. 了解战略群组间的“移动障碍”

C. 预测市场变化或发现战略机会

D. 了解战略群组内企业竞争的主要着眼点

【解析】“率先创建了‘人物山水’旅游项目，它将震撼的文艺演出置于秀丽山水之中，让观众在观赏歌舞演出的同时将身心融于自然”体现的是预测市场变化或发现战略机会。选项 C 正确。

【例 9】（单选）下列关于产业内战略群组分析的表述中，正确的是（　　）。

A. 有助于预测市场变化或发现战略机会

B. 有助于寻找产业内的合作伙伴结成战略联盟

C. 有助于了解产业的进入障碍

D. 有助于了解产业内企业之间的纵向或横向的联系

【解析】选项 B、选项 C、选项 D 不属于战略群组分析的意义。

知识点 4　内部环境分析——企业资源

思考：有机会，就能上吗？有没有把握机会的实力？

一、企业资源的主要类型

企业资源，是指企业所拥有或控制的有效因素的总和。

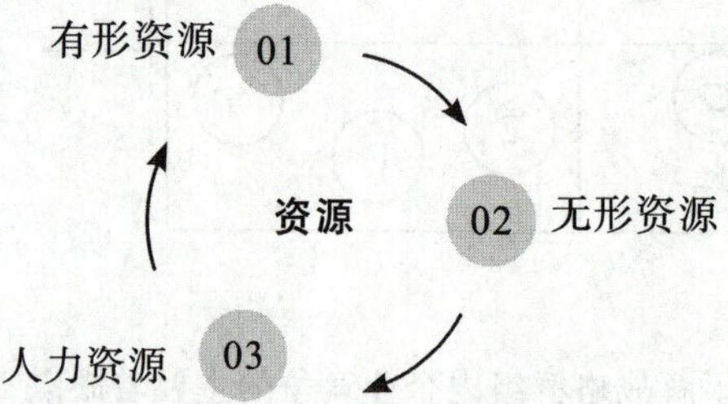

二、决定企业竞争优势的企业资源判断标准

在分析一个企业拥有的资源时，必须要知道哪些资源是有价值的，可使企业获得竞争优势。

例题答案：
【例 8】C
【例 9】A

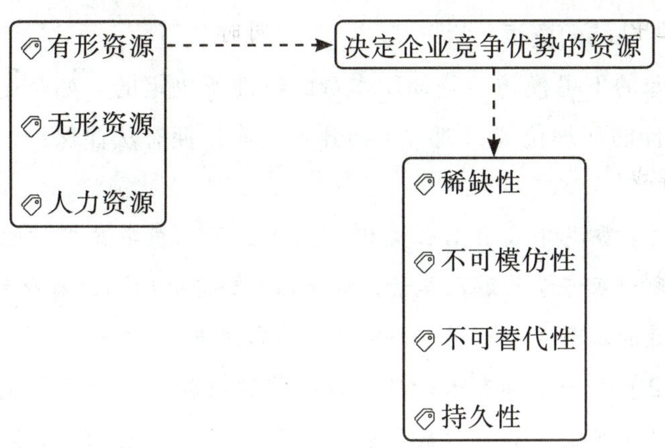

（一）资源的稀缺性

如果企业掌握了处于短缺供应状态的资源，而对手不能获取，则拥有该稀缺性资源的企业便能获得竞争优势。

【案例】在中国香港的五星级观光酒店中，半岛酒店因为位于九龙半岛的天星码头旁，占据有利的地理位置，游客可以遥望对岸香港岛和维多利亚港。美不胜收的海景和夜景，是它的一大特色，构成其竞争优势的一个来源。

（二）资源的不可替代性

企业的资源如果能很容易地被替代，那么即使竞争者不能拥有或模仿企业的资源，它们也仍然可通过获取替代资源而改变自己的竞争地位。

【案例】一些旅游景点的独特优势很难被其他景点的资源所替代，如长城、故宫。

（三）资源的持久性

资源的持久性指能够给企业带来持久的竞争优势。资源的贬值速度越慢，就越有利于形成核心竞争力。

【案例】一些品牌资源随着时代的发展实际上在不断升值；反之，通信技术和计算机技术迅速地更新换代会对建立在这些技术之上的企业竞争优势构成严峻挑战。如可口可乐、台式电脑。

（四）资源的不可模仿性

资源的不可模仿性是竞争优势的来源，也是价值创造的核心。

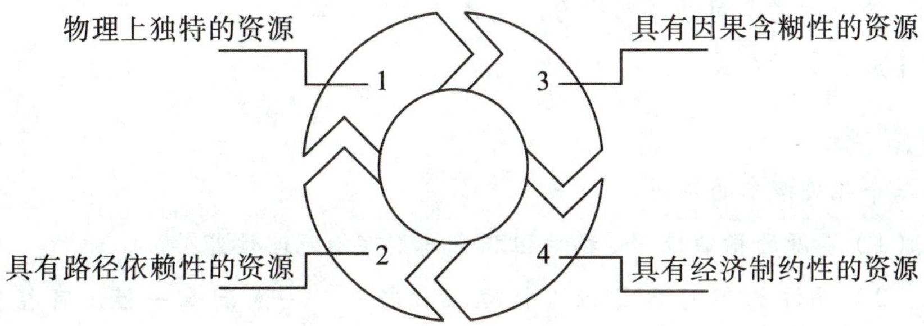

笔记区

1. 物理上独特的资源

有些资源的不可模仿性是物质本身的特性所决定的。如企业所拥有的房地产处于极佳的地理位置，拥有矿物开采权或是拥有法律保护的专利生产技术等。

【案例 1】香港半岛酒店位置优越，矗立于九龙半岛尖沙咀区的心脏地带，坐拥维多利亚海港的醉人美景，四周都是著名的购物、商业及娱乐中心，更是全九龙最长及最主要街道——弥敦道的起讫点。

【案例 2】迪士尼拥有米老鼠原创形象的版权、米老鼠影视作品的版权等。同时，迪士尼公司在米老鼠形象上申请了 45 种全类的注册商标。

【提示】考查关键词：地理位置、版权、商标、发明专利。

2. 具有路径依赖性的资源

具有路径依赖性的资源指那些必须经过长期的积累才能获得的资源。如海尔有一支训练有素的售后服务人员队伍。

【案例】戴尔计算机公司的成功法宝在于其多年来不断完善的营销体制建设，即“直接销售模式”和“市场细分模式”，能够真正按照顾客的要求来设计制造产品，并把它在尽可能短的时间内直接送到顾客手上。正确路径选择奠定了戴尔公司事业成功的基础。

【提示】考查关键词：营销体制、管理体制、长期、多年。

3. 具有因果含糊性的资源

针对有些资源的形成原因，并不能给出清晰的解释。

【案例】美国西南航空公司以拥有“家庭式愉快，节俭而投入”的企业文化著称。

【提示】考查关键词：企业文化。

4. 具有经济制约性的资源

企业的竞争对手已经具有复制其资源的能力，但因市场空间有限不能与其竞争。

【案例】企业在市场上处于领导者的地位，其战略是在特定的市场上投入大量资本。这个特定市场可能会由于空间太小，不能支撑两个竞争者同时盈利，企业的竞争对手再有能力，也只好放弃竞争。

【提示】考查关键词：市场空间小。

名师点睛

三个相关概念的辨析：

（1）资源的稀缺性——稀缺但非唯一（可指地理位置）。

（2）资源的不可模仿性（物理上独特）——强调唯一性（可指地理

位置)。

(3)资源的不可替代性——功能上的不可替代(非指地理位置)。

【例 10】(单选 · 2022) 良友公司是一家文具制造商,该公司秉承“一切从消费者角度考虑”的理念,不断优化产品设计、选材、工艺流程、包装等环节,打造出深受消费者喜爱的品牌,取得出色的经营业绩和竞争优势。从决定企业竞争优势的企业资源判断标准来看,良友公司的竞争优势来源于其拥有的资源的(   )。

A. 稀缺性　　　　B. 不可模仿性

C. 不可替代性　　D. 持久性

【解析】“该公司秉承‘一切从消费者角度考虑’的理念,不断优化产品设计、选材、工艺流程、包装等环节,打造出深受消费者喜爱的品牌,取得出色的经营业绩和竞争优势”说明良友公司的竞争优势来源于其拥有的资源具有持久性,选项 D 正确。

【例 11】(单选 · 2020) 广记公司是一家卤制品生产企业。该公司凭借其长期积累形成的原料配制秘方和生产工艺诀窍等资源生产的多种卤制品,深受消费者喜爱,近年在国内市场的占有率一直位居第一。在下列资源不可模仿性的形式中,广记公司的上述资源属于(   )。

A. 物理上独特的资源　　B. 具有因果含糊性的资源

C. 具有经济制约性的资源　　D. 具有路径依赖性的资源

【解析】 具有路径依赖性的资源是指那些必须经过长期的积累才能获得的资源。“凭借其长期积累形成的原料配制秘方和生产工艺诀窍等资源生产的多种卤制品”属于具有路径依赖性的资源,选项 D 正确。

知识点 5　内部环境分析——波士顿矩阵

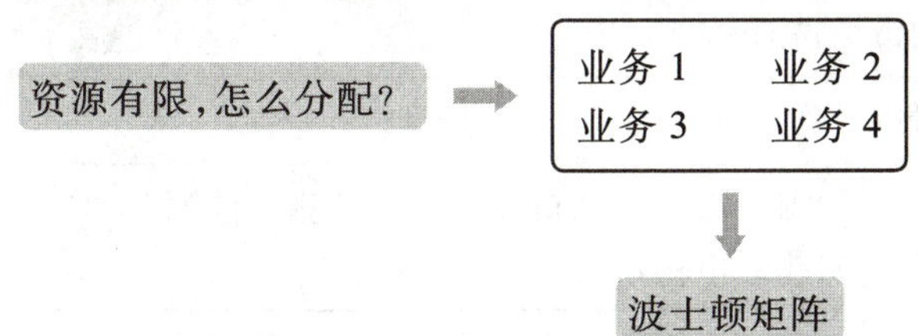

一、基本概念

创始人	美国著名管理学家、波士顿咨询公司创始人布鲁斯 · 亨德森于 1970 年首创,又称波士顿咨询集团法、四象限分析法、产品系列结构管理法等

例题答案:
【例 10】D
【例 11】D

续 表

作用	是公司产品组合分析的主要分析方法之一
核心	（1）使企业的产品品种及其结构适合市场需求的变化； （2）如何将企业有限的资源有效地分配到合理的产品结构中去，以保证企业收益，是决定企业在激烈竞争中能否取胜的关键

二、基本原理

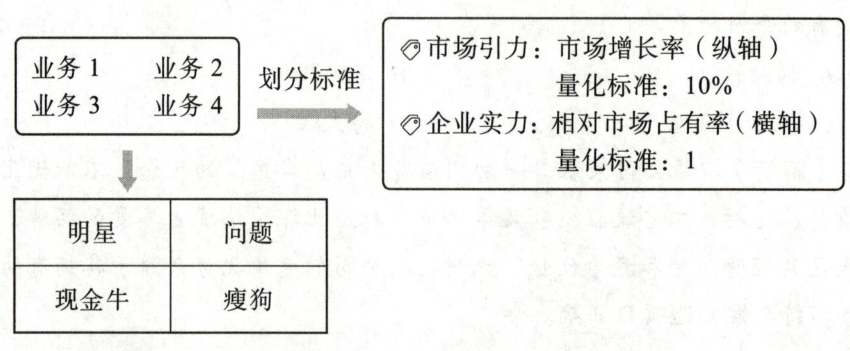

（一）纵轴——市场增长率

计算公式	市场增长率 =（本期销售额 - 上期销售额）÷ 上期销售额 【提示】判断时，应以整个市场作为判断依据，不能以本企业自己的产品销售增长速度来判断	
划分	通常以 10% 作为划分为高、低的界限	
线索	高	“市场进入成长期”“市场发展迅速”“市场需求巨大，发展前景广阔”“增长更快”等，可判断市场增长率高
	低	“市场进入成熟期”“市场发展前景不好”“总体市场增长缓慢”等，可判断市场增长率低

（二）横轴——相对市场占有率

计算公式	相对市场占有率 = 本企业某业务的市场占有率 ÷ 该业务最大竞争对手的市场占有率	
划分	通常以 1 作为划分为高、低的界限	
线索	高	“保持着较高的市场份额”“排名前列”“一线品牌”等，表明相对市场占有率高
	低	“逐渐丧失了市场优势”“处于亏损状态”“沦为三线品牌”等，表明相对市场占有率低

【提示】在波士顿矩阵中，只有做到第一，市场占有率才是高的。

笔记区

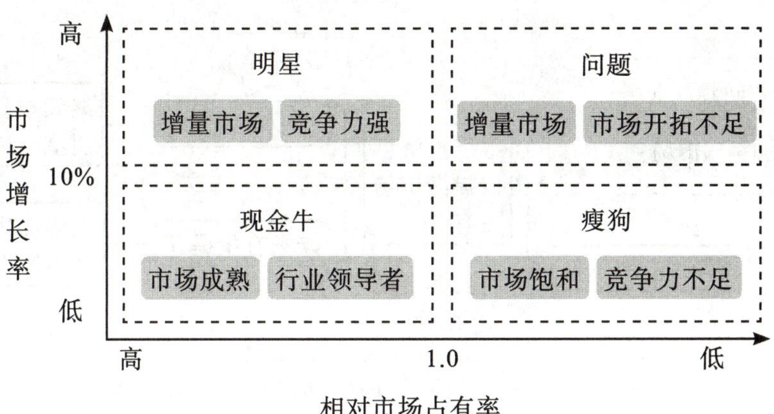

（三）业务分析

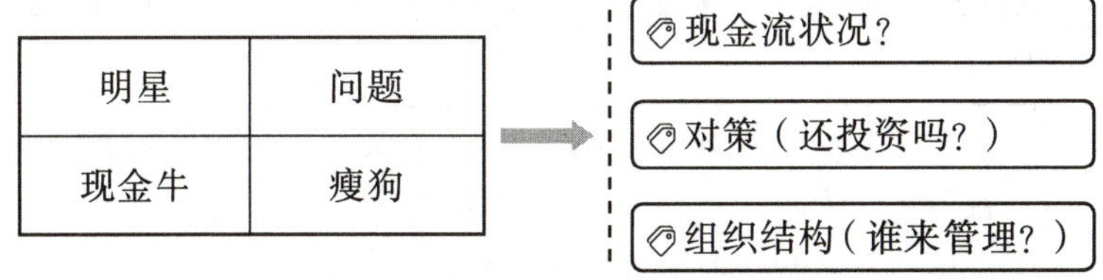

1.“明星”业务：高增长、强竞争

现金流量	是企业资源的主要消费者，需大量的投资
对策	在短期内优先供给它们所需的资源，支持它们继续发展；积极扩大经济规模和市场机会，以长远利益为目标，提高市场占有率，加强竞争地位
组织要求	管理组织最好采用事业部形式，由对生产技术和销售两方面都很内行的经营者负责

2.“问题”业务：高增长、弱竞争

现金流量	通常处于最差的现金流量状态
对策	采取选择性投资战略： （1）经过改进可能会成为“明星”的业务重点投资，提高市场占有率，使转变成“明星”业务； （2）对其他将来有希望成为“明星”的业务则在一段时期内采取扶持的对策。对“问题”业务的改进与扶持方案均列入企业长期计划中
组织要求	最好是采取智囊团或项目组等形式，选拔有规划能力、敢于冒风险的人负责

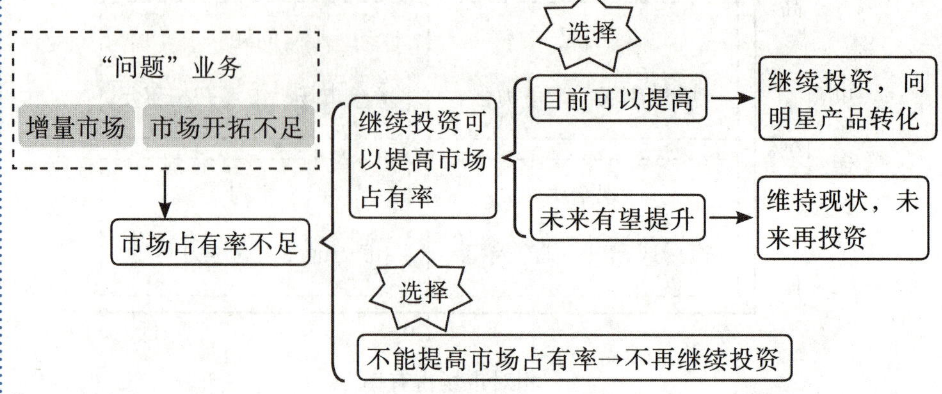

3."现金牛"业务：低增长、强竞争

现金流量	本身不需投资，反而能为企业提供大量资金，用以支持其他业务的发展
对策	（1）市场增长率下跌的业务采用收割战略，即投入资源以达到短期收益最大化为限： ①把设备投资和其他投资尽量压缩； ②采用榨油式方法，争取在短时间内获取更多利润，为其他产品提供资金。 （2）市场增长率仍有所增长的业务，进一步市场细分，采用保持战略
组织要求	适合用事业部制进行管理，其经营者最好是市场营销型人物

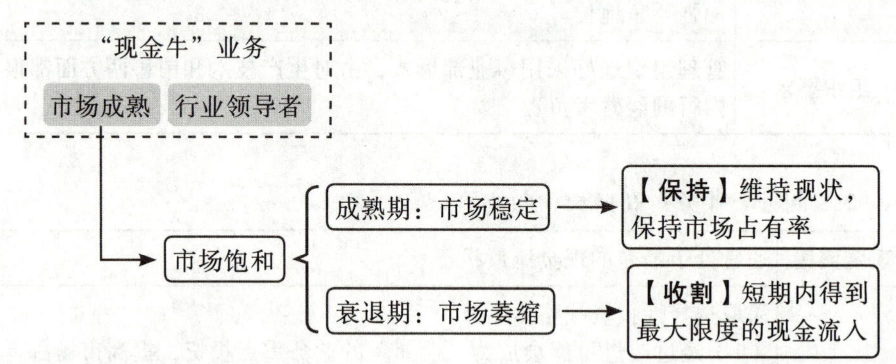

4."瘦狗"业务：低增长、弱竞争

现金流量	可获利润很低，不能成为企业资金的来源
对策	采用收割或放弃战略： （1）首先应减少批量，逐渐撤退； （2）其次是将剩余资源向其他业务转移； （3）最后是整顿产品系列
组织要求	最好将"瘦狗"产品并入其他事业部，统一管理

（四）波士顿矩阵的运用

1. 定义

战略	具体内容
发展	以提高相对市场占有率为目标，增加资金投入，甚至不惜放弃短期收益
保持	维持投资现状，目标是保持该项业务现有的市场占有率
放弃	目标在于清理和撤销某些业务，减轻负担，以便将有限的资源用于效益较高的业务
收割	为控制成本、减少亏损和增加现金流量而减少投资

2. 运用

战略	明星	问题	现金牛	瘦狗	备注
发展	√	√			适用于“问题”业务转“明星”业务，需增加资金投入
保持			√		使“现金牛”业务产生更多收益
收割		√	√	√	适用于处境不佳的“现金牛”业务及没有发展前途的“问题”业务和“瘦狗”业务
放弃		√		√	适用于无利可图的“瘦狗”和“问题”业务

名师点睛

波士顿矩阵，如下图所示。

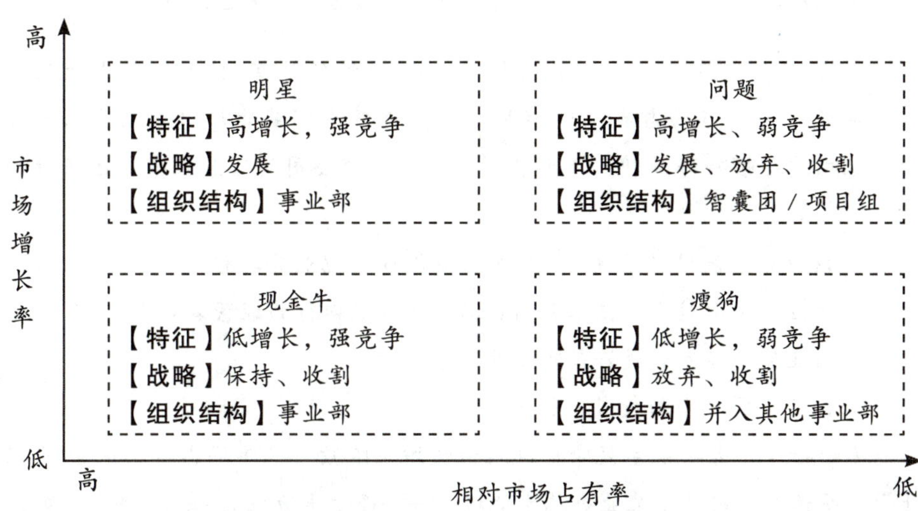

笔记区

【例 12】（单选 · 2021）东光公司是国内一家从事多元化经营的高科技企业，主要产品有电子测量仪器、智能医疗器械、数据网络传输设备和光伏发电器件等，其中数据网络传输设备的市场占有率位居行业第五。近年来国内数据网络传输产业增速均在 10% 以上，市场呈现供不应求。根据波士顿矩阵原理，东光公司对其数据网络传输业务应（　　）。

A. 短期内优先供给它们所需的资源　B. 采用收获性战略

C. 采用撤退战略　D. 采取选择性投资战略

【解析】“数据网络传输设备的市场占有率位居行业第五”“近年来国内数据网络传输产业增速均在 10% 以上”说明东光公司的数据网络传输业务属于高增长——弱竞争地位的“问题”业务。对于“问题”业务应采取选择性投资战略。

【例 13】（多选 · 2020）凯阳公司拥有发电设备制造、新能源开发、电站建设和环保 4 部分业务，这些业务的市场增长率依次为 5.5%、11%、5% 和 13%，相对市场占有率依次为 1.3、1.1、0.8 和 0.2。根据波士顿矩阵原理，上述 4 部分业务中，可以视情况采取收割战略的有（　　）。

A. 发电设备制造业务　B. 电站建设业务

C. 环保业务　D. 新能源开发业务

【解析】发电设备制造业务属于“现金牛”业务，新能源开发业务属于“明星”业务，电站建设业务属于“瘦狗”业务，环保业务属于“问题”业务。对处境不佳的“现金牛”业务及没有发展前途的“问题”业务和“瘦狗”业务应视具体情况采取收割战略，选项 A、选项 B、选项 C 正确。

【例 14】（单选 · 2019）实行多元化经营的达梦公司在家装行业有很强的竞争力，市场占有率达 50% 以上。近年来家装市场进入低速增长阶段，根据波士顿矩阵原理，下列各项中，对达梦公司的家装业务表述正确的是（　　）。

A. 该业务应采用撤退战略，将剩余资源向其他业务转移

B. 该业务应由对生产技术和销售两方面都很内行的经营者负责

C. 该业务的经营者最好是市场营销型人物

D. 该业务需要增加投资以加强竞争地位

【解析】“近年来家装市场进入低速增长阶段”“市场占有率达 50% 以上”说明达梦公司的家装业务属于低增长——强竞争地位的“现金牛”业务，其经营者最好是市场营销型人物，选项 C 正确。

例题答案：
【例 12】D
【例 13】ABC
【例 14】C

专题三 战略选择

思考：如何做出对的决策？

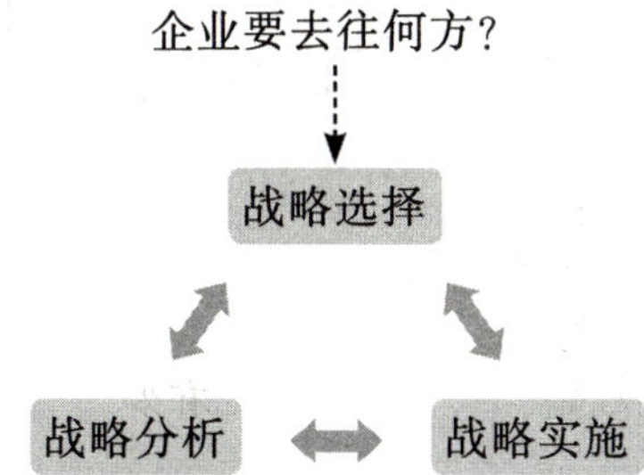

名师点睛

战略管理的过程，如下图所示。

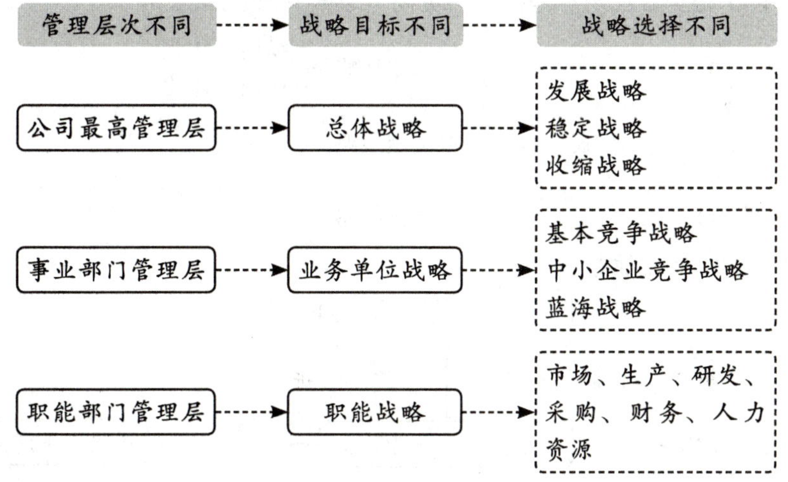

笔记区

知识点 总体战略

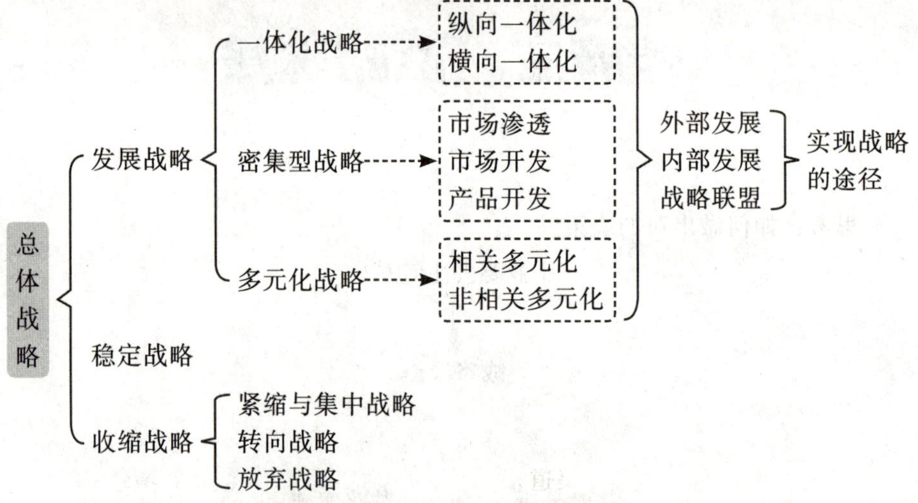

一、发展战略

企业发展战略强调充分利用外部环境的机会，充分发掘企业内部的优势资源，以求得企业在现有基础上向更高一级的方向发展。

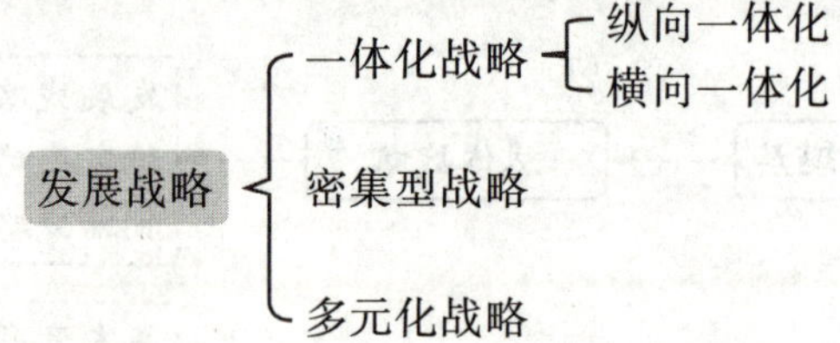

（一）一体化战略

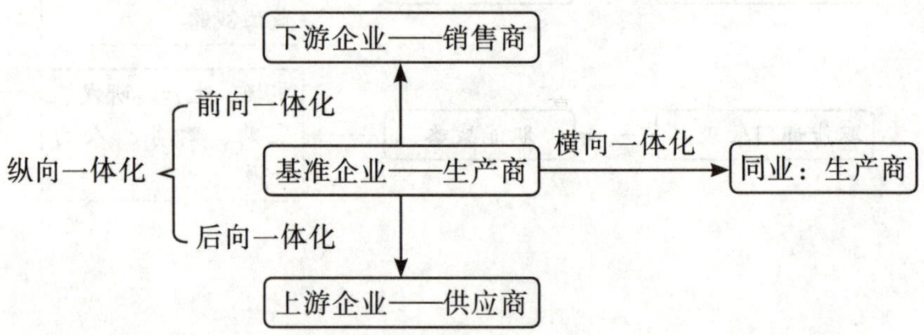

【案例】华为公司本身作为手机生产厂商直接到商场设立直营店，缩短了自己与消费者的距离，这属于前向一体化战略；同时华为公司致力于研发手机核心零部件——芯片，这属于后向一体化战略。

1. 纵向一体化战略

纵向一体化是指企业沿着产品或业务链向前或向后，延伸和扩展企业现有业务的战略。

要素	内容
优点	（1）有利于节约与上下游企业在市场上进行购买或销售的交易成本； （2）控制稀缺资源； （3）保证关键投入的质量； （4）获得新客户
缺点	会增加企业的内部管理成本
风险	（1）不熟悉新业务领域所带来的风险； （2）纵向一体化，尤其是后向一体化，一般涉及的投资数额较大且资产专用性较强，增加了企业在该产业的退出成本

（1）前向一体化（生产商—销售商）。

手段	获得分销商或零售商的所有权或加强对他们的控制权
目的	通过控制销售过程和渠道，有利于企业控制和掌握市场，增强对消费者需求变化的敏感性，提高企业产品的市场适应性和竞争力
适用条件	①企业所在产业的增长潜力较大； ②销售环节的利润率较高； ③企业现有销售商的销售成本较高或者可靠性较差而难以满足企业的销售需要； ④企业具备前向一体化所需的资金、人力资源等

（2）后向一体化（生产商—供应商）。

手段	获得供应商的所有权或加强对其控制权
目的	①有利于企业有效控制关键原材料等投入的成本、质量及供应可靠性； ②确保企业生产经营活动稳步进行
适用条件	①企业所在产业的增长潜力较大； ②供应环节的利润率较高； ③企业现有的供应商供应成本较高或者可靠性较差而难以满足企业对原材料、零部件等的需求； ④企业具备后向一体化所需的资金、人力资源等

2. 横向一体化（生产商—生产商）

手段	企业向产业价值链相同阶段方向扩张
目的	实现规模经济以获取竞争优势

续 表

适用条件	（1）企业所在产业的增长潜力较大； （2）企业所在产业竞争较为激烈； （3）企业所在产业的规模经济较为显著； （4）企业具备横向一体化所需的资金、人力资源等； （5）企业的横向一体化符合反垄断法律法规，能够在局部地区获得一定的垄断地位

【案例】京东物流并购德邦物流，此举不仅直接扩大了京东物流的市场份额，实现了规模经济，同时获得了德邦物流搭建的覆盖全国94.5%的乡镇的物流站点，整合资源，帮助京东物流实现乡镇站点的次日达，有的乡镇甚至能实现当日达。

名师点睛

前向一体化：控制市场（需求）——产品竞争力。

后向一体化：保证供应。

横向一体化：自身规模——市场竞争。

【例1】（单选·2020）达康公司是国内一家中成药品生产企业。为了保障原材料的稳定供给与产品质量，自2015年以来投资建设了3个原料药材现代化种植基地，收购了2个原属于其他药品公司的药材种植企业，全面推进原料药材规范化绿色种植工程。下列各项中，属于达康公司采用上述战略适用条件的是（　　）。

A. 中成药品产业增长潜力较大

B. 达康公司现有销售商的销售成本较高

C. 达康公司存在过剩的生产能力

D. 中成药品产业竞争较为激烈

【解析】后向一体化战略是指获得供应商的所有权或加强对其的控制权。"达康公司是国内一家中成药品生产企业。为了保障原材料的稳定供给与产品质量……全面推进原料药材规范化绿色种植工程"表明达康公司采取的是后向一体化战略，选项A属于其适用条件，选项A正确。

【例2】（单选·2017）神大钢铁公司为确保公司铁矿资源与煤炭的稳定供应，成功收购了甲铁矿石企业，同时与龙潭煤炭公司签订了长期购销协议。神大钢铁公司的发展战略属于（　　）。

A. 前向一体化战略　　B. 多元化战略

C. 密集型战略　　D. 后向一体化战略

例题答案：

【例1】A

【解析】纵向一体化战略包括前向一体化和后向一体化战略。后向一体化是指获得供应商的所有权或加强对其控制权。案例中，甲铁矿石公司和龙潭煤炭公司都是神大钢铁的上游企业，所以属于后向一体化，选项D正确。

【例3】（单选）福海公司是国内一家著名的肉类加工企业。为了保持业绩持续增长，福海公司近年来陆续收购了几家规模较大的养殖场、肉类连锁超市。福海公司采取的发展战略属于（　　）。

A. 多元化战略　　B. 差异化战略

C. 一体化战略　　D. 产品开发战略

【解析】因为福海公司是经营肉类加工的企业，收购养殖场，是后向一体化，收购肉类连锁超市是前向一体化，采取的是一体化战略，所以选项C正确。

（二）密集型战略

基本框架：安索夫的“产品—市场”战略组合矩阵。

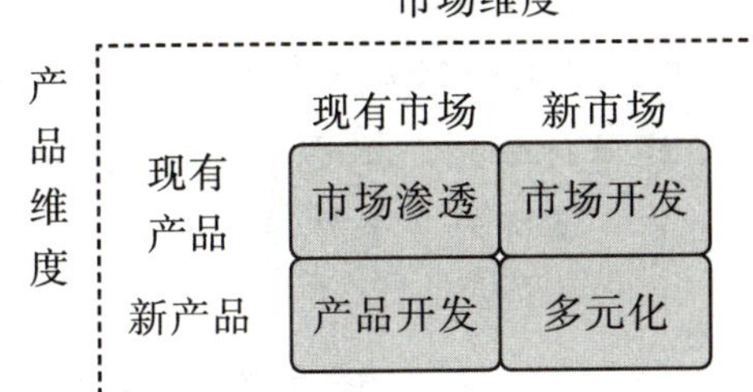

1. 市场渗透：现有产品+现有市场

强调发展单一产品，试图通过更强的营销手段来获得更大的市场占有率。

【案例】山姆会员店是一家需要购买会员资格才能进店消费的会员超市，超市凭借高品质的商品、有竞争力的价格、热情高效的会员服务在商品零售领域占有一席之地。同时山姆开发了在线购物平台和移动端App“山姆会员商店”，并通过山姆京东旗舰店，为会员提供更多网上购买渠道，旨在用便捷、高效的购物体验牢牢留住客户。

2. 市场开发：现有产品+新市场

实施市场开发战略的主要途径包括开辟其他区域市场和细分市场。

【案例1】字节跳动公司旗下的抖音短视频平台在国内取得巨大成功，随即，字节跳动利用该产品走出国门，进军海外市场，TikTok应运而生，如今已是全球最热门的短视频平台。（开辟其他区域市场）

【案例2】服装市场根据消费者的性别将市场分为男装市场、女装市场。女装市场按照女性的年龄将市场进一步细分。（开辟细分市场）

例题答案：
【例2】D
【例3】C

3. 产品开发：新产品 + 现有市场

产品开发是在原有市场上，通过技术改进与开发研制新产品。

【案例】腾讯公司最初的业务是开发QQ聊天工具，后来，腾讯凭借着其独特的社交模式和强大的用户群体，逐渐成为中国社交市场的领军者。2011年，腾讯推出了微信，微信凭借着其强大的社交功能和丰富的生态系统，迅速成为中国移动互联网市场的领军者。同时在微信的基础上推出了企业微信，使得微信的使用从社交场景逐渐扩展到工作场景。

【例4】（单选）东方投资的主营业务是制造生活用纸。其通过提供折扣和增加广告来增加在现有市场中的销售额。从密集型战略的角度考虑，东方投资采取的战略是（　　）。

A. 市场开发战略　　B. 产品开发战略

C. 市场渗透战略　　D. 多元化战略

【解析】"通过提供折扣和增加广告来增加在现有市场中的销售额"说明是在现有市场中经营现有产品，所以属于密集型战略中的市场渗透战略。

【例5】（单选）甲公司是一家知名淮扬菜餐厅，在全国有100多家门店，为了在行业中始终保持领先，公司内设立研究所，紧跟市场需求变化，定期开发特色菜上市，赢得消费者好评。甲公司采取的发展战略类型是（　　）。

A. 多元化战略　　B. 市场开发战略

C. 市场渗透战略　　D. 产品开发战略

【解析】产品开发战略是在原有市场上，通过技术改进与开发研制新产品。这种战略可以延长产品的生命周期，提高产品的差异化程度，满足市场新的需求，从而改善企业的竞争地位。甲公司定期推出新菜，面对的还是现有的消费群体，目的是在行业中始终保持领先，所以选项D正确。

（三）多元化战略

	现有市场	新市场
现有产品	市场渗透	市场开发
新产品	产品开发	多元化

【案例1】腾讯是目前中国领先的互联网增值服务提供商之一。作为最早以聊天软件腾讯QQ起家的公司，腾讯现在的经营业务涉及人们生活的方方面面，包括社交、金融、娱乐、工具、资讯、平台等。腾讯的多元化经营不仅分散了单一业务可能面临的风险，还提高了公司整体经营利润。

例题答案：
【例4】C
【例5】D

【案例 2】乐视从视频网站起家，扩张成拥有 7 大生态体系的企业集团，在视频、电视、手机、云计算、汽车、金融等领域均有大笔投入，通过实施多元化战略为公司获得了近 50% 的营业收入，但是实施多元化战略也使乐视面临巨大的资金压力，由于业务扩张速度过快，盈利遥遥无期，导致乐视资金链断裂，最终被迫退市。

思考：企业为什么要多元化经营？

1. 何时采用——采用多元化战略的时机

多元化战略是指企业进入与现有产品和市场不同的领域。安索夫认为："在任何经营环境中，没有一家企业可以认为自身能够不受产品过时和需求枯竭的影响。"这个观点得到了许多人的认同。由于市场变化如此迅速，企业必须持续地调查市场环境以寻找多元化的机会。

当现有产品或市场不存在期望的增长空间时（例如，受到地理条件限制、市场规模或竞争太过激烈的限制），企业通常会考虑多元化战略。

2. 采用多元化战略的三大原因

（1）与在现有产品或市场中的扩张相比，多元化战略意味着更高的利润；

（2）在现有产品或市场中持续经营不能达到目标；

（3）企业由于以前在现有产品或市场中成功经营而保留下来的资金超过了其在现有产品或市场中的财务扩张所需要的资金。

3. 多元化的两种类型

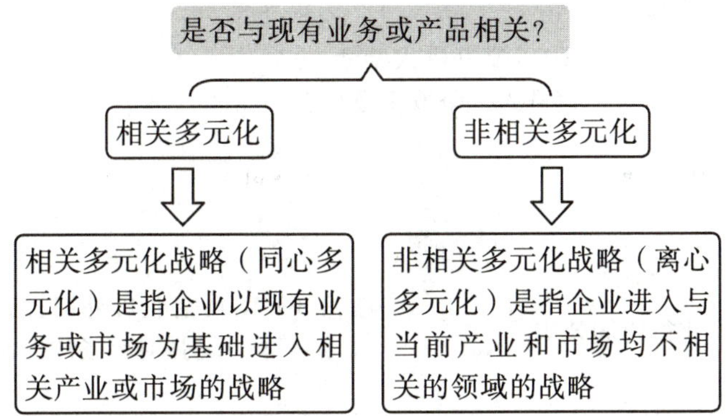

【案例 1】戴森在中国名头响亮，中国的年轻人无人不知、无人不晓，戴森吸尘器，被称为"吸尘器里的苹果"；一款 3 000 多元的戴森吹风机，直接拉开了理发店和美发沙龙的档次。不仅如此，戴森的无绳吸尘器、空气净化风扇、快速干手器等产品也都受到市场的欢迎。其实，在戴森不同产品的背后，有一个共同的核心关键，那就是——高速马达。全球领先的马达技术才是戴森最核心的竞争力。自 1999 年以来，戴森在马达的设计、开发和制

造方面就投入超过3.5亿英镑，拥有1 000多项专利，马达的总生产量超过5 000万台。可以说在过往的四十多年里，戴森把自身的马达技术磨炼到了极致。

【案例2】雷军曾经说过，中国的很多制造业都值得重新再做一遍。于是，小米进一步扩大了离心范围，从与手机相关的平板、耳机、充电宝、小米手环直到空调、扫地机器人等继续布局，其中以科创板上市企业，石头科技最为成功。

二、发展战略的主要途径

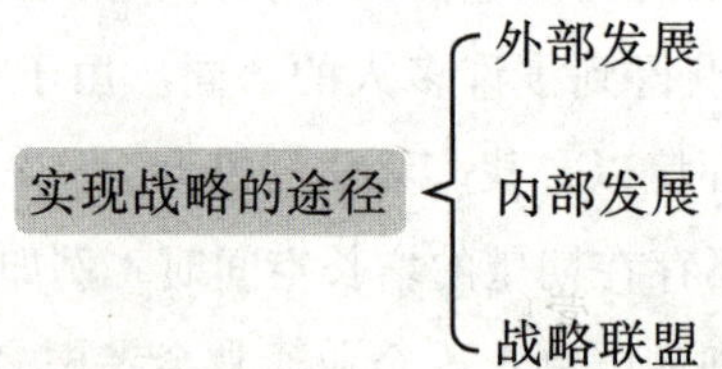

（一）外部发展——并购

并购战略是指通过取得外部经营资源谋求发展的战略，狭义的外部发展包括收购和合并。（收购 + 合并）

【案例】饿了么并购百度外卖结束了外卖市场美团外卖、百度外卖、饿了么三足鼎立的局面。通过并购战略，饿了么迅速实现了自身规模的扩大，市场份额高达53%，同时还获得了百度外卖的技术和人才，饿了么市场份额一度跃迁到行业第一。

1. 并购的动机

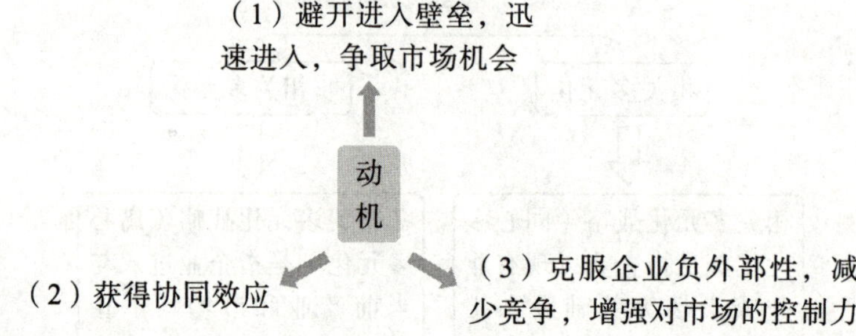

名师点睛

争辟邪（剑法）。争：减少竞争；辟：避开进入壁垒；邪：获得协同效应。

2. 并购的类型

（2）按并购方的身份：
产业资本并购
金融资本并购

（3）按收购资金来源：
杠杆收购（主体资金是对外负债）
非杠杆收购（主体资金是自有资金）

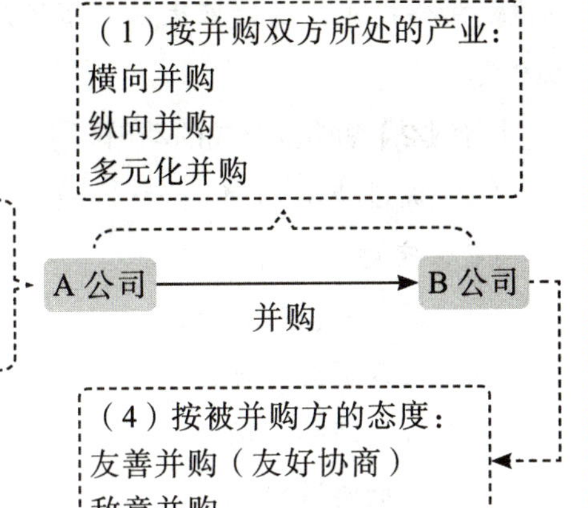

【案例】之之股份公司是一家金融控股集团，经董事会研究决定收购飞腾有限公司。飞腾是短视频运营孵化企业，不仅具备大量短视频人才，还有很高的品牌价值，未来能给之之公司带来超额利润。经过尽职调查，得知飞腾有限公司账面净资产 1 亿元。之之遂报价 1 亿元，飞腾要价 10 亿元，双方经过友好协商，最后作价 5 亿元。同时，飞腾承诺，飞腾公司在被收购后未来三年的盈利不低于 5 千万元、6 千万元和 7 千万元，否则承担业绩补偿。之之股份公司以 70% 的自有资金，成功完成对飞腾有限公司的收购。

（1）按并购双方所处的产业分类，属于多元化并购。

（2）按被并购方的态度分类，属于友善并购。

（3）按并购方的身份分类，属于金融资本并购。

（4）按收购资金来源分类，属于非杠杆收购。

（二）内部发展——新建

内部发展，也称内生增长，是指企业在不收购其他企业的情况下利用自身的规模、利润、活动等内部资源来实现扩张。

【案例】作为国内知名的牛奶生产商，伊利公司分别在锡林郭勒、呼伦贝尔、新疆天山建立自己的专属牧场，以保证牛奶高质量、低成本、稳定的供应。同时，建立自己的冷链运输园区，用最先进的技术和设备实现从生产到配送全过程的温度监测和温度保护，确保产品的质量和安全，以较低成本实现全国的鲜牛奶运输。

（三）企业战略联盟

战略联盟是指两个或两个以上经营实体之间为了达到某种战略目的而建立的一种合作关系。

【案例】TCL 集团股份有限公司与小米集团签订战略合作协议，双方将开展在智能硬件与电子信息核心高端基础器件一体化的联合研发。创新下一

代智能硬件中新型器件技术的应用，建立起核心、高端和基础技术领域的相互合作或联合投资，以此催生创新智能产品，不断改善全球用户的体验和其交互方式。

1. 企业战略联盟形成的动因

（1）促进技术创新；

（2）避免经营风险；

（3）避免或减少竞争；

（4）实现资源互补；

（5）开拓新的市场；

（6）降低协调成本。

名师点睛

两新两避，一降一补。

2. 企业战略联盟的主要类型

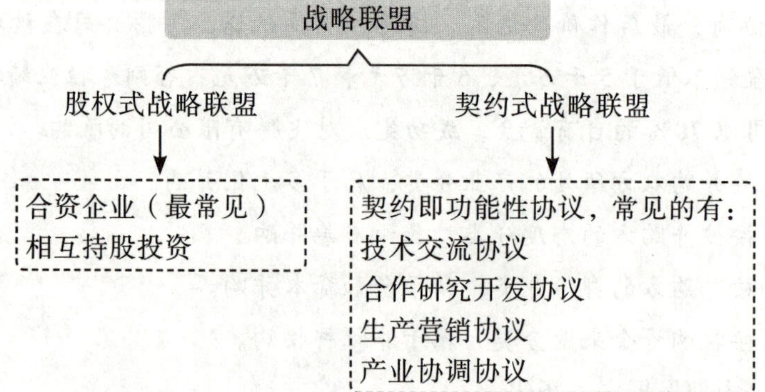

名师点睛

股权式战略联盟与契约式战略联盟的主要区别，如下表所示。

类型	优点	缺点
股权式战略联盟	（1）有利于扩大企业的资金实力； （2）通过部分“拥有”对方的形式，增强双方的信任感和责任感，因而更利于长久合作	灵活性差
契约式战略联盟	（1）契约式战略联盟更强调相关企业的协调与默契，从而更具有战略联盟的本质特征； （2）经营的灵活性、自主权和经济效益等方面比股权式战略联盟具有更大的优越性	企业对联盟的控制能力差、松散的组织缺乏稳定性和长远利益、联盟内成员之间的沟通不充分、组织效率低下等

【例 6】（单选·2020）主营文化社区网站的金兰公司与经营网络音乐服务产品的天籁公司签订协议，在音乐人扶持、优质音乐作品推广等方面开展战略合作，前者为使用后者产品的音乐人提供丰富的表现机会和平台，后者则向前者推荐其客户中的优秀音乐人及其原创作品。下列各项中，属于金兰公司与天籁公司进行战略合作的动因的是（　　）。

A. 避免经营风险　　B. 实现资源互补

C. 降低协调成本　　D. 避免或减少竞争

【解析】解答本题的关键在于理解战略联盟形成的各项动因，并能从题干中找到对应的关键语句。由题干可知，"前者为使用后者产品的音乐人提供丰富的表现机会和平台，后者则向前者推荐其客户中的优秀音乐人及其原创作品"属于实现资源互补，选项 B 正确。

【例 7】（单选）下列选项中，属于企业内部发展方式的是（　　）。

A. 某公司每年均在研发方面投入大量资金研发新产品，业务发展迅速

B. 某企业收购了另外一家竞争对手

C. 某企业联合几家企业组建合资公司

D. 某企业通过并购其他企业进入上游原材料加工行业以获得发展

【解析】内部发展也称内生增长，是指企业在不收购其他企业的情况下利用自身的规模、利润、活动等内部资源来实现扩张。选项 A 属于此种类型。选项 B、选项 D 属于并购的方式，选项 C 属于企业战略联盟。

【例 8】（多选）经过多次磋商签订协议后，汽车制造商甲公司凭借自有资金 2 亿元和发行债券融资 5 亿元，实现了对汽车零部件商乙公司的收购。从并购的类型来看，上述收购属于（　　）。

A. 杠杆收购　　B. 前向收购

C. 友善收购　　D. 金融资本收购

【解析】汽车制造商甲公司凭借自有资金 2 亿元和发行债券融资 5 亿元作为资金来进行收购，主体资金是对外负债，属于杠杆并购，所以选项 A 正确；双方多次磋商之后签订协议，完成收购活动，属于友善并购，所以选项 C 正确；汽车制造商甲公司是非金融企业，属于产业资本并购，所以选项 D 不正确；汽车制造商甲公司对汽车零部件商乙公司进行收购，属于纵向并购中的后向并购，所以选项 B 不正确。

三、稳定战略

稳定战略又称维持战略，是指限于经营环境和内部条件，企业在战略期所期望达到的经营状况基本保持在战略起点的范围和水平上的战略。

例题答案：
【例 6】B
【例 7】A
【例 8】AC

采用稳定战略的企业不需要改变自己的宗旨和目标，而只需要集中资源用于原有的经营范围和产品，以增加其竞争优势。

范围：业务不做调整

2023 年　　水平：各项经济指标不变　　2028 年

（一）适用范围

适用于对战略期环境的预测变化不大，而在前期经营相当成功的企业。

【案例】中国烟草总公司作为一家全民所有制企业，据国家烟草专卖局于 3 月 6 日公布的数据，2022 年烟草行业实现工商税利总额 14 413 亿元，同比增长 6.12%；实现财政总额 14 416 亿元，同比增长 15.86%。像这样一家经营状况良好的企业适用稳定战略。

（二）采用稳定战略的优点

（1）采用这种战略的风险比较小，企业可以充分利用原有生产经营领域中的各种资源；

（2）避免开发新产品和新市场所必需的巨大资金投入和开发风险；

（3）避免资源重新配置和组合的成本；

（4）防止由于发展过快、过急造成的失衡状态。

（三）采用稳定战略的风险

（1）一旦企业外部环境发生较大变动，企业战略目标、外部环境、企业实力三者之间就会失去平衡，使企业陷入困境；

（2）稳定战略还容易使企业减弱风险意识，甚至会形成惧怕风险、回避风险的企业文化，降低企业对风险的敏感性和适应性。

【例 9】（单选）某市电力企业由市政府全资控股，其确定的公司使命和目标是为该市所有企事业单位和个人提供生产、生活用电服务。下列各项战略类型中，该电力公司适宜选择的是（　　）。

A. 密集型战略　　B. 稳定战略

C. 紧缩与集中战略　　D. 转向战略

【解析】“由市政府全资控股”“提供生产、生活用电服务”表明该电力公司的市场需求、竞争格局等环境基本稳定，适合采用稳定战略，选项 B 正确。

四、收缩战略

收缩战略也称撤退战略，是指企业缩小原有经营范围和规模的战略。

例题答案：
【例 9】B

笔记区

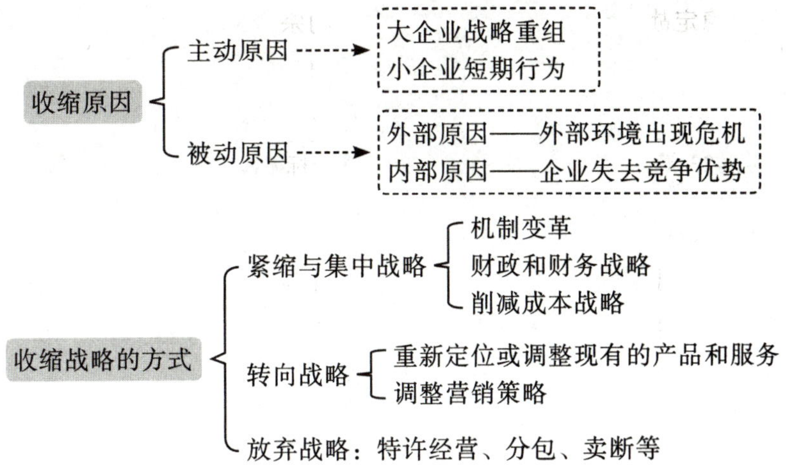

【例 10】（单选 · 2021） 泰瑞公司原是一家提供管理咨询服务的企业。2020 年以来，该公司采用收缩战略以应对利润下滑局面，调整了管理层领导班子，采用了更具有激励作用的薪酬制度。泰瑞公司采用的收缩战略的方式是（　　）。

A. 机制变革　　B. 财政和财务战略

C. 削减成本战略　　D. 拆产为股

【解析】 本题考查的是收缩战略的方式。"调整了管理层领导班子，采用了更具有激励作用的薪酬制度"体现了紧缩与集中战略中的机制变革，选项 A 正确。财政和财务战略的关键词是"建财务系统、换偿债协议"等，削减成本战略的关键词为"减人工、减材料、减费用、减资产、砍部门、砍规模"等，均不符合题干描述，选项 B、选项 C 错误。拆产为股指通过企业之间交换资产来实现所有权的转让，属于放弃战略的一种类型，不符合题干描述，选项 D 错误。

例题答案：
【例 10】A